中国社会科学院创新工程学术出版资助项目

当代中国社会变迁研究文库

内外有别

资本下乡的社会基础

徐宗阳◎著

Varied Attitudes towards

Insiders and Outsiders

The Social Context of Capital Going to the Countryside

社会科学文献出版社
SOCIAL SCIENCES ACADEMIC PRESS (CHINA)

感谢国家社会科学基金青年项目"资本下乡的社会适应机制研究"

（项目批准号：20CSH067）为本书作者调查和写作提供的资助与支持。

总　序
推进中国社会学的新成长

中国社会学正处于快速发展和更新换代的阶段。改革开放后第一批上大学的社会学人，已经陆续到了花甲之年。中国空前巨大的社会变迁所赋予社会学研究的使命，迫切需要推动社会学界新一代学人快速成长。

"文化大革命"结束后，百废待兴，各行各业都面临拨乱反正。1979年3月30日，邓小平同志在党的理论工作务虚会上，以紧迫的语气提出，"实现四个现代化是一项多方面的复杂繁重的任务，思想理论工作者的任务当然不能限于讨论它的一些基本原则。……政治学、法学、社会学以及世界政治的研究，我们过去多年忽视了，现在也需要赶快补课。……我们已经承认自然科学比外国落后了，现在也应该承认社会科学的研究工作（就可比的方面说）比外国落后了"。所以必须奋起直追，深入实际，调查研究，力戒空谈，"四个现代化靠空谈是化不出来的"。此后，中国社会学进入了一个通过恢复、重建而走向蓬勃发展和逐步规范、成熟的全新时期。

社会学在其恢复和重建的初期，老一辈社会学家发挥了"传帮带"的作用，并继承了社会学擅长的社会调查的优良传统。费孝通先生是我所在的中国社会科学院社会学研究所第一任所长，他带领的课题组，对实行家庭联产承包责任制后的农村进行了深入的调查，发现小城镇的发展对乡村社区的繁荣具有十分重要的意义。费孝通先生在20世纪80年代初期发表的《小城镇·大问题》和提出的乡镇企业发展的苏南模式、温州模式等议题，产生了广泛的影响，并受到当时中央领导的高度重视，发展小城镇和乡镇企业也随之成为中央的一个"战略性"的"大政策"。社会学研究所第三任所长陆学艺主持的"中国百县市经济社会调查"，形成了100多卷本调查著作，已建立了60多个县（市）的基础问卷调查资料数据库，现正在组织进行"百村调查"。中国社会科学院社会学研究所的研究人员在20世纪90年代初期集体撰写了第一本《中国社会发展报告》，提出中国社会变迁的一个重要特征，就是在从计划经济走向社会主义市场经济的体制转轨的同时，也处于从农业社会向工业社会、从乡村社会向城市社会、从礼俗社会向法理社会的社会结构转型时期。在社会学研究所的主持下，从1992年开始出版的《中国社会形势分析与预测》年度"社会蓝皮书"，至今已出版20本，在社会上产生了较大影响，并受到有关决策部门的关注和重视。我主持的从2006年开始的全国大规模社会综合状况调查，也已经进行了三次，建立起庞大的社会变迁数据库。

2004年党的十六届四中全会提出的构建社会主义和谐社会的新理念，标志着一个新的发展时期的开始，也意味着中国社会学发展的重大机遇。2005年2月21日，我和我的前任景天魁研究员为中央政治局第二十次集体学习做"努力构建社会主义和谐社会"的讲解后，胡锦涛总书记对我们说："社会学过去我们重视不够，现在提出建设和谐社会，是社会学发展的一个很好的时机，也可以说是社会学的春天吧！你们应当更加深入地进行对社会结构和利益关系的调查研究，加强对社会建设和社会管理思想的研究。"2008年，一些专家学者给中央领导写信，建议加大对社会学建设发展的扶持力度，受到中央领导的高度重视。胡锦涛总书记批示："专家们来信提出的问题，须深入研究。要从人才培养入手，逐步扩大社会学研究队伍，推动社会学发展，为构建社会主义和谐社会服务。"

目前，在恢复和重建30多年后，中国社会学已进入了蓬勃发展和日渐成熟的时期。中国社会学的一些重要研究成果，不仅受到国内其他学科的广泛重视，也引起国际学术界的关注。现在，对中国社会发展中的一些重大经济社会问题的跨学科研究，都有社会学家的参与。中国社会学已基本建立起有自身特色的研究体系。

回顾和反思30多年来走过的研究历程，社会学的研究中还存在不少不利于学术发展的问题。

一是缺乏创新意识，造成低水平重复。现在社会学的"研究成果"不可谓不多，但有一部分"成果"，研究之前缺乏基本的理论准备，不对已有的研究成果进行综述，不找准自己在学科知识系统中的位置，没有必要的问题意识，也不确定明确的研究假设，缺少必需的方法论证，自认为只要相关的问题缺乏研究就是"开创性的""填补空白的"，因此研究的成果既没有学术积累的意义，也没有社会实践和社会政策的意义。造成的结果是，低水平重复的现象比较普遍，这是学术研究的大忌，也是目前很多研究的通病。

二是缺乏长远眼光，研究工作急功近利。由于科研资金总体上短缺，很多人的研究被经费牵着鼻子走。为了评职称，急于求成，原来几年才能完成的研究计划，粗制滥造几个月就可以出"成果"。在市场经济大潮的冲击下，有的人产生浮躁情绪，跟潮流、赶时髦，满足于个人上电视、见报纸、打社会知名度。在这种情况下，一些人不顾个人的知识背景和学科训练，不尊重他人的研究成果，不愿做艰苦细致的调查研究工作，也不考虑基本的理论和方法要求，对于课题也是以"圈"到钱为主旨，偏好于短期的见效快的课题，缺乏对中长期重大问题的深入研究。

三是背离学术发展方向，缺乏研究的专家和大家。有些学者没有自己的专门研究方向和专业学术领域，却经常对所有的问题都发表"专家"意见，"研究"跟着媒体跑，打一枪换一个地方。在这种情况下，发表的政策意见，往往离现实很远，不具有可操作性或参考性；而发表的学术意见，往往连学术的边也没沾上，仅仅是用学术语言重复了一些常识而已。这些都背离了科学研究出成果、出人才的方向，没能产生出一大批专家，更遑论大家了。

这次由中国社会科学院社会学研究所学术委员会组织的"当代中国社会变迁研究文库"，主要是由社会学研究所研究人员的成果构成，但其主旨是反映、揭示、解释我国快速而巨大的社会变迁，推动社会学研究的创新，特别是推进新一代社会学人的成长。

李培林

2011 年 10 月 20 日于北京

序

　　"社会基础"并不是一个社会学的老概念，在中国流行的时间也不长。最近这个词比较热，它标志着中国社会学开始由社会行为的结构研究转向一个新的研究领域。这个新的研究领域与结构研究不同。结构研究大多是将人的行动放到一个社会结构的背景中去观察和理解，就如同将一个地区的天气变化放到气压和季风的结构系统中去理解一样。无论是将重点放在地位结构、利益结构、权力结构上还是放在更加抽象的声望和价值结构上，结构研究都具有两个突出的特点。一是将行动归因于行动者之外的结构性力量，这使行动的结构研究有一种被"操纵"的意味。有些社会学研究者更加强调行动者本身的内在动因，就是为了矫正这种"木偶戏"一般的社会分析，但是很难摆脱结构研究的实质影响。行动者的动机和态度在许多分析中仍然沦为外在结构的"映射"或"内化"，这实际上又把属于行动者的内在动因部分"外在结构化"了。二是具有很强的逻辑性和清晰性。强调外在于行动者的那些客观的、非人格化的结构要素，在很大程度上可以达成那种类似于自然科学分析的确定性效果。

　　"社会基础"概念所指向的研究领域则与占据主流分析地位的结构分析有所区别。根据使用这个概念的学者们的讨论，社会基础是指一种具体特定地方性的、依赖于人与人之间的关系发挥作用的"混沌"的力量。这大多由经验研究的社会学者指出并加以强调，有些学者还使用了一些特别的词语来指代这种力量。例如，杨善华用的是"社会底蕴"，折晓叶用的是"社区力"，费孝通先生则用的是"心态"——是指一种"'外人'看不出、说不清、感觉不到、意识不到、很难测量和调控的文化因素"，"它对一个社会的作用，经常是决定性的"。学者们一方面强调它的"混沌"和模糊性，另一方面强调它的强大力量，而且这种力量具有很强的隐蔽性，不深入当地的田野，就很难感受到它的存在。它看上去是非结构化的，以至于费孝通先生指出需要用"意会"的方式进行把握，我们由此可以将其视为结构因素之外的、那些不能被"外在结构化"的主观因素。社会基础的讨论与结构分析并不构成根本的矛盾，反而可以看作是对结构分析的补充或者更进一步——结构分析所遗留的那些难以理解和解释的因素需要在社会基础的讨论中进行完善，但其中所用的理论和方法与结构分析有很大差别。

到目前为止，中国社会学并没有发展出关于"社会基础"研究的理论和方法，我们只积累了一些研究程度深浅不一的经验研究案例。这些案例大都报告了田野中所感受的"社会基础"的决定性力量，并没有将其归类于利益或权力结构，而是指出社会基础的重要内容应该与"关系"、"习俗"和"伦理"有关，但是一般情况下仅止步于此，社会基础变成了一个"笼统"的归因库，一个类似于"民情"之类的概念。

徐宗阳的这本《内外有别：资本下乡的社会基础》是一个可贵的尝试，其尝试将社会基础的研究向前推进一步，探索可能发展出的研究路径和研究方式。本书是一个详尽的实地调查案例，描述了山东某地资本下乡经营规模农业的过程和遭遇。这个案例在当代中国颇具代表性，我们在其中可以看到大量常见的下乡资本的经营策略和行为。这个案例中的企业家对"社会基础"有相当程度的认识，他的许多做法就是针对下乡资本经营的困境而找出的对策。例如，他没有雇用当地流转出土地的农民作为农场的工人进行劳动，就是吸取了许多下乡企业难以进行有效的劳动管理和监督的教训。他这种经营策略避免了一般资本"扎根"乡土的困难。利用外来的资本和劳动力进行生产，似乎是在经营"漂浮"于当地农民和农村之上的大规模农业。从学界大量的关于"资本下乡"的研究来看，企业如果不能"扎根"，即不能适应当地的社会基础和民情，就不能为当地农民所接受和认同，就会面临劳动力雇佣、管理和监督的困境。一般的企业很难像这个案例中的企业一样从离此地不远的企业家老家"搬来"一批劳动力进行生产、经营和管理。但是，这个企业还是真切地感受到社会基础的"决定性作用"，大量的在玉米成熟季节的偷盗现象使企业不堪重负、疲于奔命。

本书的可贵之处在于迎难而上，从正面对偷玉米的现象进行了深入而细致的分析。这个分析没有采用传统的结构分析的方式，讨论当地农民偷玉米的行为与被企业雇用是否存在联系。偷窃现象在资本下乡的案例中并不少见，偷窃农民在有些案例中也被企业雇用为主要劳动力在农场参与劳动。在笔者曾经调查的湖南某县种植水蜜桃的案例中，企业家虽然雇用当地村庄的农民为主要劳动力在农场参与劳动，但是仍然不能避免桃子在成熟期被当地人偷走。这可以说明简单地用利益结构进行分析的不足。在本书的案例中，徐宗阳尝试进入农民的"伦理世界"来进行讨论，偷玉米的农民是怎样认识和评判这种行为的？

本书的精彩分析和结论不宜在序言中多加透露。需要重点指出的是，徐宗阳的分析使"混沌"的社会基础概念变得相对清晰了一些，我们至少有了大致的轮廓和层次。他细致展示了当地农民对资本、集体、关系和伦理的认识，指出这些重要概念在农民的精神世界中的相对次序，以及这些次序所呈现的农民行为的主观动因。更为可贵之处在于，他的分析并没有陷入一种"文化决定论"的套路，即将偷玉米的行为直接视为"内外有别"的价值伦理的结果。在这本书中，农民展示出丰富、生动和复杂的伦理形象，不同的农民持有各自理解、各有特色的价值伦理，不同的农民划分"内外"的原则也有所不同，"内外有别"并非外在伦理原则的"内化"，而恰恰是作者在实地调查中从不同的农民行为中感受到的那种不言而喻的"意会"部分。

本书提供了一条可能的研究路径，即我们可以通过探索行动者的伦理世界来讨论社会基础问题。这对于社会学研究来说是一个充满挑战性的任务。伦理世界与利益和权力结构的最大区别就是我们很难将其与行动者的主观意识和文化传统相分离，所以这种分析必然具有鲜明的中国特色。这是一种具有"文化自觉"意义的研究方式，也是中国社会学者们得天独厚的优势所在，因为在我们这个时代，大大小小的社会变动都牵连着中华文明的跃动脉搏。我们只要深入到田野中，就能感受得到。

周飞舟

目　录

第一章　绪论 ……………………………………………… 1

第一节　资本下乡：现象与问题 ………………………… 1

第二节　资料来源与研究方法 …………………………… 5

第三节　本书的章节安排 ………………………………… 14

第二章　文献综述 ………………………………………… 17

第一节　我国城镇化模式与政府行为 …………………… 17

第二节　农业经营方式与生产实践 ……………………… 25

第三节　乡村社会的特点及变化 ………………………… 34

第三章　土地分包与家庭经营 …………………………… 42

第一节　土地分包 ………………………………………… 43

第二节　两个农场的不同命运 …………………………… 49

第三节　家庭经营 ………………………………………… 51

第四节　北部与南部的产量差异 ………………………… 56

第五节　"人尖儿"和"平头儿" ……………………… 60

第六节　竞争高产与得过且过 …………………………… 65

第七节　本章小结 ………………………………………… 72

第四章　机手与麦客 ……………………………………… 74

第一节　闲置的收割机 …………………………………… 75

第二节　农业机械化研究的社会学视角 ………………… 76

第三节　一段失败的农业机械化历史 …………………………… 80

第四节　麦客行 ………………………………………………… 84

第五节　麦客的社会身份 ……………………………………… 91

第六节　作为"化妆品"的农业机械 ………………………… 94

第七节　本章小结 ……………………………………………… 95

第五章　经济账与平安钱 ………………………………………… 97

第一节　2014～2015 生产年成本收益分析 ……………… 97

第二节　三年经营成本的变与不变 ………………………… 104

第三节　平安钱的流向 ……………………………………… 110

第四节　本章小结 …………………………………………… 118

第六章　被建构的"集体" …………………………………… 123

第一节　农民学中的农民行为 ……………………………… 125

第二节　偷玉米作为一个整体事件 ………………………… 128

第三节　发现集体 …………………………………………… 132

第四节　集体的建构过程 …………………………………… 136

第五节　农民的正义 ………………………………………… 143

第六节　本章小结 …………………………………………… 147

第七章　内外有别 ……………………………………………… 149

第一节　农民的误解 ………………………………………… 151

第二节　种植大户姜中水的看管实践 ……………………… 153

第三节　兴民农场的看管困境 ……………………………… 160

第四节　"不好意思"的运作状态 ………………………… 165

第五节　交情的运作逻辑 …………………………………… 168

第六节　集体逻辑与内外有别 ……………………………… 171

第七节　本章小结 …………………………………………… 172

第八章　制造对立与扎根乡土 ……………………………… 175

第一节　兴民农场的看管实践 ……………………………… 176

第二节　制造对立 ……………………………………… 183

第三节　扎根乡土 ……………………………………… 188

第四节　互不信任 ……………………………………… 194

第五节　本章小结 ……………………………………… 196

第九章　结论与讨论 …………………………………… 201

第一节　资本下乡失败的悖论式解释 ……………… 201

第二节　资本下乡与农业现代化 …………………… 204

第三节　资本下乡的社会基础 ……………………… 207

参考文献 …………………………………………………… 211

后　记 …………………………………………………… 221

第一章
绪论

第一节 资本下乡：现象与问题

21世纪以来，农业的"过密化"出现了倒转的可能。这源于三大历史性变迁的交汇：持续上升的大规模非农就业、持续下降的人口自然增长以及持续转型的农业结构和食物消费（黄宗智、彭玉生，2007）。这些因素相互交织，深刻影响了农村的面貌与社会经济结构。近十余年来，伴随着不断推进的城镇化进程，农村劳动力大量外流，农村人口老龄化和村庄"空心化"等现象相继出现，来自城市的工商资本到农村流转土地，建立公司型农场和开展农业规模经营的现象逐渐增多，我们将这种现象称为"资本下乡"。

"资本下乡"并非社会学最先提出的概念。20世纪七八十年代以来，家庭联产承包责任制激发的生产力和农产品收购制度等商品化改革相互碰撞，使一对矛盾在20世纪90年代逐渐凸显，即"小农户"与"大市场"的矛盾。在此背景下，地方政府支持的一些涉农龙头企业，以推进农业产业化、促进农民致富为目标，进入农产品的加工、流通和商贸环节。特别是这些企业以合同和契约为纽带，将分散的农户组织起来进行订单式的专业化生产，比较典型的形式是"公司＋农户"，公司以中外合资公司和国内私人企业为主（周立群、曹利群，2001；杜吟堂，2002）。有学者使用"资本下乡"这一概念来概括这种涉农企业介入农业生产环节，延长其上下游产业链的行为（仝志辉、温铁军，2009；黄宗智，2012a），这也是"资本下乡"

1

的最初含义。

21世纪以来，伴随着农业税费取消和国家土地政策调整，农业经营开始变得有利可图，工商企业进入农业的动机、途径和方式都开始发生变化。这些变化突出体现在两个方面。第一，从参与主体来看，除涉农企业外，很多来自城市的、从事非农行业的工商资本也逐步进入农村。第二，从参与方式看，这些工商资本或者参与土地整理，开展"城乡统筹"和"新农村建设"；或者借助村庄景观及悠久历史开发旅游与房地产项目；或者直接进入农业的种植养殖环节实施规模经营，发展现代农业；或者兼营上述几种类型的产业。这些新变化也使"资本下乡"这一概念突破了农业经济学中关于农业产业化的讨论范围，具有了更加丰富的内涵（周飞舟、王绍琛，2015；焦长权、周飞舟，2016）。

有学者将前一时期的"资本下乡"概括为"订单农业"或者"合同农业"，将新时期的"资本下乡"称为"企业农业"（张谦，2013）。"订单"、"合同"与"企业"的主要区别在于企业进入农村，特别是直接参与到农业的种植养殖过程中。本书主要在"企业农业"的意义上使用"资本下乡"这一概念，来自城市的工商资本在农村集中流转农民承包地、建立公司型农场、开展农业规模经营的现象是本书重点关注的经验现象。因此，诸如从事新农村建设和旅游、房地产开发等其他类型的资本下乡不在本书的讨论范围内。

针对本书关注的资本下乡这一整体现象，经济学、法学以及社会学等多个学科的学者及政策研究者从不同的视角进行了阐发和讨论。有相当数量的研究集中对资本下乡的影响或者后果进行分析，其中具有代表性的观点是阐释资本下乡对农业现代化的积极效应。持这类观点的研究者普遍认为，经由土地集中流转形成的大规模农场，是农业转型与农业现代化的必然趋势和实现路径。具体来看，这类研究认为，我国农业的落后主要体现为小农家庭生产的土地细碎化以及与之相关的农业机械化程度较低，如果将农村土地集中流转给企业进行规模经营，则能够对小农家庭生产这种"传统农业"与相对"落后"的生产方式进行有力改造。因为来自城市的企业能够带来传统农业缺乏的资本、知识、技术和管理等现代生产要素，伴随着工商资本逐步进入农业领域，生产要素的结构得以优化，生产成本得以降低，农业生产率得以提高。因此，这种以土地集中流转、扩大生产规模和提高机械化水平为特点的规模经营有利于实现"规模经济"与规模效益，能够有力推动我国的农业现代化进程（胡鞍钢、吴群刚，2001；徐勇，2004；吴郁玲、曲福田，2006；黄祖辉、王朋，2008；北京天则经济研究所"中国土地问题"课题组、张曙光，2010；涂圣伟，2014）。

与这种积极效应相呼应的经验现象是，近十余年来，资本下乡正在全国范围内迅速推进，具体体现在流入工商企业的土地规模和速度两个方面。一方面，伴随着全国承包地流转面积不断扩大，流入工商企业的承包地面积已经形成相当规模。截至 2012 年底，全国承包地流转面积为 2.7 亿亩，其中流入工商企业的耕地面积为 2800 万亩，约占流转总面积的 10.3%。[①] 截至 2014 年底，流入工商企业的耕地面积达到 3882.2 万亩，占全国农户承包地流转总面积的 10%。[②] 根据农业农村部信息中心在 2020 年末发布的统计数据，全国农户承包地流转面积为 5.32 亿亩，其中流入企业的面积为 5558.54 万亩，这一比例依然稳定在 10% 左右。[③] 另一方面，流入工商企业的承包地面积维持着较高增速。我们从 2012～2014 年的数据来看，流入工商企业的承包地面积年均增速超过 17%。将年份拉长到从 2012～2020 年，流入工商企业的承包地面积年均增速也超过 10%。此外，如果我们考虑到一些工商企业是通过注册农业合作社或家庭农场的方式进入统计口径的情况，则全国家庭承包耕地中流入工商企业的土地面积更大、比例更高、增速更快。

与强调资本下乡的积极效应不同的是，有相当数量的研究指出了资本下乡的消极后果和潜在风险。有研究指出，工商企业进入农业以高额的土地租金为前提，这种高成本的经营方式使常规的农业经营很难持续，工商企业并不会从事真正的农业活动，其最终目的是发展非农产业。因此，有些工商资本在集中了大量的承包地之后，公开或变相改变土地用途，在永久基本农田上种树挖塘、发展花卉苗木，甚至以农业开发的名义将流转的土地用来盖养殖场、建度假村、搞房地产，致使良田撂荒。这不仅会加剧

①　《中央一号文件鼓励"资本下乡"》，http://theory.people.com.cn/n/2013/0215/c40531 - 20489200.html，最后访问日期：2022 年 3 月 31 日。

②　《农业部等四部门联合发文引导工商资本规范租赁农地》，http://politics.people.com.cn/n/2015/0425/c70731 - 26902222.html，最后访问日期：2022 年 3 月 31 日。

③　数据来源于农业农村部信息中心微信公众平台"农业农村重要数据"。

农地"非农化""非粮化"的程度，甚至还会对耕地质量、初级农产品供给、生态环境和国家粮食安全带来不利影响（黄小虎，2009；陈锡文，2011；贺雪峰，2013；王晓毅，2017；张浩，2017）。

此外，从经验现象来看，与工商资本在流转土地的面积和速度方面狂飙突进不同的是，近年来，很多工商资本下乡之后开始出现各种各样的问题，遭遇了不少挫折。"跑马圈地""毁约弃耕""亏本跑路"的现象时常出现在研究报告和媒体文章之中。资本下乡，有实力的包地，没能力的种田，经营农业失败者居多（贺雪峰，2013；康传义、许瑶，2015）。① 因此，资本下乡呈现相对矛盾的两个方面：一方面进展迅速，另一方面遭遇各种问题。

如果我们把资本下乡在现实中出现的各种问题和消极后果置于农业转型和农业现代化的实现路径上来考察就会发现，目前这一阶段的资本下乡是"失败"的。需要说明两点：第一，此处的"失败"并不是对处于进程中的资本下乡这一现象进行性质界定或结果判断，而仅是就目前观察到的情况而言的，相对于实现农业现代化的目标而言，现阶段的资本下乡显然不能说是成功的；第二，"失败"并不必然意味着亏本，有些资本下乡虽然在农业现代化的意义上是"失败"的，但因其能够享有大量的政府补贴，依然能够实现经营层面的盈利。换言之，亏损的下乡资本必然是失败的，但目前盈利的下乡资本也面临诸多问题。或者我们更加准确地说，现阶段的资本下乡进展不顺、困难重重。本书试图对此做出解释。因此，本书的研究问题是：下乡经营农业的工商资本为什么会进展不顺？它们遇到了什么样的问题和困难？如果我们说其"失败"，那么其中的具体机制如何？背后有着什么样的逻辑？为了回答这些问题，上述两类研究所能提供的解释就不太有力了。

以上两类研究的不足之处在于，这些研究中所提到的积极效应或者消极影响多为理论表述和逻辑推演，缺乏经验材料的支撑。换言之，这些研究中的相关表述从学术逻辑出发能够成立，但在现实的农业经营中却未必如此理想。我们以两个实例来进行说明。比如，在关于资本下乡积极效应

---

① 可参见相关报道，比如，《流入企业承包地年均增速超20%官方防范耕地非农化》，http://politics.people.com.cn/n/2015/0426/c1001-26904921.html，最后访问日期：2022年3月31日；《资本下乡：有实力争地，没能力种田》，http://zqb.cyol.com/html/2015-04/20/nw.D110000zgqnb_20150420_1-04.htm，最后访问日期：2022年3月31日。

的研究中，不少研究者片面强调土地的"规模"这一生产要素的作用，土地规模越大，越能够作为一个整体来发挥作用，规模经济和规模效益能够成立。但是在实际的农业经营中，土地绝不是均质化的、"无机"的生产要素，而是一个"有机"因素，土壤肥力高低、地势平坦与否、不同产权形态都会对具体的农业经营产生不同影响（黄宗智，2014a）。在这种情况下，规模大并不一定能够带来规模效益。再如，虽然资本下乡能够带来农村稀缺的资金、技术、劳动力等生产要素，但不同的生产要素之间并非自由组合就可以生效。当技术与劳动力两个生产要素配置在一起的时候，劳动力能够在多大程度上运用自己的技术、他对工作的尽心程度等都会影响到农业生产的成本和收益。因此，仅仅从道理、逻辑上去理解资本下乡还不够，社会学强调经验研究的重要性，既要从宏观方面理解总体事实，也要从微观方面考察运行机制。

综上，两类研究都是将资本下乡作为"整体"来进行分析的，相对忽略了资本下乡的具体过程和下乡后的生存状况。实际上，资本下乡既是工商企业进入农村经营农业的过程，也是经营者在乡土社会中为人处世的过程。工商资本下乡，一方面会面临农业经营中的具体情况，另一方面会涉及与乡土社会的关系。因此，本书试图将资本下乡这一现象置于外来资本与乡土社会的关系框架之中，既从宏观的关系结构中去考察微观的行动，比如工商资本下乡的原因及下乡后经营的具体过程，又从微观的行动中反观宏观的结构，比如在资本进入乡村和农业经营的过程中，工商资本与乡土社会的关系结构发生了何种变化。在这一意义上，破解资本下乡进展不顺的关键在于从下乡企业这个经营主体入手，既要深入到它们的具体经营实践中，也要观察其与外部环境的互动过程，考察它们在经营与互动的过程中遭遇了哪些真实困境。只有以经营主体为中心进行讨论，才能更加贴切地理解与回答资本下乡进展不顺的原因。因此，笔者开展的实地调查也是围绕着下乡资本这一经营主体展开的。

第二节　资料来源与研究方法

一　资料来源

本书使用的资料主要来源于笔者在 2015 年 8～9 月和 2016 年 6～9 月开

展的实地调查。下面笔者将对实地调查的大致过程、案例基本情况进行简要介绍。

2015 年 8 ~ 9 月，笔者在华北地区的连川市进行了多次实地调查。[1] 连川市位于华北地区中部，属于黄河冲积平原、土地肥沃。全市总面积 9000 余平方公里，总人口 600 余万人，耕地面积 1000 万亩，是传统的粮食产区。

笔者开展实地调查的区域位于以往众多学者讨论过的，也是农业经济学家卜凯所谓的"小麦 - 高粱区"的区域之内。[2] 这个区域内主要的农作物是小麦、高粱、玉米和小米，农作物与各种夏季作物（如马铃薯、花生、棉花、大豆和蔬菜）轮种。在连川市，高粱、棉花和花生的种植规模较小，粮食作物以小麦和玉米为主，一年两熟。

正如既有研究概括这个区域的生态环境时所描述的那样，"本地区有着比较易于耕作的土壤，但生态条件比较恶劣，同时人口密度较高，形成了十分苛刻的农业体制"（黄宗智，2000：58）。连川市也符合这一特点。此外，马若孟认为，在这个区域内，"农民面临的较大困难之一是降水量变化无常"（马若孟，2013：9）。这些客观的生态条件都符合连川市的基本情况，也是本书后文展开分析时必须考虑的环境因素。

为了解答"资本下乡之后，在实际的经营过程中，遇到了哪些困境与问题"这个疑问，我们需要深入企业的内部去考察其实际经营过程。为此，笔者访问了连川市三个县（区）内的 8 家农业公司。

2015 年 8 ~ 9 月，在时任连川市农委一些领导、相关县（区）农委工作人员和乡镇领导及工作人员的帮助下，笔者在连川市的三个县（区），分别是新关区、新康区和平成县开展了实地调查。新关区下辖 4 个乡镇（街道），人口 11 万人。新康区下辖 4 个乡镇（街道），人口 15 万人。这两个区均靠近连川市区，产业以工业和服务业为主，其中新康区设有农业现代科技园区，入园企业 20 余家。平成县距连川市界 35 公里，下辖 14 个乡镇（街道），总人口 50 余万人，为连川市内的产粮大县。8 家农业公司的基本状况如表 1 - 1 所示。

---

[1] 依据学术惯例，书中涉及的所有地名、人名和公司名均做了匿名化处理。

[2] 具体可参见马若孟（2013）、黄宗智（2000）。

表1-1 8家农业公司的基本状况

公司名称	所在地	经营者原产业	流转面积	流转价格	经营作物
兴民农场	新关区	医疗器械	5600 亩	1000 斤小麦	小麦、玉米
齐民农场	新关区	商贸流通	1100 亩	1000 斤小麦	粮食、苗木
为民公司	新康区	环保	1240 亩	1650 元	蔬菜、水果
惠民公司	新康区	农药	300 亩	1650 元	粮种培育
秋实公司	新康区	饲料	2200 亩	1650 元	花卉苗木
新民农场	新康区	房地产	860 亩	1650 元	苗木、蔬菜
春华合作社	平成县	汽车修理	550 亩	1200 斤小麦	苗木、粮食
胜民合作社	平成县	机械修理	470 亩	1200 斤小麦	中草药、粮食

注：（1）流转价格以每亩每年为计算单位；（2）以粮食产量来衡量流转费是我国某些地方的传统，具体费用根据支付流转费时的粮食时价确定。

根据表1-1，我们能够发现，上述8家农业公司存在如下共同特点。第一，从经营者及其原有产业来看，8家农业公司的经营者均来自连川市区。相对于它们目前所在地的村庄和农民来说，这些企业均为"外来"工商资本，其原有产业绝大部分为非农产业，或与农业关系不大。第二，8家农业公司均未出现土地撂荒、"圈而不种"的情况，但它们普遍遇到了经营管理方面的困难，基本处于不赚钱、"一年到头白忙活"的状态，即使有些公司在某个年份略有盈余，也都将盈余投入到了下一年的生产之中。

在以上8家农业公司中，本书将重点分析兴民农场，这种选择基于如下考虑。首先，兴民农场规模巨大，机械化程度高，种植作物为粮食作物。相比于其他种植经济作物、兼营粮食作物的小规模农业公司，兴民农场更贴近现代化的农业企业，更有代表性和分析价值。其次，虽然这些公司普遍经营困难，但兴民农场在这些公司中还属于经营不错的案例，当然这与兴民农场本身享受的政府补贴和项目资金有关。最后，兴民农场下乡的机制更加复杂。不同于工商资本出于自主意愿下乡务农，兴民农场的下乡与政府引导存在密切关联，这更便于我们观察政府、企业和乡土社会等多个主体间的互动情况。

兴民农场是连川市内规模最大的土地流转农场，位于新关区大屯镇。老板王辰林是连川市冬安县柳镇王庄村人，冬安县柳镇与新关区大屯镇接壤。他成年即离开王庄村，起初在连川市从事房地产业，后来一直做医疗器械生意。他选择下乡务农是源于他与大屯镇政府的一次"协议"。

大屯镇位于新关区东南部，全镇下辖 52 个行政村，镇域面积 72 平方公里，耕地面积共 6 万余亩，总人口 4 万余人。连川市最大的化工企业联华集团位于大屯镇辖区之内。2012 年，联华集团新上马的聚碳酸酯生产项目具有一定的危险性，政府要求联华集团新项目园区附近 5 公里内的 3 个村庄全部拆迁，这些村庄的村民均集中到大屯镇镇区居住（"农民上楼"），但这些村庄的耕地还在村民手中。同年，联华集团因扩大生产规模需要占用附近村庄的耕地，听闻此消息的农民纷纷在自家的耕地上建设农业设施，比如密集钻打机井、搭设简易大棚等，以此争取更多的赔偿，联华集团的占地规划受阻。联华集团将此问题反映到新关区政府，区政府领导要求大屯镇全力解决此问题，为联华集团的进一步发展创造良好条件。

大屯镇党委书记王宝晨也是冬安县人，与王辰林是同乡，二人关系不错，所以王宝晨找王辰林来帮忙。在区、镇两级政府的引导下，王辰林成立了兴民农场，一次性将联华集团未来 10 年内规划占用的耕地全部流转。兴民农场流转的土地只能用于种植粮食作物，以降低企业的赔偿金额，而且兴民农场必须服从并配合联华集团的发展规划和占地要求。作为回报，联华集团每年为兴民农场支付每亩地 300 斤小麦时价的补偿，新关区政府和大屯镇政府每年为兴民农场提供每亩地 100 元的"流转奖励"并保证不少于 5 年。此外，连川市和新关区农业部门每年下达到兴民农场的各类项目资金有 100 万元左右。王辰林坦言，之所以接受这个协议，原因在于各类补贴的数量，在此基础上经营农业有利可图。

兴民农场最初流转的 6559 亩耕地共涉及 7 个村庄，分别是史庄、楼庄、柏庄、谷庄、许庄、秦村和大果树村。其中，史庄、楼庄和柏庄因联华集团的聚碳酸酯生产项目而全村拆迁，成为集中居住的村庄，剩下的 4 个村的耕地各被流转了一部分，农民依然生活在原来的村庄，并未集中居住。各村土地被流转的具体亩数参见表 1 - 2。因为联华集团占地的影响，兴民农场流转的土地在经营时面积不断减少。2012 年最初流转 6559 亩，在同年开始经营时已减少至 5659 亩，2014 年夏季进一步减少至 5205 亩，2016 年夏季减少至 4412 亩。

表 1 - 2　兴民农场成立时流转 7 个村庄土地的基本情况

单位：亩

村名	流转面积
史庄	1491.87
楼庄	1869.34
柏庄	1392.57
谷庄	816.01
许庄	256.05
秦村	387.59
大果树村	346.06
共计	6559.49

在成立之初，兴民农场老板王辰林投入资产近 2000 万元，开展农场建设，其中涉及农业机械的投资额达数百万元，所以兴民农场的机械化程度较高。从笔者在 2016 年 6 月开展的实地调查的情况来看，当时兴民农场存有各类农业机械 60 余台（辆），其中拖拉机 11 台、小麦收割机 10 台、玉米收割机 6 台、玉米剥粒机 2 台、免耕播种机 30 台、大型挖掘机 2 台、中型卡车 3 辆、粮食烘干塔 1 座。小麦收割机和玉米收割机均为当时的新型设备，与农业生产有关的其他设备几乎齐备。除农药喷洒和灌溉外，耕、种、收等主要生产环节均具备实现机械化的条件。

兴民农场的案例呈现如下基本事实。第一，工商资本下乡确实存在动机不纯的问题，但我们不能就此否认工商资本进行农业生产的现实。资本下乡并非纯粹为了政府补贴与项目资金，这些只构成了它们下乡的前提条件。同时，兴民农场确实在开展农业经营，并没有出现"圈而不种"或者"毁约弃耕"的现象。第二，资本下乡的过程牵动了企业与村庄的关系，这特别表现在资本下乡为实现规模经营需要流转大量土地，甚至会让很多农民搬迁。从兴民农场的具体情况出发，兴民农场最初流转耕地 6559 亩，如果算上平整村庄既有的沟渠、道路等土地面积，实际上占用的土地接近 8000 亩。此外，从企业与村庄的空间关系进行观察，虽然兴民农场流转耕地涉及 7 个村庄，但如果我们考虑到还有一些村庄与兴民农场流转的土地处于地邻搭界的状态，则兴民农场实际上处于 12 个村庄的"包围"之中。换言之，兴民农场位于一种非常"稠密"的村企关系之中。第三，兴民农场的案例表明，资本下乡并不意味着自发的农业经营方式转型，或者产业结构的调整，而是在很大程度上蕴含在地方政府的行为之中，体现了地方政府的政治逻辑或者治理逻辑。兴民农场的出现是大屯镇政府为了应对更高一级政府提出的"政治要求"而采取的应对措施，这一要求是为联华集团的征地解决好治理难题。具体来说，兴民农场的地理边界就是联华集团未来十年将要发展的规划范围，兴民农场的出现将联华集团与当地农民的关系转化为联华集团与兴民农场的关系。不可忽视的是，这些都蕴含在地方政府的治理逻辑之中。

二 研究方法

将主要的研究对象确定为兴民农场后，笔者于 2015 年夏天在兴民农场进行了为期 22 天的实地调查，主要考察兴民农场的内部经营状况。经过近一个月的调查，笔者得出了既明确又模糊的结论。一方面，结论的明确之处在于，兴民农场虽然会遭遇由农业产业特殊性带来的经营管理方面的问题，但这些问题可以借助乡土性的社会资源得到部分解决，真正无法克服的难题是外来资本与乡土社会的互动不畅，这是由工商资本的外来性导致的。另一方面，结论的模糊之处在于，外来性或者说工商资本来自外地这一事实，如何导致了工商资本与乡土社会的互动不畅。换言之，外来性的作用机制是怎样的？这个问题在 2015 年夏天开展的实地调查中并没有得到解决。

为了进一步解决这个问题，笔者于 2016 年 6 月上旬到 9 月下旬，调查了与兴民农场流转的土地存在关系的 10 个村庄——史庄、柏庄、楼庄、谷庄、许庄、秦村、大果树村、宿庄、姜村和普庄。这些村庄可以分为三类。第一类是在兴民农场到来之前就拆迁的村庄，这些村庄的全部土地均流转给了兴民农场。这类村庄共有 3 个，分别是史庄、柏庄和楼庄。第二类是兴民农场流转了部分土地，农民依然有部分土地并继续生活的村庄。这类村庄共有 4 个，分别是谷庄、许庄、秦村、大果树村。第三类是既没有被兴民农场流转土地，也不涉及居住形态变化的村庄。这类村庄共有 3 个，分别是宿庄、姜村和普庄。在第二年的实地调查中，笔者具体考察资本下乡与乡土社会的关系及其对乡土社会造成的影响。换言之，第二年的实地调查主要是考察为什么乡土社会和工商资本互动不畅。如果说第一年的实地调查主要考察的是事实性的内容，那么第二年的实地调查则主要是深入农民的观念层面或者"内心世界"，考察他们对资本下乡的看法。两年的实地调查涉及研究方法和研究视角的转换。

在 2015 年夏天与 2016 年夏天前半段的实地调查中，笔者主要考察了兴民农场的内部经营状况。与几乎所有社会学的定性研究类似，笔者使用的主要研究方法是参与观察、文献收集和深度访谈。

参与观察的主要内容是兴民农场如何开展农业经营，笔者分别从土地经营、劳动力使用和资本运作方面展开。在开展实地调查过程中，笔者作为兴民农场的内部员工参与了该农场的一些农业经营活动。比如笔者曾经在玉米播种之前为进行打药"封地"的农民配药添水；① 在机械化播种过程中为机手添加化肥；参与晾晒小麦；机械化收割过程中为运输粮食的卡车过磅。通过亲身参与农场的具体经营活动，笔者与农场管理人员建立了基本的信任关系，这也为后续收集文献资料和开展深度访谈创造了更好的条件。

文献收集的主要内容是通过经营账目等相关资料来分析兴民农场的盈亏状况，为深度访谈提供佐证。经兴民农场老板王辰林的允许，笔者从农场会计卢杰处获得了兴民农场经营三年（2012～2015 年）来几乎所有的财务账目等数据。这些文献资料具体包括经营期间每年的粮食作物产量、各项生产资料的成本、粮食作物收获之后的销售数据、兴民农场所有工人的工资数据、工人的奖惩情况以及其他各类建设与经营过程中的成本支出情况。

深度访谈的主要内容在两年的实地调查中差别较大。2015 年开展实地调查时，深度访谈的主要内容是兴民农场在经营过程和与周边村庄互动过程中的困境以及应对情况。这种访谈并非在办公室里进行"空对空"讨论，更多的时候是笔者在参与兴民农场农业经营活动的过程中，针对一些具体问题展开的。实地调查过程中，深度访谈的对象不仅包括兴民农场的老板以及农场的雇佣工人等农场工作人员，还包括为农业经营提供外部支持的一些工商业者。比如，在兴民农场调查期间，笔者接触到为兴民农场提供

---

① "封地"的字面含义是"将土地封起来"，是玉米播种之前的一种除草措施。"封地"的程序是使用除草剂将所有地面喷洒一遍，防止杂草出现。

种子、化肥、农药、农业机械的农业生产资料销售商以及推销员、机手、麦客，还认识了一些活跃于全国各地的粮食经纪人。对这些人的深度访谈，有助于我们理解兴民农场在经营和与周边村庄的互动过程中的困境。

2016年开展实地调查时，深度访谈的主要内容是周边村庄的农民对兴民农场的态度和看法以及区、镇两级政府工作人员给兴民农场提供的外部支持。两者相比，农民的态度与看法更加重要，而且从资料获得的角度来看，这也更加困难。需要说明的是，在访谈农民的过程中，笔者使用的方法既不符合严格的抽样程序，也没有非常科学的访谈提纲，而是抓住现实中存在的现象与问题，从农民生产生活的历史和当下谈起，进而扩及其他方面，通过由点到面的方式达成对农民观念的理解。此外，在选择访谈对象的过程中，笔者发现走入农民的"观念世界"相当困难，需要更加人情化的方式，在访谈过程中，重要的并不是访谈的技术，而是在深度访谈甚至实地调查背后起基础性作用的研究心态。在这一过程中，笔者本人经历了"身份转换"和自我教育。

研究者进入村庄进行调查和访问，本身就是一个"外来者"进入并成为"内部人"的过程，如何能够获得真实的说法特别具有挑战性。换言之，农民表达的是内心的真实感受还是想"糊弄"一下，并不取决于研究者提问的技术有多么高超，而在于他们对研究者本人的认识和定性。因此，研究者本人的身份转换相当关键。比如，2016年笔者在史庄开展调查之前，在史庄村委会的一个房间内，村委会主任史传维对笔者进行了介绍。当时，史传维召集了十几个村民，对笔者进行了"定性"。

> 我来给大伙介绍一下，这位是北京大学的博士生小徐，是咱们市农委领导和镇上王书记介绍过来的。他很关心我们农村的问题，很关心土地流转（问题）。去年就在咱们这一片儿做调研，大家要配合好。他调研的主题很简单，就是想问问你们土地流转怎么怎么好，土地流转是怎么怎么提高了咱们农民的生活水平。你们回答的时候要注意啊，一定要扣着土地流转好来回答。（访谈资料20160618LS1）

不难看出，史传维做出这种"定性"是因为他知道笔者是政府方面的人介绍过来的，有些事情大家在表达时要注意尺度。但从这种"定性"出发，与农民进行深度访谈是相当困难的，笔者很难获得农民关于资本下乡的真实态度。需要注意的是，很多调查在开始前，研究者虽然没有经历这种类似的"被介绍"过程，但并不意味着调查对象没有对调查者进行类似的"定性"过程，这种情况下得到的访谈信息可能很不真实，遑论深度。

因此，深度访谈首先要解决研究人员"外来者"的身份问题。在意识到身份问题是开展实地调查的障碍后，笔者在对其他村庄进行调查时开始有意以"学生"的身份出现在农民面前。学生身份虽然能够避免一些弊端（政府介绍较为正式），但并不能完全解决外人身份所带来的问题。在笔者与农民访谈的过程中，很多农民一般敷衍几句就离开，也有一些农民虽然会看似客气地和笔者聊天，但是每当问到一些关键问题，比如他们对兴民农场的态度时，他们也会以一些明显不成立的理由搪塞。

经过一段时间的摸索与调整，笔者不再向农民直接提问，而是借由农民的一些休闲活动，比如钓鱼、打牌等，尽量融入农民的生活。当然，在这一过程中，不少农民会对笔者的身份产生疑问。笔者的选择是尽量抹去身份，既不提政府介绍这种明显带有正式性的身份，也不提跟农村生活距离较远的学生身份，而是表达为"当地人""家就是这一片儿的"等。在多次参与当地农民的活动之后，有些农民会邀请笔者去他们家吃饭，借着这些社会活动，笔者进入这些农民的生活之中。更进一步，曾经与村庄的某些人一起吃饭、钓鱼的经历为笔者在这个村庄内扩展深度访谈的范围奠定了基础。笔者所做的几乎所有的访谈都是围绕农民的生活本身展开的，而笔者关心的问题，特别是一些非常关键的、涉及农民内心看法的问题，都是在参与数次社会活动之后才开始谈起。当然，在这一过程中，有成功也有失败。经过三个多月的实地调查，笔者发现，以人情化的方式去接触访谈对象，更容易得到真实有效的信息。

这种人情化的相处方式在深度访谈乃至整个实地调查中均有相当重要的作用，可以说是一种"将心比心"的方式和态度（费孝通，2003；周飞舟，2021b）。换言之，实地调查中问题的解决，并不意味着实地调查的顺利完成，研究对象是否述说真实的想法，在多大程度上袒露心扉至关重要。与2015年不同，笔者在2016年开展实地调查时关注的重点，除了事实性的内容外，还有不少涉及农民行动意义、精神世界等方面的观念性内容。理解与解释这些观念性的内容，不仅要解决外人身份的问题，将自己完全融入田野，更加重要的是在实地调查过程中秉持从实求知的基本态度，"潜入"到一定的深度，其中的关键就在于体验行动者行动的情境和心态（周飞舟，2021b）。而理解农民的观念、心态，要害之处在于研究者本人的心态。特别是对于农民群体中存在的看似与法律、政策乃至道德都不相符合的行为，更要以尊重开放的态度报之以同情式的理解，这是深度访谈乃至实地调查中的"温情与敬意"（周飞舟，2021b）。

相比于参与观察、文献收集和深度访谈等具体的研究方法，这种"将心比心"的研究心态更加重要。当然，笔者在这里想要表达的并不是自己能够将这种研究心态和相关方法运用得精妙，而是想要强调，当实地调查的重点从事实性内容转向观念性内容的过程中，笔者深切体会到了这一心态的重要性及其对探索农民观念世界的重要价值。这种体会正是来源于笔者在实地调查过程中的诸多挫折与失败，在这个意义上，实地调查也是研究者自我教育和自我成长的过程。

第三节　本书的章节安排

本书分为九章，按照内容可以大致分为三个部分。第一部分由第一章、第二章和第九章构成，主要介绍本书关注的现象与问题，在此基础上从社会学的视角对既有研究进行梳理和述评，并根据实证研究得出结论，与前述相关研究构成对话。相对而言，这一部分涉及实地调查的内容较少。第二部分和第三部分是本书的实证分析部分。第二部分由第三章、第四章和第五章构成，主要从土地、劳动力、资本这三个方面分别展现兴民农场在内部经营过程中的困境与应对方式。第三部分由第六章、第七章和第八章构成，主要从兴民农场周边村庄农民不同的观念结构出发，展现他们对兴民农场的态度和认知。这些内容共同构成了笔者对他们行为的解释。正如笔者在介绍实地调查过程和研究方法时展现的那样，第二部分内容偏重于展现企业内部组织生产、开展经营等事实性内容，第三部分内容则更关注兴民农场周边村庄农民的行动意义、精神世界等观念性内容。整个实证分析部分，大致遵循了从事实现象到行为选择再到观念心态的研究路径，这种研究路径体现了本书试图逐步深入的努力。不难发现，在实证分析的第二部分和第三部分之间，本书进行了视角转换，从分析企业内部经营转向了分析周边村庄的农民对企业的看法。关于这一转换的原因及具体情况，本书将在第五章末尾进行交代。

具体而言，每个章节的主要内容如下。

第一章为绪论。首先，笔者对本书关注的经验现象、相关背景进行了介绍，并从这些现象中提出本书的研究问题。其次，笔者介绍了实地调查的过程和本书使用的研究方法。

第二章为文献综述。基于本书的研究问题，从社会学的视角出发，笔者综述了三类研究。第一类是关于我国城镇化模式与政府行为的研究，这是资本下乡出现的结构背景和动力机制。第二类是关于农业经营方式与生产实践的研究，这是资本下乡的经验实践。第三类是关于我国乡村社会的特点及其变化的研究，这是资本下乡与外界进行互动的基本结构。

从第三章开始进入本书的实证分析部分。笔者的思路是从资本下乡进展不顺、普遍遭遇失败这个经验问题出发，首先假设资本下乡的理想状态，即如果工商资本想要实现纯粹经营意义上的成功，需要具备哪些条件。第二部分的第三、第四、第五章就是对这一问题的回答。

第三章"土地分包与家庭经营"。这一章主要论述了兴民农场老板王辰林为了实现内部经营的成功，将流转的数千亩土地全部分包，完全使用与自己有特殊关系的人进行经营的制度安排。这种安排弱化了农业经营中的监督困难。在这个过程中，土地的规模经营走向了规模的反面，呈现出家庭经营的基本样态。

第四章"机手与麦客"。这一章从兴民农场自购收割机大量闲置的经验现象出发，描述并分析了兴民农场在经营的三年内如何从失败的机械化走向成功的机械化的实践过程。从使用本地机手到借助麦客经纪人雇用麦客，兴民农场实现了又好又快的机械化收割。在这一过程中，不同性质的劳动力迭次登场，农业机械化的复杂逻辑也得以展现。

第五章"经济账与平安钱"。这一章通过对兴民农场三年经营期间的成本收益的计算和分析，发现兴民农场的资金运作特点。一方面，借由政府补贴和项目资金，兴民农场确实能够实现经营意义上的盈利。另一方面，兴民农场还需要花费相当数量的平安钱，用于处理一些与农业经营无关的"社会性事件"。

这些"社会性事件"涉及兴民农场作为一个整体与外部乡土社会的关

系。为什么会有这些"社会性事件"？仅仅从农场的内部经营过程出发已经无法解答这一问题。在第三部分的第六、第七、第八章，笔者进入村庄的内部，引入农民的视角，通过考察当地农民对待兴民农场的态度和观念，对此问题做出回答。

第六章"被建构的'集体'"。这一章详细分析了产权界定清晰的兴民农场为什么会被周边村庄的农民在观念上建构成"集体农场"，以及为什么当地农民以对待"集体"的态度与之互动。这是从公家与个人的维度对社会性事件的解释。

第七章"内外有别"。这一章从外来人的角度解释了这些社会性事件发生的原因。当地农民并非完全不知道兴民农场不是集体农场，但他们依然以对待外人的态度与之互动。这是从内外维度对社会性事件的解释。

第八章"制造对立与扎根乡土"。这一章分析了兴民农场对社会性事件的处理方式，以及当地农民的应对措施和心态变化。兴民农场的应对措施不仅没有解决社会性事件，反而加剧了外来资本与乡土社会的冲突，导致这些社会性事件很难得到妥善解决。这是从善恶维度对社会性事件的解释。

第九章为"结论与讨论"。通过上文的实证分析，笔者在这一章梳理了本研究的主要经验发现，并对研究问题进行系统解答。此外，笔者还对资本下乡蕴含的理论问题，如社会基础、行动伦理等，进行了讨论。

第二章
文献综述

本章将从社会学的视角来回顾和评述三类研究：一是关于我国城镇化模式与政府行为的研究，这部分研究为我们理解资本下乡这一现象提供了基本的结构背景；二是关于农业经营方式与生产实践的研究，这部分研究为我们从经营层面理解资本下乡提供了知识；三是关于中国乡村社会本身具有的特点及其变化的研究，这部分研究有助于我们更加深入地理解资本下乡要面对的社会结构。这三类研究既从不同维度为我们理解资本下乡这一现象提供了启发，也从不同层面解答了本书提出的研究问题。其中，第一类研究涉及宏观的结构背景，第二类研究聚焦中观的经营安排，第三类研究展现微观的为人处世。

第一节　我国城镇化模式与政府行为

处理本书研究问题的前提是讨论和分析资本下乡这一现象，分析这一现象的第一步在于如何看待和理解资本下乡，资本下乡这一现象是如何产生的，即资本下乡的动力机制何在。从概念出发，"资本下乡"这一名词概括的是来自城市的工商资本进入农村、经营农业的现象，这一现象也被称为"公司进村"。从这一概念出发，不难看出背后关涉的是我国城市与乡村之间关系的问题。社会学的经验研究并非简单地就事论事，而是强调从历史的、结构的背景出发去考察事实，坚持结构分析与机制分析相结合的学科视角（渠敬东，2007；周飞舟、王绍琛，2015）。当我们把这个看似事关农业的问题，放在我国经济发展的历程中去考察的时候，就会发现资本下乡关涉的城乡关系演变背后的动力在于中国特色的城镇化模式和地方政府行为（折晓叶、艾云，2014；周飞舟、王绍琛，2015）。中央与地方关系、政府与企业关系、国家与农民关系及三者之间的关系构成了我们理解中国特色城镇化道路的基础（周飞舟等，2018）。

一　地方政府的"觉醒"

有研究将中国特色的城镇化道路分为三个阶段，分别是工业城镇化、土地城镇化和新型城镇化。1978～1994年为工业城镇化阶段，其主要特点是工业化的速度远高于城镇化的速度。以分税制改革为节点，1995～2011年为土地城镇化阶段，其主要特点是城镇化速度加快，城市建设日新月异。2012年至今为新型城镇化阶段。党的十八大以来，中国特色社会主义进入新时代，党中央提出"新型城镇化"概念，着力解决土地城镇化阶段的遗留问题并推动以"人"为核心的城镇化（周飞舟等，2018：43）。就本书关心的资本下乡而言，这一现象主要发生在城镇化的第二阶段和第三阶段，但其背后的动力则埋藏在城镇化的第一阶段。

工业城镇化阶段的基本特征是"工业化先行、城镇化滞后"（周飞舟等，2018）。其中工业化的主力是兴起并繁荣于我国农村地区的乡镇企业。乡镇企业之所以能够异军突起，除了改革开放释放的活力之外，其根源不仅仅在于它独特的模糊产权与它的产品在国民经济体系中的相对优势，更加关键的是它的内部治理结构和外部关系方面体现出来的中国特色，特别是乡镇企业与地方政府之间的关系（渠敬东，2013；周飞舟，2013；周飞舟等，2018）。换言之，全国范围内乡镇企业的建立和发展与地方政府行为密切相关，根源在于财政包干制的实施以及地方政府推动工业化的努力（Oi，1992）。这种被称为"放水养鱼"或"养鸡下蛋"的方式形象地描绘了地方政府与乡镇企业之间的关系（渠敬东等，2009；周飞舟等，2018）。

地方政府愿意去"养鱼""养鸡"与财政包干制密切相关。自20世纪80年代以来，我国开始以承包制的思路探索"分灶吃饭"的改革办法（周飞舟，2012；周飞舟等，2018）。简言之，财政包干制的制度设计是在上级政府与下级政府之间设定收支总数作为"包干基数"，超额完成有奖，歉收则受罚，类似于"一包就灵"的其他承包制改革，下级政府有很强的动力去增加财政收入。更加关键的问题是：地方政府通过什么样的手段和方式来增加自身的财政收入呢？

　　理解地方政府行为模式的关键在于我国的税收体制。我国的主要税收来源是企业而非公民个人。以产品税和增值税为主要构成的流转税是当时的主要税收类型，课税对象为制造业企业。这种税类的特点是，不论企业支出的成本和盈利情况，只要开工生产，有销售收入就要征税（周飞舟，2012；周飞舟等，2018）。因此，地方政府纷纷"大办企业""办大企业"，表现在经验现象上就是全国范围内乡镇企业的繁荣景象。值得注意的是，在这一过程中，地方政府和地方企业开始结合并成为紧密的利益共同体，特别是地方政府逐渐"觉醒"，成为"公司化"、具有明确而强烈的经营意识的利益主体（刘世定，1999；周飞舟，2010，2012；折晓叶、艾云，2014；周飞舟等，2018）。

　　逐渐"觉醒"的地方政府是我们理解政府行为的关键所在，即便随着各种政策演变导致的约束条件发生变化，地方政府具有明确经营意识和自主意识的利益主体的角色始终未变。因此，我们能够看到地方政府与中央政府在之后的博弈过程与经营策略。

　　工业城镇化和土地城镇化阶段之间的节点是1994年中央政府推出的分税制财政体制改革。作为一项财政集权改革，分税制一举改变了中央和地方的财政分配格局并极大地影响了地方政府与企业之间的关系。就其改革的具体内容来说，流转税共享制度的施行、税收返还与转移支付制度的建立均深刻影响了地方政府的行为（周飞舟，2012）。

　　首先是流转税共享制度的施行。在这种制度下，所有企业无论隶属关系，均要按照共享计划——中央和地方共享的增值税增加额按照中央75%、地方25%的比例来分享税收，这使财政包干制下地方政府兴办企业的积极性受到打击。从经验现象来看，我们能够看到地方政府与企业开始"脱钩"，大量乡镇企业倒闭或转制（周飞舟，2012；周飞舟等，2018）。

　　其次是税收返还与转移支付制度的建立。这一制度虽然在改革之初就得以建立，但在最初数年内并未发挥其预想的效果。转移支付不仅在不同地区存在着不平衡的现象，在拨付方式上也有缺陷。从地区情况看，中部地区的县乡财政得到的人均转移支付相对最少。从拨付方式来看，大部分转移支付是以专项转移支付的形式下拨的，这是规定了支出用途的"戴帽资金"（周飞舟，2012）。

因此，分税制改革不可避免地导致了地方政府的可支配收入大幅减少，不少地方财政出现困难甚至面临危机。在这种情况下，已经"觉醒"的地方政府逐渐转移注意力，在预算内收入中寻找其他税种作为支柱，并开始寻求预算外资金作为自身财政增长的重点（周飞舟，2012）。这一过程中改变的是财政收入的来源，不变的是地方政府在工业城镇化阶段已经"觉醒"的经营意识和经营策略。我们关心的资本下乡这一现象也蕴含在这一过程中。

二 从经营企业到经营土地

分税制改革导致地方政府可支配收入大幅减少的局面以及地方政府明确的利益主体意识使地方政府调整并转移注意力，开辟新的生财之道。从经验现象和财政数据能够观察到，分税制改革之后，地方政府转向了土地财政（周飞舟、王绍琛，2015；孙秀林、周飞舟，2013；周飞舟等，2018）。从经验现象来看，分税制改革特别是2002年的所得税分享改革之后，地方政府对土地开发和基础设施建设的热情空前高涨，城市建设日新月异。从地方政府的财政收入来看，增长方式发生了明显转变：预算内收入从依靠流转税变成依靠以建筑业为主要支柱的营业税，并开辟了土地出让金这种非预算收入。这些都属于地方收入（周飞舟，2012；周飞舟、王绍琛，2015；周飞舟等，2018）。近十余年来，土地财政与土地金融相结合，形成了土地－财政－金融"三位一体"的发展模式，地方政府通过垄断土地征用、出让和开发的权利，探索出一套经营土地的运作机制（周飞舟，2012；周飞舟、王绍琛，2015）。

这一"三位一体"的发展模式虽然能够在一定程度上脱离人口和产业而存在，只要不断在土地、财政和金融方面投入，城镇化就能高速推进，但其中的制约因素也是土地。与工业城镇化带来的问题不同，在土地城镇化阶段，城市的大规模扩张在一定程度上导致了耕地减少后的粮食安全问题以及征地拆迁过程中的社会稳定问题。这正是中央政府与地方政府利益不一致的关键所在（周飞舟、王绍琛，2015；周飞舟等，2018）。

针对地方政府将农地转为建设用地，中央政府主要通过两种常规手段进行制约。一是制定全国、省、市、县、乡五级土地利用总体规划体系。在这一体系中，每一级政府的建设用地总量要低于上一级政府的对应指标，而耕地保有量则要高于上一级政府的对应指标。二是制定土地利用的年度规划，中央政府通过新增建设用地的指标进行严格管理，制约地方的用地需求（周飞舟、王绍琛，2015）。同时，耕地征用要满足占补平衡的要求。

中央对地方的制度和政策要求是刚性的，地方城镇化发展对建设用地的需求也是刚性的，这种矛盾始终存在。为此，中央和地方就征地指标问题进行了多轮博弈。中央要求征用耕地要实现占补平衡，地方则出现了"占优补劣""占多补少""先占后补""只占不补"等现象。中央为鼓励开展农用地整理设置了奖励性质的折抵指标，地方则将其作为计划外指标的主要来源，并以此为目的开展土地整理，不断突破中央对建设用地占用耕地的规定（周飞舟、王绍琛，2015）。中央与地方关于建设用地指标的博弈不断在地方突破、中央叫停的过程中演进。在这一过程中，中央政府的态度可谓"严控与激励并存"：一方面对新增建设用地指标控制得很紧，另一方面出台一些相对弹性的激励政策。这不仅体现在折抵指标的设置上，而且体现在增减挂钩政策的出台方面（谭明智，2014；周飞舟等，2018）。

地方城镇化的需求与建设用地指标之间的矛盾，加上2008年金融危机的影响，促使地方政府在新增建设用地指标方面进行了以增减挂钩政策为代表的新一轮探索。增减挂钩指的是通过设立项目区，将城市建设用地增加与农村建设用地减少相挂钩，城市新增建设用地的指标来源于农村建设用地复垦后耕地的增加（谭明智，2014；焦长权、周飞舟，2016）。这种能够突破中央对新增建设用地指标控制的地方探索很快席卷全国，不仅突破了项目区的限制，而且出现了跨地区交易的现象，比如成渝地区的土地指标交易市场机制的建立（谭明智，2014；曹亚鹏，2014）。

上述现象和背景与本书关注的资本下乡有何关系？通过具体研究来看，这一过程会更加清晰，我们以《农民上楼与资本下乡：城镇化的社会学研究》（周飞舟、王绍琛，2015）为例来进行论述。作者通过对成都统筹城乡案例的深度分析回答了这样一个问题——为什么与农业生产毫无关系的城市工商资本会去农村，发展看似并不赚钱的农业规模经营？作者指出，成都作为统筹城乡综合配套改革试验区，在政策探索方面进行了突破，通过建立土地指标交易平台，土地指标变成了可以拍卖与交易的商品。但竞买人需要"持证准入"，而获得证书的途径有两个：一是直接在农村产权交易所购买；二是参与农村的土地综合整治。土地综合整治也是农民上楼的过程，包括对农民房屋的拆旧、宅基地复垦和农民的集中安置。社会资本投资土地综合整治，不仅能够获得国有经营性建设用地指标的资格，还可以分享指标出让的收益。与直接在农村产权交易所购买相比，参与土地综合整治的收益更大且更稳定。更加关键的是，能够参与土地综合整治这种稳赚钱项目的社会资本必须具备一定的资格，即下乡从事"集中流转土地"和"经营现代农业"这种可能会赔钱的项目。此外，地方政府和融资平台为社会资本提供的融资和项目方面的实质性支持，也以社会资本下乡为前提条件（周飞舟、王绍琛，2015）。

因此，从现象来看，看似是来自城市的工商资本去乡村发展现代农业，但从动力机制上看，工商资本看重的并不是农业经营能够带来的收益，而是土地指标、地方政府的融资和财政资金的支持。这些研究和背景能够为企业为何下乡提供解释，但我们还需要注意到另一个问题：政府为什么要支持资本下乡？这需要从分税制改革对地方政府造成的影响来进行讨论。

三 项目制下的地方政府

分税制改革的影响除了体现在其对地方政府造成了驱赶效应，使地方政府的关注点从经营企业转向经营城市外，还体现在建立起规模巨大的转移支付体系。从总量来看，中央集中的税收收入大部分作为税收返还和转移支付下拨到地方，但是从结构来看，转移支付存在着地区间的不平衡现象和拨付方式的缺陷（周飞舟，2012）。从地区间关系来看，中部地区的县乡财政得到的人均转移支付最少。从拨付方式来看，大部分的转移支付是以专项转移支付这种形式下发的，这种带有特定用途的"戴帽资金"的分配使用并不能由基层完全做主（周飞舟，2012）。这种情况带来了两个方面的影响。

一方面，地方政府尤其是中西部的地方政府在财政上对中央的依赖性增强。分税制实行以来，在中西部地区的地方政府可支配财力中，中央补助所占比重不断提高。在中西部有些地区，中央补助甚至高达自身财政收入的数倍，县乡政府的财政自给能力很弱（周飞舟，2012；焦长权、周飞舟，2016）。

另一方面，随着转移支付体系的建立，大量财政资金通过项目或专项的方式下拨，同时还有层层的申请、审批、检查和审计等程序。这些复杂的程序需要基层政府动员各种关系和人力来完成，对基层政府行为产生了巨大的影响（周飞舟，2012）。

按照项目制的设计理念，国家项目明确要求地方政府予以资金配套，申请项目时，地方政府的财政或计划部门要出具配套资金的相应证明。在项目的前期投入和启动阶段，也需要地方政府投入资金（折晓叶、陈婴婴，2011；渠敬东，2012）。这种配套资金的要求虽然给地方政府带来了一定的机会——能够通过国家项目的合法性将地方的发展意图渗入其中，诱导各类资本加入项目投入的过程中——但更多情况下，配套资金和前期投入的要求成为地方资金投入的硬约束（折晓叶、陈婴婴，2011；渠敬东，2012）。

在自身财政自给能力偏弱的情况下，地方政府还需要为项目申请与配套资金投入大量的精力，这对很多地方的基层政府来说存在不少困难。为了应对这种困难，地方政府逐步探索出一套以社会资本进行项目前期启动和资金配套，打造项目申请和实施平台的模式（焦长权、周飞舟，2016）。在这种模式下，地方政府将涉农项目与资本下乡结合起来，由工商资本投入前期资金，地方政府将工商资本打造为申请项目的平台，申请下来的项目落地到工商资本经营的区域，在这一过程中，政府与企业双双得益（焦长权、周飞舟，2016）。

上述研究在一定程度上回答了政府为什么要支持工商资本下乡的问题，对资本为何有动力下乡也做了一定的解释。我们通过一项经验研究来看其中的具体机制，以《"资本下乡"与村庄的再造》（焦长权、周飞舟，2016）为例来进行论述。作者通过对湖北柳村的村庄公司化案例研究发现，企业成为横亘在国家与农民之间的实体，政府的各类项目都在向公司进行集聚。政府之所以采取这样的方式，一方面是为了将项目进行"打包"，打造新农村建设的示范点，另一方面则与项目制的运行机制有关（焦长权、周飞舟，2016）。

项目制的设计对地方政府提出了两个方面的要求。一方面，地方政府要对项目进行一定比例的资金配套。但目前中西部地方政府的财力有限，确实难以足额配套。另一方面，地方政府在申请项目的前期要对项目进行较好的设计和规划，甚至要有一定的投入，制作项目库，同时以竞争性的办法向上级申请。受制于自身有限的财力，地方政府很难对项目进行大量的投入。地方政府通过把项目向公司经营的地域整合，部分化解了自身财力不足的难题。企业也有动力为项目申请提供配套资金并花费时间、精力完成规划设计和申请等流程，因为这些项目的建设和资金的拨付意味着企业自身经营条件的改善，甚至是直接获得巨额的项目资金。

以柳村的项目为例，针对柳村的蔬菜存储项目，商务部门只提供了先建后补的以奖代补资金，农田水利方面的项目也与之类似。上级政府要求项目申请方要先完成项目建设，通过审核后才能给予补助。这些项目与其他的项目，都需要项目申请方投入大量的时间和精力来完成前期设计、规划和编制文本等工作，这对地方政府来说是一个不小的压力，但对企业来说则是投资收益的过程。作者发现，柳村当时已经整合了来自各部门的项目 10 余个，涉及资金 5000 余万元，到位资金 3000 余万元，每个项目资金从几十万元到几千万元不等。只要项目申请成功，地方政府获得政治激励，工商企业则获得巨额补贴，双方得益，其前提条件正是这种政企联盟打造的项目申请和运作平台（焦长权、周飞舟，2016）。

因此，从这一角度出发，资本下乡的出现，并不仅仅是工商资本对土地指标、非农项目的单方面逐利所引发的现象，这一现象本身就蕴含在地方政府的"政治逻辑"之中，是政府与企业合力经营村庄的结果。与这种逻辑类似的研究发现，资本下乡的出现是为了让地方政府完成土地流转等"政治任务"以及为地方政府解决"治理难题"，这也是国家在农业领域重新寻找代理人的过程（王海娟，2015；龚为纲、张谦，2016）。在这个意义上，政府支持资本下乡存在一定的需求和必然性。

总结以上三类研究，我们发现，近十余年来出现的资本下乡的新现象，需要置于具有中国特色的城镇化模式和地方政府行为中进行理解，其中，政府与企业的"放水养鱼"、中央与地方围绕土地指标的博弈互动、国家与农民关系的调整都很关键。同时，这些研究也从这些社会变迁中对资本下乡这一现象的出现及动力机制提供了宏观的、结构性的解释。资本下乡与这些结构背景息息相关。因此，不能脱离这些结构去单纯地理解资本下乡。

以上这些研究发现，也可以对本书的研究问题构成回答，资本下乡进展不顺是因为资本下乡务农动机不纯，"醉翁之意不在酒"。具体而言，资本下乡并不是追求农业经营方面的盈利，而是为了争取土地指标、圈地囤地、低息贷款和项目资金等非农收益（赵俊臣，2011；郭亮，2011；潘晓泉，2013；贺雪峰，2014；周飞舟、王绍琛，2015；焦长权、周飞舟，2016）。

从动机出发来解释资本下乡的失败相当有力，从不纯粹的动机出发，我们比较容易理解现阶段资本下乡后出现的"占地不种"和农地"非农化"的现象。换言之，这是资本下乡自愿造成的结果，投资者从未想过要把土地经营好，所以失败和进展不顺是意料之中的事情。然而，这种解释也有其自身的缺陷。

其一，从动机出发来解释资本下乡的失败，不能代表资本下乡的所有情况。在现实中，具有农业情结或者动机单纯，想通过经营农业来赚钱的公司确实存在。动机不纯能够解释"占地不种"等现象，却不能解释资本因不善稼穑、经营困难而导致的"毁约弃耕"。

其二，不管资本追求的是何种收益，以上研究普遍承认资本与政府两方的密切互动，因此这些研究更多关注了地方政府和工商资本这两个行动主体，相对忽略了乡土社会。真实的情况是，工商企业一定会落地到某个具体的村庄或者农村社区中开展经营。因此，这些研究对本书问题虽然具备一定的解释力，但却是一种"外部解释"。资本在下乡过程中和下乡之后出现的问题，并不能简单地以动机不纯来理解，这需要深入工商企业的经营管理环节来考察。

第二节 农业经营方式与生产实践

在上一节，我们发现资本下乡这一现象背后存在诸多结构性背景。其中，中央与地方、政府与企业、国家与农民的互动都是围绕土地展开的，引发资本下乡最为核心的要素也是土地。值得注意的是，资本下乡虽然"因土地而起"或"为土地而来"，却并不必然以农民上楼或农民的集中居住为前提。换言之，工商资本下乡务农，确实有土地价值的考虑，但它们并不都是占地不种、待价而沽，不少下乡资本直接参与到实际的农业经营和生产之中。这些下乡企业携带着资本、技术和先进理念而来，集中流转了大规模的土地，它们会如何开展生产经营活动？下乡资本组织农业生产经营是否代表了比小农家庭经营生产更为现代的农业经营形式？就本书关注的问题而言，资本下乡进展不顺，是否与其组织经营方式有关？这是第一节中那些相对宏观解释所不能解答的问题。要解答这个问题，就需要进入下乡企业"内部"的经营管理环节去进行考察。

一 列宁－恰亚诺夫之争

21世纪以来，各种类型的新型农业经营主体开始大量出现，专业大户、家庭农场、合作社、农业龙头企业、工商资本开始兴起，突破了小农家庭经营的范围。特别是工商资本下乡，流转面积动辄数百上千亩，甚至数千上万亩。与人均不过三亩、户均不超十亩的小农家庭经营相比，这些新型经营主体的普遍特征是通过自发或政府引导的方式进行了土地流转，因此经营规模较大。但从数量和比例上来看，小农家庭经营依然是中国农业的基本面。针对当前和未来我国农业的发展道路和趋势，比如，对于未来谁来种地、如何种地的问题，是企业雇工进行农业规模经营，还是在小农家庭经营基础上发展农民合作，学术界和政策界进行了大量的讨论。

基于现实的讨论最早可以追溯到一个多世纪以前农民学研究传统中的"列宁－恰亚诺夫之争"（Bernstein，2009）。基于俄国农业的发展方向、农民的分化等问题，列宁和恰亚诺夫曾经做出过截然对立的判断。在马克思看来，随着商品经济的发展，小农的家庭农场将被资本主义农场取代，而农民将分化为农业资本家和农业工人（马克思，2018）。承接马克思的观点，列宁指出，传统小农已经出现了阶级分化，具体包括农村资产阶级、无产阶级和中农三个阶级，中农是农村资产阶级与无产阶级之间的过渡形态。在这一过程中，随着农村资本主义的发展，雇工经营的资本主义农场将大量小生产者排挤出农业，这些小生产者不可避免地成为农村的无产阶级（列宁，1984）。支持列宁一派的学者强调资本的发展逻辑及其改造社会的能力（Parnaik，1979）。简言之，在马克思主义者看来，小农家庭经营是一种与农业现代化生产相对立的落后生产方式，终将被资本主义农场替代或改造。

在这一争论中，恰亚诺夫更加强调家庭农场自身的运行逻辑，在他看来，家庭农场与资本主义农业企业有着本质的区别。这种区别具体表现在：第一，家庭农场既是生产单位，也是消费单位；第二，家庭农场不能像资本主义企业一样自由解雇劳动力。因此，小农家庭农场是在不同的消费满足感和劳动辛苦程度之间寻求均衡，并非严格计算成本和利润，在一些情况下，它们能够进行自我剥削。能够观察到的农民分化只是由于处于家庭生命周期的不同阶段，只是一种暂时状态（恰亚诺夫，1996）。支持恰亚诺夫的学者也注重强调家庭生产的特殊逻辑和家庭农场的顽强生命力（Friedmann，1978；Mann & Dickinson，1978）。当然，"列宁－恰亚诺夫之争"是一个包含多个主题的系统性论争，不同观点均有支持者和反对者。归根结底，这些争论的核心问题是，到底是小农家庭经营排斥资本主义农场，还是资本主义农场排斥小农家庭经营（孙新华，2015）。

"列宁－恰亚诺夫之争"持续了一个多世纪，在当代中国依然是学术争论的焦点，诸多学者围绕"中国新时代的小农经济"和"中国农业的发展道路"等议题进行了广泛且深入的讨论（陈锡文，2012；黄宗智，2012a；黄宗智等，2012；严海蓉、陈义媛，2015；黄宗智，2015；贺雪峰，2015；黄瑜，2015；孙新华，2015；陈航英，2015）。有研究将这一议题下持有不同意见的学者分为小农经济派和阶级分析派，其中前者更多延续了恰亚诺夫的观点，后者则更多延续了马克思主义者的观点（林春，2015；张慧鹏，2018）。

基于中国的现实情况，特别是本书关心的资本下乡这一现象，小农经济派和阶级分析派呈现了不同的观点。小农经济派认为，与雇工经营的公司型大农场相比，小农家庭农场具备强韧的竞争力和绝对优势。这表现在以下方面。第一，单纯依靠家庭内部劳动力，特别是家庭中闲散的辅助劳动力就能顺利经营的小家庭农场完全符合明清以来农副结合、"两条腿走路"的家庭生产形式。而现在，这一形式表现为非农业（主业）与农业（副业）的结合（或者称之为半工半耕）。第二，家庭经营能够在很大程度上免去农业生产中特有的监督困难，而这一困难在规模化农业中表现得尤为显著。第三，从土地制度看，家庭承包经营为小农户的大量存在提供了制度基础（黄宗智，2000；黄宗智等，2012；夏柱智、贺雪峰，2017）。因此，雇工经营的规模化农场，特别是工商资本下乡经营的公司型农场极易出现亏本倒闭、失败跑路的情况。其中的重要原因在于，它们很难处理雇工经营中的监督与激励问题，同时还要付出土地租金和雇工成本，经营风险极大（贺雪峰，2013）。基于这些研究，我们会发现小农家庭农场相比于大规模的雇工农场具有极强的竞争力。

阶级分析派的学者则注重从农民内部分化的角度展现中国农业转型与变迁过程。相关研究认为，伴随着现代农业转型、资本的积累和农村社会的分化，虽然小农数量庞大，但他们在很大程度上已经丧失了主体性，直接或者间接隶属于资本化的农业。之所以呈现这样的转型结果，除了是因为自下而上的农民分化外，更加重要的是因为，近十几年来，自上而下的政府干预和资本下乡也推动了发生在各地的这一现代农业转型过程。从经验现象来看，我们能够观察到不少龙头企业跨区经营、企业集群建立农业产业化示范基地等现象（严海蓉，2015；严海蓉、陈义媛，2015；孙新华，2015；陈航英，2015）。这种农业转型的结果是，新型农业经营主体大量崛起，小农户逐渐被排挤出农业经营，甚至在不少地方出现了地方政府与资本合谋的"去小农化"趋势，小农户逐渐被吸纳到公司型农场和商业资本的控制之下。伴随着这一过程，小农逐渐沦为规模农场的土地提供者和原料供应者（严海蓉、陈义媛，2015；冯小，2015；陈航英，2015）。

具体到本书关注的资本下乡问题，两派的争论确有观点分歧，但并非完全对立。从本书关心的问题出发，如果将二者放在一个连续过程中来看的话，则二者讨论的是资本下乡不同阶段的事情。从阶级分析派的观点出发，下乡资本固然能够借助政府支持和自身力量将小农排挤出去，比如通过大规模流转土地等方式让被流转土地的小农家庭经营"消失"，小农沦为雇工。但这并不意味着资本下乡不会面临小农经济派所言的公司型大农场的劣势，比如雇工经营中激励不足和监督成本过高的问题，这些问题在农业这种特殊产业中表现得尤为明显。换言之，资本下乡所面对的问题并不是在自然竞争的状态下，以规模经营的方式与小农的家庭经营竞争的问题，而是已经通过集中流转土地、具备了规模经营的条件之后所面对的具体经营问题。

二 农业产业的特殊性

在大规模土地流转已经成为现实的情况下，由企业雇工进行农业的规模经营会遇到何种问题是这部分内容讨论的重点。已有研究认为，与工业及其他产业相比，农业是一种相对特殊的产业。这种特殊性对以工业生产的方式来组织农业形成了一些天然的障碍，这些障碍主要表现在如下方面。

第一，农业生产过程的不确定性与非标准化。先看不确定性。相比于工业生产能够从自然中获取材料，农业只能通过利用自然来改造自然，这就要面对自然环境和生态中的不确定性，以及这种不确定性对动植物生长过程的影响（Bradley & Clark，1972；伯恩斯坦，2011）。在农业的生产过程中，经济再生产与自然再生产相互交织，不仅要面对劳动对象是有生命的这一特殊性，而且还要把握自然界的变化并将二者进行结合。掌握各种作物的生命活动规律和自然界活动的规律并将这二者结合好，需要长期大量的实践（陈锡文，2012）。再来看非标准化。不同于工业生产中的流水线作业——可以进行标准化的生产和检查，农业生产这种"生命生产活动"缺乏标准化的资源和程序，即不仅劳动对象是非标准化的，对劳动对象施加的各种生产活动也要因时因地制宜，很难像工厂一样在统一标准下进行生产。在这种情况下，很难以标准化的要求来对劳动者的工作效率和质量进行评价。因此，农业生产经营能否做得好，除了技术因素，更加关键的是劳动者是否真心诚意地倾力付出（陈锡文，2012）。

第二，农业生产的季节性。一般而言，粮食生产活动的周期横跨数月，即使是温室大棚生产的蔬菜等也要近一月的生长期，其中存在着劳动时间和生产时间不一致的情况。这种情况不仅意味着劳动者在这段时间内被农业生产活动"绑定"了，而且还存在非常现实的对劳动时间、劳动量计量的困难（Mann & Dickinson，1978；陈锡文，2012）。这种计量困难，一方面表现为农业生产活动中劳动种类的数量多而杂，很难对不同种类的劳动付出做出计量，另一方面表现为分散在每天的具体劳动的成效也很难计量。每天的劳动数量和质量都会影响到作物最终的收获情况，但等到收获时节再去评价劳动则为时已晚。

第三，农业生产的空间属性。相比于工业生产能够将工人集聚于一个空间之内并借助科技和人力手段进行监管，对那些在广袤的农田或者果园工作的劳动者进行精准监管是难以想象的。农业生产的劳动者在广阔的空间内进行生产，从事的劳动都是非标准化的，这意味着对其劳动速度和质量进行监督的费用极高。在这种情况下，劳动者即使偷懒，监督也相对困难（Bradley & Clark，1972；伯恩斯坦，2011；陈锡文，2012）。

农业产业的这些特殊性共同导致了农业生产的管理和监督成本相当高，只要不是以家庭的形态组织经营，劳动者不是为了自己或者自己的家庭而进行生产，就回避不了劳动的计量和监督难题。家庭经营能够依赖家内利益一致的特点，避免了监督成本问题（黄宗智，2015）。也正是在这个意义上，各国的农业基本上都是家庭经营的形态。

除了农业产业本身的特殊性，资本下乡以雇工的方式组织规模经营还面临两项很难回避的成本。一是土地租金。在当下的中国农村，规模经营必须以土地流转为前提。规模化的集中流转还需要支付高额的流转费，特别是在有村民不愿意流转的地区，流转费以最不愿意流转土地的村民的出价为最低标准（贺雪峰，2013；黄宗智，2015）。二是雇工成本。近十余年来，劳动力成本不断提高，这也反映在农村劳动力市场上。相比之下，家庭经营能够依赖自家劳动力，而且是在劳动力市场上相对廉价的辅助劳动力（黄宗智，2015）。二者共同作用，导致资本下乡的经营风险较大，容易亏本。

上述研究从资本下乡面临的困难出发反面论证了小农家庭经营的合理性，也在经营层面对本书的研究问题构成了回答。相比于从动机的角度来理解资本下乡的失败，这些研究提供的解释更加深入，充分考虑了农业产业的特殊性以及"人"的因素对农业经营的影响。但是这种解释也存在两点不足之处。

第一，这种解释过分突出了农业的特殊性，仿佛预设了大规模和雇工经营两个条件一旦出现，劳动者偷懒和监督困难就是必然的结果，规模经营雇工生产必然失败。实际情况是，一方面，规模本身并不重要，重要的是如此规模的农场是如何被组织起来的，又是如何进行管理的，即农业生产的组织形式和管理方式没有被讨论。另一方面，监督困难的解释将"人"假设为理性的"经济人"，即人们在不被监督的情况下，会为了自己的利益选择偷懒，所以雇工经营必然困难重重。在现实中，雇工经营不能简单化理解，因为人总是处于各种关系中，重要的是农场雇用的是哪些人，雇主与雇工之间是何种关系。所以，仅仅从农业产业的特殊性所造成的监督困难来做出解释并不充分。

第二，大规模的雇工经营农场并非没有成功的实例。在南北美洲和澳大利亚等人少地多的新大陆国家就存在大规模的雇工农场经营成功的实例。

换言之，面对农业产业的特殊性所引致的障碍，经营者并非毫无办法。在现实中，农业的经营者从三个方面——采取机械化生产来减少人力劳动、投入化学制品来加速生产过程、通过生物技术改变作物特征对农业进行了改造，将农业生产变成了相对工业化的活动（Goodman & Wilkinson，1987；伯恩斯坦，2011；黄瑜，2015）。常见的手段是通过大量使用化肥，提高土地的化学化程度，让土壤的成分趋于一致（伯恩斯坦，2011）。或者以技术来降低监督成本，比如拖拉机及其他农业机械的发明使监督一个驾驶员比监督多个徒手劳动者要容易得多，其结果是出现土地所有者自己经营土地来取代佃农耕种的趋势，或者出现由佃农向领取工资的农民转变的趋势（林毅夫，2010）。在这种情况下，经营者能够降低监督成本，资本下乡也未必会失败。

因此，观察资本下乡进展不顺的情况不能仅仅从农业的特殊性出发而忽视了经营者的主观能动性。我们关心的问题是：下乡资本对这种情况提出了何种应对措施，是任由亏本跑路还是通过一些方式进行自我调整？

三　资本下乡的农业经营实践

近年来，不少研究发现工商资本在下乡之初流转了大量土地，通常会采取规模农场的经营方式，集中土地、雇请人工、购置机械，并使用自己最擅长的公司化管理方式，即"横向一体化"的经营方式对农场进行经营管理。但是这套经营方式在具体的农业经营中很快遭遇了失败（黄宗智，2015；陈义媛，2016；徐宗阳，2016；陈航英，2018）。面对这种情况，下乡资本进行了各种各样的生产调适，其中最鲜明的特点就是将集中流转的土地再次分包给不同的生产者进行家庭经营。诸如"土地分级承包""土地转包""公司＋代管户""土地包方制""公司＋租地农"等名称揭示了同一类现象，即规模经营被各种形式的土地分包所取代。资本下乡之后，并不是规模经营、集中生产，而是集中流转、分散经营（陈靖，2013；孙新华，2015；陈义媛，2016；徐宗阳，2016；陈航英，2018）。换言之，这些流转了大量土地的工商资本，在既有的经营方式遇到失败后会放弃大规模经营，转而采用包买、协议和合同的方式，借助小家庭农场的优势来提高其经营收益。

虽然上述研究共同展现了工商资本利用分包土地的方法来实现生产调

适的过程，但值得注意的是，这些名称不同的经营形式之间存在巨大差异，这些差异表现在承包土地的主体和工商资本的角色两个方面。

一方面是承包土地的主体。来自城市的工商资本会将集中流转的土地分给哪些人来进行分散生产呢？有研究发现，外来公司退出农业经营，将土地分包给直接经营者，这些经营者中有代管户，而且这些代管户多为本地的农民，也有外来的职业农民（严海蓉、陈义媛，2015；陈航英，2018）。从形式上看，当工商资本将土地的直接经营权再次外包给本地或者外地农民的时候，监督问题变成了代管户或者租地农民对自己的监督，而不再是工商资本作为雇主对雇工的监督，工商资本在其中免去了监督困难。但也有研究发现，在资本下乡进行土地分包时，承包土地的、进行分散经营的生产主体并不是本地农民，而是与农场老板有着各种各样特殊关系的"自己人"。在实际的农业经营中，农场老板将自己在农场之外原有的一套社会关系和社会结构全部"复制"到农场中。因此，真正能够弱化监督困难的并不是农业生产的组织形式，而是社会关系，其中"人"的因素非常关键（徐宗阳，2016）。

另一方面是工商资本的角色。将流转的土地再次分包之后，工商资本的角色发生了一些变化。有研究发现，工商资本退出具体的生产环节之后，控制了"农场之外的农业"，开始进入农业生产的上下游领域——农资供应、粮食加工、后期营销——攫取利润，扮演了土地食利者与隐蔽雇佣关系的主导者角色，研究者将这种形式总结为"公司+大户"或者"纵向一体化"（陈靖，2013，2017；陈义媛，2016；陈航英，2018）。但值得注意的是，这种形式的"公司+大户"以及"纵向一体化"与农业产业化意义上的"公司+农户"具有本质区别。典型意义上的"公司+农户"并不必然以土地流转为前提条件，甚至公司根本不需要流转土地，只需要以订单为纽带将农民组织起来，针对市场进行专业化生产。但资本下乡后进行生产调适过程中的"纵向一体化"，土地流转是前提条件，工商资本必须先流转土地，才能将土地分包给农民。前一种形式下，控制土地的是农民；后一种形式下，控制土地的是资本。也有研究发现，土地再次分包并不意味着工商资本放弃了对土地的直接经营，而是通过"搬迁"自己的社会关系的方式再次承担起另类的土地经营者角色（徐宗阳，2016）。

对于这种先流转土地再分包土地的"另类"规模经营，从经营形式上看，类似于反租倒包，但必须注意到二者的不同之处。典型意义上的反租倒包作为一种准一体化的经营方式，能够降低农户的违约诱惑，有利于契约关系的稳定（吴德胜，2008），但实质上将家庭经营变成了集体经营，容易出现"明反租、暗倒包"等村级组织坐大等问题（陈锡文，2001；刘守英，2001）。在典型意义上的反租倒包中，流转农户土地并将土地向外发包的主体是村集体，发包的对象可以是外来资本，也可以是本地农户。上述研究展现的"变形"的反租倒包，流转土地并将土地向外发包的主体是工商资本。谁来发包是这两种形式的关键区别。

不能忽视的是，资本下乡后进行生产调适的行为也带来了一些影响。一方面，土地的分级承包产生了土地的食利阶层，分包土地的农民从事农业经营，承担着为国家保障粮食安全的任务，但国家对农业的扶持和相关补贴却被资本一方截留（陈靖，2017）。另一方面，工商资本在进行土地分包时选择的承包主体也在一定程度上扰动了本地的利益结构和社会结构。

因此，资本下乡后的农业经营实践显示，工商资本虽然会遭遇由农业产业特殊性带来的监督困难和成本过高等问题，但这些问题可以通过生产调适活动进行化解。在这个意义上，农业产业的特殊性给雇工生产和规模经营带来的困难并不是工商资本下乡面对的无法解决的困难。但这些研究的缺陷在于，集中讨论土地经营，对农业经营实践中的其他方面着墨不多。虽然土地经营在农业生产中居于中心位置，但农业生产的顺利进行需要多个环节的配合，农业生产中的很多细节问题没有得到展现。

总结以上三类研究，我们发现在资本下乡流转大规模土地已经成为现实的背景下，工商资本在农业经营实践中几乎都要面对小农家庭生产不需要面对的问题，即监督和激励方面的困难。这个问题若不能很好地解决，则工商资本很容易失败。很多资本下乡失败的情况就与以上因素有关。既有研究从资本下乡后的农业经营实践的相关社会事实出发，着重从相对微观的层面分析了资本下乡后的生产调适过程。所谓的"规模经营"，在实际的农业生产中恰恰走向了规模的反面，演化成了各种各样的土地分包和分散生产。但相对于小农家庭经营，这样的农业经营方式并没有展现出生产力的实质突破和生产要素的更高水平的组合。此外，与讨论资本下乡动力机制的文献类似，关于农业经营方式和生产实践的研究集中讨论公司内部的经营管理，而对乡村社会，特别是资本下乡"落地"区域的农村和农民的关注也相对不足。

值得注意的是，我国的农业开发历史很长，与新大陆国家的农业相比，资源禀赋差异很大，[①] 不同的资源禀赋所引发的关键区别在于形成了不同的农村社会形态，特别是"有无村庄的存在"（陈锡文，2012：113）。所以，现阶段的工商资本下乡"落地"的地方一定不是一个只有农场主而没有村庄的"真空地带"；相反，工商资本一定会"落地"在某个具体的农村区域，被周围村庄和大量小农"包围"，牵涉具体的村庄和农民。因此，资本下乡后，企业与村庄乃至更大范围的乡村社会的关系成为影响资本下乡进展顺利与否的重要因素。

第三节　乡村社会的特点及变化

以上两节分别基于土地和农业两个方面的研究展现了资本下乡的结构背景和经营实践，但资本下乡"落地"的区域是具体的村庄而不是"真空地带"这一事实决定了资本下乡不仅仅是一个政治经济学或者农业经济学的问题，还是一个社会学的问题。在我国，农业、农村、农民构成的"三农"问题从来都是一个紧密关联的系统性问题。也正是在这个意义上，对于资本下乡的研究不能仅仅停留在结构背景和农业经营问题的相关讨论上，研究者应该进入农村问题和农民"社会"的研究中。因此，资本下乡"落地"的村庄乃至更大范围的乡村社会就构成了资本下乡必须面对的也是我们必须讨论的基础。从比较笼统模糊的形式上看，落地在农村的工商资本像是在村庄区域内开辟了一块飞地。区域经济学有关飞地经济的研究发现，飞地经济能否成功融入，不仅仅要考虑产业结构和经济发展，还要考虑飞入地和飞出地的文化差异，否则很容易发生隔离的现象（刘姿含，2010；范恒山，2013）。这也启发我们考察资本下乡进展顺利与否，需要重点关注工商资本与乡村社会的互动。

---

① 简言之，农业经济学将世界农业划分为两大类：一类是传统国家的农业，农业开发历史很长，比如西欧和亚洲，形成了人多地少的资源禀赋；另一类是新大陆国家的农业，开发历史很短，比如南北美洲和澳大利亚，形成了人少地多的资源禀赋（陈锡文，2012）。也有学者将前者归纳为"小而精"的农业经营，将后者归纳为"大而粗"的农业经营（黄宗智，2014b）。

一　外来者困境

工商资本下乡虽然是近十余年来出现的新现象，但是公司进村并不是一件新鲜事。如果从社会学强调的关系视角出发，企业与村庄的关系也不是完全新型的社会关系。以往研究主要关注企业与村庄的互动关系和地位变化，比如"以厂带村""公司型村庄"的形成（胡必亮，2004；郑风田等，2012）。但这些研究中的村庄大部分是非农化的村庄，很少有传统意义上的典型农民居住，而且企业也多为村庄内生型企业，并非外来企业，属于乡镇企业式的村企关系（焦长权、周飞舟，2016），与本书关注的工商资本下乡这种外来企业有所差异。

当然，企业的内生性并非决定村企关系的关键。无论企业是被村庄请进来的，还是主动下乡的，外来企业都可能会对村庄进行再造，形成"超级村庄"或村企合一的模式（折晓叶，1997；焦长权、周飞舟，2016）。企业固然可以凭借自身的力量影响村庄的发展，但在很多情况下，企业作为一个外来者也遭遇了不少困境，更准确地说，这种困境并不是来源于企业与村庄的关系，而是来源于外来企业与当地村民的关系。

在一些有关国有厂矿、油田与当地村民之间的"厂民关系""厂地关系"的研究中，研究者发现了诸如"企业外盗"等现象。当地村民不仅偷采国有企业的矿产资源，而且盗窃油田建设的高标号进口水泥用于自家建房，这种情况频繁发生在铁路、油田、矿山等企业中（刘立均，1998；中共中央组织部课题组，2001；叶凯、肖唐镖，2005）。在资本下乡的相关研究中，类似现象也多有出现，不少来自外地的工商资本在农作物收获时节损失惨重，农作物被大量偷走。甚至在精准扶贫时期，外来企业主导的产业扶贫也在村庄中遇到了同样的困境（陈靖，2013；冯小，2015；徐宗阳，2016；陈义媛，2019a；周飞舟，2021a）。

此外，自农业产业化兴起以来，龙头公司大量进入乡村地区，开展订单农业，它们也遇到了类似的困境。在"公司＋农户"的组织形式下，虽然公司与农民签订了具有法律效力的合约，比如农户为公司种植其需要的作物，收获时将农产品出售给公司，但这种合约却很难约束农民，特别是当收获时节遇到市场价格波动时，农户的违约率极高，有的甚至直接或间接导致了企业亏损倒闭（周立群、曹利群，2001；刘凤芹，2003；熊万胜、石梅静，2011）。

　　实际上，不仅仅是企业遭遇了这种外来者的困境，国家的权力和法律下乡也遭遇了类似问题。有研究发现，国家从乡村汲取资源的过程，充满了矛盾、冲突与抗拒，农民不仅不配合完成任务，而且经常出现反抗的行动（孙立平、郭于华，2000）。在集体经济时期，农民以表面顺从的姿态，自下而上地获得了反制的位势，面对国家集体化时期的制度安排，农民以磨洋工、瞒产私分、扩大自留地、偷窃粮食等反行为来表达看法，这种现象一直持续到包产到户（高王凌，2006，2013）。此外，法律下乡也遇到了执行难的问题，当国家试图在乡村社会建立自身权威的时候，法律的威严和权威遭到了削弱。之所以出现这种情况，是因为法律作为一种外来性的力量离开了自己的基地，它所携带的通行于陌生人社会的规则与熟人社会发生了碰撞（苏力，2000）。

　　无论是对国有厂矿、工商资本的明占暗拿，还是对龙头企业、国家法律的抗拒抵制，农民对外来的力量表现出高度一致的"私字当头""损人利己"等行为。对农民这种行为的分析，以文化素质低下、法律观念淡薄、思想意识落后等为主要解释，解决办法则以提高农民素质、培育契约文化和加强对农民的再教育为主。这种观点与晏阳初早年对中国农民"愚穷弱私"的批评以及加强"四大教育"的看法相比，并没有实质区别，解决办法也没有太多新意（晏阳初，1989）。

　　从这些研究中可以发现，无论是国家权力还是产业资本在进入乡村时，乡村社会好像是封闭的系统，对外来的力量不断做出拒斥的反应。在很多研究者看来，这种"落后"的状态是作为传统的、现代化进程中需要解决的"问题"和文化阻碍因素而存在的，而且伴随着经济发展和社会进步会逐渐消失。但这种观点与态度造成的影响使我们在研究这些现象的时候，不能够客观、细致地理解研究对象的想法，这正是费孝通先生所说的"只见社会不见人"的错误（周飞舟，2018）。就企业与农民的关系而言，当我们把农民的这些行为视为"愚穷弱私"、"精神贫困"、没有契约意识和法律观念的时候，已经无法对他们再进行同情式的理解和"将心比心"式的体会，也难以再深入到问题的核心层面。在这个意义上，研究已经结束了。因此，研究者站在"外来者"的立场上是无法真正理解这种外来者困境的，而站在这种立场上进行批评则既不科学，也不合理。相反，研究者应该以尊重开放的态度对研究对象报之以同情式的理解（周飞舟，2021b），这也是前文所言的实地调查中的研究心态的重要性。

从这些内容可以看出，资本下乡、权力下乡等概念中的"乡"并不是完全作为资本与权力的背景而存在的，乡村社会本身会对外来的力量有所反应。因此，在已有研究的基础上，对资本下乡进行研究不仅要关注从乡村社会到外来资本这一方向的反应，而且要从这种反应出发反观乡村社会本身的结构和运作逻辑背后的传统因素，将乡村社会的特点和运作逻辑背后的传统因素与当下的现象与问题结合起来进行深入分析正是当下研究所欠缺的。

二　乡村社会的特点

关于中国乡村社会的特点，费孝通先生早有论及，他在《乡土中国》的序言中提到这本书是对自己提出的"作为中国基层社会的乡土社会究竟是个什么样的社会"这一问题的回答（费孝通，1998）。书中提炼的诸多概念比较全面地概括了乡村社会的特点，依然能为当下的研究提供启示。在这一部分，我们并非全面铺陈乡村社会的特点，而是结合资本下乡这一外来者进入乡土社会的情况来进行论述。

首先，乡村社会的乡土性。这种外人看来的土气与社会流动紧密相关，"土气是因为不流动而发生的"（费孝通，1998：7）。在乡村社会，快速的迁移并非常态。流动率很低的特点与聚村而居的形态结合起来构成了没有陌生人的熟悉社会。在这样的社会里，熟悉而生信任，交往也不依靠契约，人与人之间相处追求心安（费孝通，1998）。这些特点是陌生人社会所不具有的，同样，在这样的社会中，陌生人的进入本身就很容易引起人们的关注和讨论。

其次，乡村社会结构的基本特性。在费孝通先生看来，中国社会结构的基本特性是"以己为中心，像石子一般投入水中，和别人所联系成的社会关系，不像团体中的分子一般大家立在一个平面上的，而是像水波纹一样，一圈圈推出去，愈推愈远，也愈推愈薄"（费孝通，1998：27）。在这种差序格局中，以己为中心的圈子极富弹性，能够区分远近亲疏。"社会关系是逐渐从一个一个人推出去的，是私人联系的增加，社会范围是一根根私人联系所构成的网络，因之，我们传统社会里所有的社会道德也只在私人联系中发生意义"（费孝通，1998：30）。

最后，乡村社会中私人化的道德。"一个差序格局的社会，由无数私人关系搭成的网络。这网络的每一个结都附着一种道德要素，因之，传统的道德里不另找出一个笼统性的道德观念来，所有的价值标准也不能超脱于差序的人伦而存在。"（费孝通，1998：36）在这个意义上，一切普遍的标准并不发生作用，行动者要问清了对象是谁，和自己是什么关系之后，才能决定拿出什么标准来（费孝通，1998）。其中包含着先辨认关系再决定标准的次序。因此，私并不等于不道德。

将费孝通先生关于乡村社会结构的基本特征和特点结合起来看，我们能够理解外来者困境。一方面，外来者进入熟人社会，在一个对他来说完全陌生的差序格局中找不到自己在结构中的位置。另一方面，外来者与乡村社会中的人没有私人关系，也就没有相应的道德与之相配合，只能以陌生人的逻辑与之相处。与陌生人相处容易不遵守乡村社会中的行为规范。因此，我们在很多关于乡村社会的研究中看到了村庄中的外人在村内被歧视或者被区别对待的现象（陈柏峰，2006）。

乡村社会具有如此特点，并不意味着乡村社会是一个完全封闭的系统，对外来的力量是一律拒斥的，这样的社会有自身的社会条件和运行逻辑。具体言之，当作为外来者的工商资本进入具备这样特点的乡村社会时，也是工商资本的经营者去面对乡土社会中各种各样人物的过程，在这个意义上，企业与村庄的关系也是人与人之间的交往关系。外来的经营者在乡村社会中与人交往本身就是对自己做人做事、为人处世的展现过程，这一过程不仅会被乡村社会的人们观察并讨论，也会因具体的交往而发生行为、规范和态度的变化，所谓"因情而有义""相与之间，关系遂生"（梁漱溟，2005）。

关于乡村社会中的人际交往行为，已有不少研究展示了"人情""面子""报""欠"等运行逻辑（金耀基，1992；杨联升，1996；翟学伟，2004）。这些研究以西方社会科学的理论和方法来对中国人的交往进行分析，并不能完全展示出这些本土概念所具有的全部内涵，特别是将这些本土概念与权力、权威、利益、资源的运作结合起来进行讨论，更掩盖了这些本土概念本身具有的伦理价值和道德规范意涵。比如，如果我们只将人情看作在"报和欠的过程中获得的权力，是交换的结果"这种类似"欠人情""还人情"的话（翟学伟，2004：57），就很难理解在实际生活中，人情也有类似"不通人情""违反人情"这种涵盖了人际交往中道德和情感的方面（阎云翔，2006）。

我们以一个具体研究为例来进行考察。在一个讨论正式权力的非正式运作的研究中，研究者以情境定义和情境逼迫等权力技术的运用展现了华北地区干部下乡征收定购粮的案例。在这个征收花生的案例中，在民不占理的情况下（欠15斤花生没交），地位较高的官以贬低自己身份（"您就干脆当我们是要饭的"）、抬高对方身份的方法给了民很大的面子，若民不接受这个面子，他就会被认为不通情理，在乡村社会中会被认为是不对的，正式权力通过这样的手段取得了胜利（孙立平、郭于华，2000）。但有研究者认为，在这个案例中，老农并非因为基层干部改变了定义就改变对情境的判断。他交定购粮并不是因为被"骗"或者被"操纵"了而交，而是因为基层干部"顺从"了自己认同的道理而交。老农认同的道理是，无论对方是谁，只要以乞求的态度对待自己，自己就应该给予帮助。这个道理比服从国家、比做安分良民等道理都重要，也比"交15斤花生"重要（周飞舟，2016）。因此，如果只把面子当作权力运作的工具的话，就很难看到行为背后的道理，而这些内容具备深层次分析的价值。

三 乡村社会的变与不变

需要说明的是，上述分析中的乡村社会更多是从费孝通先生笔下的乡土中国出发的。但近十余年来，中国已经告别"乡土中国"进入了"城乡中国"，乡村社会的诸多方面发生了革命性的跃迁（刘守英、王一鸽，2018）。就与资本下乡有关方面的特征来看，主要体现在如下几个方面。

首先，农民更多地出村、留城、务工、离农，乡村社会的流动性增强，与第一代农民工相比，农二代在文化价值观方面对城市价值更加认同，他们的乡土观念也在发生改变（刘守英、王一鸽，2018）。

其次，乡村社会原子化。随着村民之间基于生产生活方式的互动减少，村民之间以及村民与村庄之间的社会联结削弱，基于血缘、地缘、人情、关系的"社会资本"衰减，整个村庄共同体的向心力和凝聚力衰退（刘守英、王一鸽，2018；田毅鹏，2012，2014）。

最后，乡村规则与秩序面临重构。随着人口流动，城市社会中基于陌生人规则的人际关系模式能否成为乡村新的规则和秩序虽然尚不得而知，但传统乡土中国那种以熟人社会、差序格局、礼治秩序为规则的乡村社会将发生不可逆的重大变化（刘守英、王一鸽，2018）。

不可否认的是，乡村社会已经发生了重大改变并且仍处于变化的过程之中，如果拉长时段，那么百年来中国一直处于巨变之中。这是不是意味着在乡村社会中人际交往和行动的逻辑也会随之发生改变，前文所述的外来者困境已经相当少甚至不存在了呢？

当然，笔者完全同意从"乡土中国"到"城乡中国"的变化过程这一判断，但对社会变迁的分析需要区分社会中不同部分、不同层次的变化。有研究指出，如果一个社会中的传统分为物质的、社会制度的和文化价值的三部分的话，其变化速度是不同的。其中，物质的部分变化最为迅速，社会制度的部分变化居次，变化最慢、对人的行动之潜移默化的影响最大的是文化价值的部分。文化价值的部分来自中国文明的古老传统，通常人们"日用而不知，习焉而不察"（吴文藻，2010；周飞舟，2018）。

这些文化价值方面的内容虽然历史久远，但在当下依然不断地被实地调查研究者意识并触及，这些内容表现为一些无所不在的传统观念，而且在现实中依然有很强的约束力。在一项关于集体产权界定的研究中，研究者发现了一种被称为社区力或集体力的力量，这种力量在村子里人人皆知、符合社区情理、具有社会合法性，对合约双方都有很强的约束力，就像一个巨大的磁场，保证企业私化的文本得以顺利实施（折晓叶、陈婴婴，2005）。在这项研究中，这些具体表现为"企业虽然是集体的，但它是企业家创办并壮大的""没有了企业家，就没有了企业发展"等合乎情理的观念。违反了这些情理观念的合同，无论是口头的、文本的还是法律的，都难以顺利实施。这些观念中的重互惠、重互让、重情面的原则并非来源于市场经济或社会进步发展出来的新观念，而是一些传统观念，有学者称之为"社会底蕴"（折晓叶、陈婴婴，2005；杨善华、孙飞宇，2015；周飞舟，2019）。在急剧变迁的时代，这些传统观念还在发挥着作用。

资本下乡"落地"面对的乡村社会就是这样一个社会。一方面，在社会发展过程中，各种外部力量不断进入，影响、塑造着这个社会，它的面貌也在迅速变化，这是乡村社会变的一面（刘守英、王一鸽，2018）。另一方面，以家庭为基本单位，家庭之间有源于历史传统的、相对固定关系模式的乡土社会依然存在，在这个社会里，那些支配人的行动的伦理和观念也变化极慢，这是乡村社会不变的一面（周飞舟，2021a）。二者并不矛盾，只是在不同的层面发挥着影响和作用，不仅影响着乡村社会中的人，也在影响着下乡资本的经营者。

因此，对资本下乡的分析，不能仅仅停留在一个企业与村庄之间的关系上，也不能仅仅满足于把更大范围的乡村社会研究清楚，更加重要的是把企业经营者在乡村社会中为人处世的行为以及这些行为背后的文化、价值、伦理因素呈现出来，把乡村社会中的人如何看待资本下乡这一现象、与企业经营者交往互动背后的观念世界呈现出来。

综上，工商资本下乡确实遇到了外来者困境，这是不同于企业内部经营的外部互动问题。目前研究的缺陷在于，对于这些现象的讨论，没有将乡村社会中的农民置于分析的中心，作为参与制造这些困境的行动者，他们在现有研究中要么没有出场，要么虽然出场，但只是作为研究者做出其他解释的背景因素。在这个意义上，对资本下乡的研究，不仅要关注乡村社会，而且要加入农民行动逻辑的视角。而对于乡村社会中农民的研究，不仅要分析他们的行动，而且要分析他们如此行动背后的社会文化因素。因此，从"当事人的经验出发"，对资本下乡进行自下而上的研究，能够对以往从政府行为和经营实践角度的研究形成补充。

第三章
土地分包与家庭经营

本章要回答的经验问题是，当工商资本携带大笔资金，流转了农村的土地之后，如果要实现企业经营意义上的成功和盈利，规模经营应该如何组织并进一步展开？这个问题可以分为两个具体的问题：第一，面对巨大的土地面积，生产经营会以何种组织形式展开？第二，规模巨大的土地上附带的农业劳动产生了雇工需求，工商资本如何组织工人进行农业生产？换言之，第一个问题是土地经营制度的形式或者生产制度的形式问题，第二个问题是人的监督和激励问题。

事实上，工商资本始终面对以何种方式组织生产的问题。为此，工商资本进行了各种制度尝试，比如早期的"公司＋农户""公司＋合作社＋农户"等（周立群、曹利群，2001）。这种契约形式较好地解决了土地分散化与生产规模化的矛盾，但经常面临违约问题。工商资本下乡可以视为"反租倒包"的一种形式，至于"反租倒包"之后企业如何开展经营，形式则又有所不同。

从经营管理的角度去考察资本下乡为何进展不顺、困难重重，需要我们对农业公司的经营实践进行具体分析。如前文展示的既有的研究发现，从经营土地的角度看，工商资本在流转大面积土地之后，通常采取了统筹统管的"大生产"方式，即统一组织生产，并使用自己最熟悉的公司化的管理方式来对农场进行管理。具体到农业经营过程，当农场需要劳动力的时候，临时雇用当地的农民进行劳作，并在劳动结束后按天结算工资是一种常见的方式。但这种方式在实践中遇到不少困难，普遍导致农业公司亏损，这种状况已在一些研究中得到体现（陈锡文，2012；贺雪峰，2014）。本书的实地调查发现，遭遇困难的农业公司并非"毁约弃耕"，而是开始调整经营策略。

我们以一个实地调查的例子来说明。为民农业公司流转土地 1240 亩，其中 460 亩用于种植果树，还有智能温室 10 个、日光温室 32 个，用于种植反季蔬菜。在经营大棚的第一年，公司雇用本地村民进行种植，村民每天工作 8 小时、上下班打卡。但企业式的安排并未收到好的效果，经营中出现了各种出工不出力的问题：村民在自己家的大棚里 1 天可以做完的工作，在公司里 3 天才能做完；在没有检查的情况下，村民整日聊天，导致公司第一年亏损严重。经营的第二年，为民农业公司调整策略，将所有大棚改为承包制，每位村民负责一个大棚的所有环节，设置保底产量，保底产量之后的超出部分，按照工人四成、公司六成的比例进行分成。结果，第二年的经营取得了不错的效果。

显然，由于农业产业的特殊性，村民劳作的速度和质量确实难以监控，在这个过程中，村民易于偷懒。解决监督困难的方法是以分包制的方式来提高村民生产的积极性。从实践层面看，分包制中"包"的逻辑仿佛是一种普遍起作用的东西，以分包制的逻辑解决监督困难并组织大规模的农业生产的做法也体现在本书主要的研究对象——兴民农场之中。

第一节　土地分包

我们以兴民农场为例来考察分包制在从事粮食生产的农业公司中的应用。兴民农场的规模比为民农业公司更大，农场最初流转土地 6559 亩，2015～2016 生产年实际用于经营的土地为 4412 亩，[①] 农场老板王辰林将其划分成 24 个大小不等的"土方"，[②] 每方面积在 100～300 亩，他将这种组织生产的方法称为"包方制"。兴民农场实行包方制后，土地的具体情况参见图 3-1。

---

① 本书使用"生产年"这一说法是因为兴民农场通常以头一年秋季种植的冬小麦作为经营的开始，至第二年秋季收割玉米为止。比如，2015～2016 生产年指的是 2015 年 9～10 月至 2016 年 9～10 月。

② 与兴民农场土地面积的减少相关，土方数量也在不断减少，2013～2014 生产年，27 个；2014～2015 生产年，26 个；2015～2016 生产年，24 个。本书使用 2015～2016 生产年的最新数据。

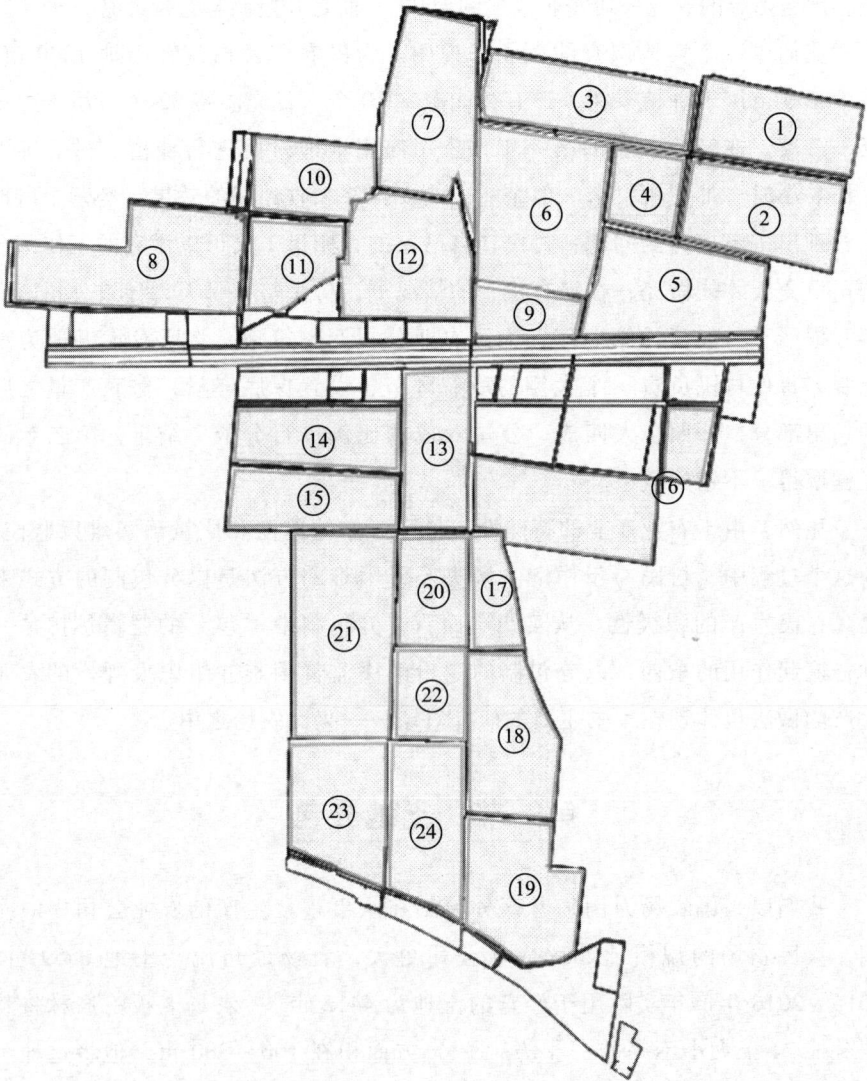

图 3 - 1　兴民农场的包方制（2015～2016 生产年，麦季时节）

资料来源：笔者在实地调查期间从兴民农场获得（由叶昱后期加工）。

图 3 - 1 比较直观地展示了兴民农场经营土地的情况。中部的横线区域是一条省道，这条道路将农场分割为南北两大地块。其中，北部地块共2260 亩，南部地块共 2152 亩。阴影区域代表农田，也就是兴民农场用于实际经营的土地，总面积为 4412 亩。空白区域分为两部分，靠近省道和下部

分的空白区域面积为600亩，是乡镇政府统一规划内的绿化用地；16号土方左上方地块为农场的仓库、晒场和办公用地。图3-1中的不同编号代表了不同的土方，农场主将其承包给不同的农民，每个土方的承包人及其承包的具体面积参见表3-1。

表3-1 兴民农场不同土方的承包人及其承包的具体面积

单位：亩

编号	承包人姓名	土方面积
1	王福青	211
2	李瑞睿	236
3	王福金	237
4	王永辉	120
5	申罗阳	253
6	王辰善	264
7	杨国通	141
8	王福生	207
9	申汉文	101
10	张华盛	166
11	王福春	138
12	王福章	186
13	王德莱	222
14	王福原	206
15	王福良	186
16	孙全超	246
17	王福丰	101
18	韩洪波	209
19	王福镇	198
20	张佳吉	117
21	付东平	227
22	张亚伟	103
23	王福邦	149
24	王福华	188

在包方制的组织方式下，农场主提供包括机械在内的全部生产资料，承包土方的农民基本上只出劳动力。在具体分工方面，农场主承包给农民的土地并非由农民自由耕种，而是要在农场主的干预下统一经营和管理，承包人需要按照农时对自己承包的土地进行田间管理，如打药、浇水、运输粮食等，人手不够时需要承包人雇工，雇工费用由承包人承担。在收益分配方面，农场的所有收益归农场主所有，承包土地的农民可以得到平均每亩 300 元的管理费。

这种组织方式既不同于租佃制，也不是完全的劳动力雇佣，而是介于二者之间的产物，这种组织方式在明清和民国时期兴盛于华北农村，有学者称其为"分益雇佣制"。① 包方制与分益雇佣制的相同之处在于，农场主（或地主）包的是农民的"劳力"（又被称为"工"），而非产量，因此分益雇佣制也被称为"包工制"。包方制与分益雇佣制之间最大的不同在于收益分配，分益雇佣制的收益分配采取的是总量分成的形式，多以粮食直接结算，常见的形式为农民与农场主"三七分成"。但包方制的收益分配却是以货币结算管理费，承包人领取的是工资，农民看起来是在为农场主打工。

如果我们将包方制与临时雇用农民进行集中生产并将他们的劳动按天结算工资的方式相比就会发现，将土地分包出去的做法明显好于临时雇用农民。这是因为前者更容易监督和计量，监督一个农民在一个地块的劳动，比监督许多农民在一天之中的劳动能够更好地划分责任人。但是这并不代表包方制不存在问题——以发放工资的形式进行收益分配如何保证承包人生产的积极性呢？换言之，兴民农场为什么不用总量分成或者包产分成这种能够联系产量并且更具经济刺激性的分配方法呢？同时，这个问题也是兴民农场在分包土地之后，如何对承包人进行管理的问题。虽然划分了土地的责任人，但是对如此大面积土地上的不同的承包人进行监督和管理依然是一个难题。

与工厂的考核方式类似，兴民农场使用了一套对承包人的管理环节进行打分的考核办法。首先，管理环节并不确定，而是根据农时，存在几个管理环节即打分几次。其次，每一环节均按照百分制计分。再次，每一年

---

① 更详细的讨论参见刘克祥（1987）。分益雇佣制在实践中有多种不同的具体形式，各地均有差异，名称亦不相同。

结算承包费时，总分的比例为管理分占60%，按平时管理环节计分，产量分占40%，以亩产排名。最后，依据两项分数相加的结果对所有的承包人进行排序，第一名可以拿到每亩360元的管理费，并额外得到部分现金奖励，最后两名只能拿到每亩260元的管理费，并失去下一年的承包资格，倒数几名的承包人会被象征性地罚款。下面以一个具体案例来说明。

王永辉是兴民农场的承包人，他经营的土地位于农场北部地块的4号土方，面积为120亩，主要由他和他老婆两人管理，管理环节为打药、浇水和收割后的粮食运输。当两人忙不过来的时候会雇工，2013~2014生产年的雇工花费为5000元左右。在2013~2014生产年的承包人排名中，王永辉排名第一，得到了最高的管理费——每亩360元。依此计算，他在这一年承包土地的纯收益为38200元。关于王永辉管理环节的打分情况参见表3-2。

表3-2　兴民农场管理考核打分表（2013~2014生产年）

单位：分

承包人	小麦种植				玉米种植			产量
	浇水1	打药	浇水2	收割	打药	浇水	收割	亩产排名得分
王永辉	90	90	100	100	90	100	90	100
总分计算	（90＋90＋100＋100＋90＋100＋90）/7×60%＋100×40%＝96.57							

注：管理分中的100分和产量分中100分的意义不同。管理环节可能会出现排名相同的情况，比如两个承包人在管理环节的完成质量都很好，可以同时达到100分。但产量分中的100分具有更实际的意义，100分只有一个，即产量最高的人，因为承包人的平均亩产数很难完全相同。当然在实际的操作中，也存在将亩产差距极小的承包人定为同一个分数的现象。

从表3-2可以看出，在2013~2014生产年，王永辉负责的管理环节为7项，这对于所有承包人来说基本是相同的。除特殊情况外，所有承包人都在一个时间段内进行同一项管理环节的工作，由农场主和技术员打分。总分的计算方法是将管理分的平均分乘以60%，再加上40%的亩产分。这个总分排名情况决定了承包人在一年之中可以得到的工资。由此可见，承包人的管理质量和亩产得分直接与自己的收入挂钩，排名不佳还存在被淘汰的风险。这种弹性的工资具备一定程度的激励作用，承包人并不仅仅是为农场主工作。那么，为什么要用打分的方法，并且一定要设置如此的分数比例呢？背后的原因与兴民农场流转土地的情况，特别是肥力等级密切相关。

一方面，兴民农场流转的土地规模巨大，其中流转前存在着一、二、三等地，还有被复垦的农民宅基地，土地肥力不等。但是，人为划分的土方并不会考虑土地肥力的高低，所以在承包人的一方土地内，存在土地肥力的差异，24块土方的情况都不相同。比如，王永辉的土方中就主要是一等地，但是与他相邻的王辰善的6号土方中有相当大面积的三等地。更为重要的是，如果单纯按照亩产排名来分配收益的话，则意味着拥有更高肥力土地的人，能以较少的劳动获得较好的排名和收益。在这个过程中，土地好的人沾了光，土地不好的人就吃了亏，这不能为所有承包人接受。因此，设置如此的分数比例，其实是为了降低土地肥力以及与此相关的产量的重要性，提高承包人努力程度的考核比例，在一定程度上起到了拉平收入的作用。毕竟，当承包人认真完成每一个管理环节时，就会得到较高的管理分，而且做好每一个管理环节，最终也会反映在土地产量上。

另一方面，如果在收益分配环节一定要使用包产分成或者总量分成等方法，则会出现非常复杂的结果。如果使用包产分成的方法，不同肥力的土地会有不同的产量分成标准，那么必须在数千亩土地按照肥力等级重新划分为支离破碎的小块之后，才能进行分包，这对于农场主和承包人来说无疑大大增加了管理难度。更进一步，即使农场主严格按照土地肥力划分出土方之后，如果采用总量分成的办法，承包人会为了更高的收益争相承包一等地，肥力较差的土地则会出现无人耕种的现象，这显然不利于整个农场的土地产量和收益。

因此，从农场所受到的制约条件来看，包方制的组织方式和打分制的管理方式确有其现实合理性，也具备一定程度的激励作用。从结果来看，兴民农场的经营效果不错，部分土方产量也较高，甚至能够保持在周边村庄小农家庭经营的亩产水平。此外，这种打分比例的划分既重视过程，也注重结果，并不仅仅是一个追求高产量与高收益的"经济逻辑"，更蕴含了乡土社会中被人们广为接受的一种独特的"公平逻辑"。

但仔细分析，包方制的组织方式和打分制的管理方式存在着诸多制度"漏洞"和风险，特别是与包产量的方法相比，显得过于"温情"和"烦琐"。第一，从包方制的生产激励性来看，弹性工资的激励有一定的上限，这无法保证承包人像对自家耕地一样对承包的土方进行耕作。换言之，包方制下的承包人并非完全为自家生产，所以包方制对生产积极性的激励作用不可能比得上经营自家承包地。第二，不设保底产量的做法隐含了一个看似不能解决的风险。我们假设农业生产中的一种极端情况，当24个承包人共同捣乱，将所有土地的产量压缩为正常产量的一半，他们在这种体制下依旧可以拿到管理费，但这种情况对农场主来说意味着亏本。第三，对管理环节的检查存在实际操作的困难，即通过肉眼观察的方式去给承包人的农田管理技术打出高分和低分，这极其依赖农场主和技术员的主观判断。比如，再精通农业的技术员也很难通过科学的评判手段去衡量任意两位承包人浇水技术的高低，且对24块土方进行检查本身也不是一项轻松的工作。第四，从包方制的奖惩机制来看，开除的做法其实并没有多大的惩戒作用。农场主固然可以在收获时节将那些不认真劳作的承包人开除，但是承包人依旧可以拿到自己的管理费，更重要的是，承包人不认真劳作所造成的损失无法弥补，只能由农场主承担。

这些制度漏洞和风险在现实中是比较容易出现的，而且看似很难解决，但是兴民农场没有被这些漏洞和风险困扰，也没有出现亏本倒闭的情况。这使我们产生了疑问：究竟是包方制这种生产组织形式或者打分制这样的生产管理制度本身能够完美运行，根本不存在上文所说的漏洞和风险，还是其在实际生产中的良好运行另有原因？下面本书将以另外一个农场的案例作为参照案例来讨论这个问题。

第二节　两个农场的不同命运

和兴民农场一样，齐民农场也位于新关区大屯镇，二者相距5公里左右。2012年夏天，同样是因为联华集团新上马的聚碳酸酯项目的危险性，大屯镇政府要求，项目区周边5公里内不能有村民居住。齐民村全村搬迁到大屯镇区附近，实现了集中居住，即农民上楼。在连川市从事商贸流通的老板李兵通过村委会将齐民村全村的耕地流转到自己名下，共计1100余亩，并于2012年秋季成立了齐民农场。流转土地后，齐民农场基本上没有改变原来的种植结构，除了有50亩用于种植蔬菜之外，剩下的1050亩依然保持着冬春时节种植小麦、夏秋时节种植玉米的耕作模式。

面对1100余亩的土地，李兵是如何组织经营的呢？非常巧合的是，他采用的生产组织形式与王辰林的包方制一模一样，也是类似于分益雇佣制的制度形式，只是名称略有不同。在这种组织形式下，老板李兵提供所有生产资料，承包土地的农民只出劳动力，种植的作物类型以及何时进行播种、收割由李兵决定，所得收益也是全部归他。具体来看，除了50亩蔬菜没有分包出去，剩下的1050亩土地被他分包给了齐民村的三位村民，其中村支书张胜勇分包400亩、村委会副主任齐永刚分包300亩、村治保主任李树忠分包350亩。在收益分配方面，齐民农场与兴民农场也很相像，即通过产量排名的方式分配承包费，每亩地所给的承包费与兴民农场也差不多，也是以每亩地300元作为基准承包费，若产量高则会适当奖励几千元。

虽然生产组织形式和管理方式与兴民农场几乎一样，但是齐民农场的经营状况却远远比不上兴民农场。在2013～2015两个生产年，齐民农场的小麦亩产均未超过700斤，① 玉米的产量参差不齐，多的时候超过1000斤，少的时候只有500～600斤。而且经营状况一年不如一年，在2015～2016生产年麦季收割的时候，有的地块上的小麦还没有野草长得高。

对于每况愈下的经营状况，我们也可以从老板李兵在不同时期的反应得到证实。2015年8月，笔者前往齐民农场做实地调查的时候，李兵还相当自信地对笔者说："现在的情况就是赔钱，每年赔个几十万元，但是你想想现在这个社会，想挣钱你不都得先赔钱吗？"（访谈资料20150828BL）2016年6月，笔者与大屯镇的一家农业生产资料公司的老板，也是兴民农场和齐民农场的主要化肥供应商陈秀杰吃饭的时候，陈秀杰接到了李兵的电话，接着向笔者大致说明了李兵的意思，"（刚才来电话的是）李兵，你去年不是去过他那儿吗？干不下去了，想让我找找人，看有人愿意包他的地不"。② 显然，齐民农场以分包土地组织经营的实践遭遇了失败。

齐民农场遭遇失败，李兵要将土地转手他人的状况证明了包方制这种生产形式与打分制这种生产管理制度本身是不能够自行运转的。值得思考的是，齐民农场为什么会遭遇失败呢？齐民农场与兴民农场同处一个乡镇且相距不远，可以说在气温、降水、光照等方面差别不会太大，在特别影响粮食作物生长的农时方面，出于对经营收益的考虑，我们也不能假设李兵会不按照农时来进行生产。更为重要的是，两个农场使用了同样的生产

---

① 在笔者开展实地调查的华北地区，一般情况下，只要不是遭遇灾年，农民经常以小麦亩产超过1000斤作为产量的一个基本标准。

② 按照流转土地的合同约定，李兵与齐民村签订的土地流转合同持续到2028年。他在合同存续期内退出，只能选择将这个合同再次转给他人。

组织形式和管理制度，甚至连种植作物的类型也是一样的，但是在实际的生产经营中却出现了截然不同的结果，这不得不让我们去注意制度之外的因素。

关于齐民农场的失败，笔者和兴民农场的老板王辰林有过一段讨论。

> 笔者：李兵那边为什么干不下去了？
>
> 王辰林：闹不清具体原因，应该是管理出了问题……我想去跟领导争取一下，让李兵把地转给我。
>
> 笔者：为什么？离那儿那么远，你能管得过来？
>
> 王辰林：没事，转给我也是有条件的，我让我的人去，不用一季一定给它治好了。
>
> 笔者：要是你去，你怎么管啊？
>
> 王辰林：还是这一套啊，包方，一包就灵！（访谈资料20160609LFW）

从这段对话中，我们发现，从王辰林的角度出发，他认为齐民农场遭遇经营失败的原因是"管理出了问题"，但是当问到他怎么去改善管理的时候，他所说的管理方式还是齐民农场已经实行过的老办法，即土地分包。有趣的是，包方制和打分制能够发挥作用，究竟依靠的是什么？是王辰林在访谈中所言的"我的人"吗？这需要从兴民农场的承包人以及他们与农场主的社会关系来考察。

第三节　家庭经营

兴民农场内部人员存在多种社会关系，其中主要的社会关系参见表3-3。

表3-3　兴民农场主要的社会关系

姓名	农场职务	社会身份与社会关系
王辰林	农场主	柳镇王庄村村民
郭伟宏	副农场主	王辰林的司机、"保镖"，柳镇郭庄村村民
王福城	场长	柳镇王庄村村支书（兼村主任），王辰林的侄子辈

姓名	农场职务	社会身份与社会关系
王德宏	技术员	农学专业大学生，王辰林的朋友推荐
卢杰	会计	王辰林原企业中的会计
王福章	承包人＋固定工	柳镇王庄村村委会副主任，王辰林的侄子辈
王福金	承包人＋固定工	柳镇王庄村村民，王福城的同祖兄弟
王福青	承包人＋固定工	柳镇王庄村村民，王辰林的侄子辈
王永辉	承包人＋固定工	柳镇王庄村村民，王辰林的叔叔辈，王辰林的同学

注：（1）在兴民农场的24个承包人中，有4个人的身份较为特殊，他们既是承包人又是固定工。这4个人与其余20个只是单纯的承包人的区别在于，固定工需要每天上班，除了负责自己的承包地之外，还要帮助农场主维护农场日常运营。纯承包人平时不需要来农场，只需要负责自己的一方地，听从农场主安排进行各项管理。固定工每年有4万元工资，承包人则只有管理费。（2）24个承包人的基本情况参见表3-1，其中王庄村村民有14人。（3）在这个表中，我们只分析了几个主要的社会关系，更详细的分析参见下文。

　　根据表3-3，我们可以分析兴民农场内部存在的几种社会关系。首先是宗族关系。王辰林的老家柳镇王庄村是一个单姓村，承包人中所有的王姓农民都是其族内的"伯叔兄侄"，近五代之内的族谱排序为"永、辰、福、德、茂"，我们可以结合族谱排序和表3-1中所有王姓村民的情况判断他们的尊卑次序。虽然他们大部分人彼此之间的关系已经出了"五服"，在严格的宗法意义上并不算一家人，但王庄村历史较短、人口较少，"从建村到现在只有17服历史"（王庄村村书记王福城语），村民之间互相熟识，关系相对来说较为亲近，比如同辈之间仍以"七服"或"八服"兄弟相论相称。①

　　其次是权威关系。在兴民农场中，王福城的地位非常特殊，他不仅与农场主和很多承包人存在宗族关系，还担任王庄村党支部书记和村主任长达20年，对村民有特殊的影响力。在兴民农场中，24个承包人中有14人是王庄村村民，有很多人表示自己是"响应书记号召"来参与农场经营的。除此之外，村"两委"班子中还有其他人在这个农场中工作。②

---

① 这在严格的宗法理论上是一种很奇怪的现象，因为"君子之泽，五世而斩"，"五服"之外已经不再具备亲属关系，而且王福城所言的"17服"应该是17代的意思。

② 除了表3-3中的王福章是村委会副主任之外，主管计生和妇联工作的村委委员王辰善也在其中，只不过他的身份并非承包人＋固定工，而只是单纯的承包人。

　　最后是熟人朋友关系。承包人中除王庄村的村民外，其余都是农场主王辰林的朋友以及亲戚、熟人推荐的人，他们中还有一些人也存在亲属关系。这相当于将原有村庄的宗族关系、权威关系以及熟人朋友关系等一套社会结构"复制"到这样一个位于"外地"的企业之中。换句话说，农场里的所有承包人对农场主王辰林来说都是他的自己人，也就是他所说的"我的人"，甚至在更大意义上，兴民农场就是一个大家庭。

　　那么，这些社会关系与我们关心的农业中的监督问题存在怎样的关系？

　　第一，社会关系本身就是一种遴选机制。只有在熟人关系中，才能进行遴选，在陌生人中间，雇用很可能是"一锤子买卖"。笔者通过实地调查发现，虽然兴民农场在选择承包人时非常注重社会关系，但并非简单将承包人中的王姓村民与王辰林或者王福城的亲疏远近作为入选标准，即选择承包人并非按照宗族关系的由近及远。在王庄村中选择承包人的过程中，王福城利用自己熟悉村庄的优势，在熟人中进一步遴选，更加注重承包人的人品、农业技术的全面性以及家庭规模的大小。人品好可以保证干活踏实、不会捣乱。农业技术全面意味着经营土方的质量可以得到保证。家庭规模的大小更加重要，因为单个承包人通常无法在规定时间内完成一个土方所有的管理工作，人手不够的时候只有选择雇工，但雇用不认识的人同样存在监督问题。因此，较大的家庭规模意味着承包人在雇工的时候可以将自己的家人和亲戚叫来帮忙，这相当于克服了监督困难的问题。用农场主的话说："你（指承包人）打药打不完了，你让你爸、你叔来，他们会给你把药倒地上聊天去？"① 在这个意义上，兴民农场利用了家庭内部利益高度一致的特点，将承包人的整个家庭牵入其中，从而解决了监督问题。这些土方看似是一个个承包人在经营，但其实是 24 个家庭的共同协作。

　　第二，熟悉的社会关系本身面临的监督问题也相对较小，其中有脸面、人情等多种因素在发生作用。换言之，在实际的农业经营中，不会出现大家全部消极怠工的极端情况，我们在上文假设的那种不能解决的风险基本不会出现。

---

① 农场主之所以用"把药倒在地上聊天去"来向笔者举例，是因为在他经营农场之前对周边县市进行了一番考察。他了解到另外一家农场失败的原因，就是雇用了本地农民来打药，但所有农民都把农药直接倒在田间地头，算作完成任务，最终这家农场在坚持两年后倒闭。

王福青和王福金都是承包人兼固定工，两人的承包地紧挨着，分别是1号和3号土方，且都属于这个农场中土地肥力不错的部分。2014～2015生产年种植玉米，王福金的土方亩产922斤，王福青亩产902斤，相差20斤。最后在打分的时候因差距较小，产量分定为同一个分数，都是90分。但王福青觉得特别不好意思，他几次去找农场主王辰林，要请他吃饭，就为了20斤玉米。王福青说："都是亲戚，种的不好，以后怎么见面啊？差那20斤玉米，真不是因为我懒，但就觉得丢不起这个人。"（访谈资料20150928CWW）

从这个案例中我们发现，王福青要请农场主吃饭的行为反映了他的心态，王福青在乎的不是每亩地上的"那20斤玉米"，而是农场主对他的看法，以及他与农场主的关系。换句话说，他"不好意思"的真正原因并不是他以较低的亩产被定了一个高于亩产数据的产量分，而是与他的土方紧邻的王福金的土方产量更高。他那一句"真不是因为我懒，但就觉得丢不起这个人"反映出，在内心深处他更加在意的是，农场主对这个看似非常微小的产量差距，可能显现出承包人对待土地持不同态度的看法。更进一步，"都是亲戚，种的不好，以后怎么见面啊"更表明由这个产量差距引发的态度问题可能会影响到他们之间本来的关系，所以他要做出维护关系的努力。

王永辉在向笔者讲述自己三年来在粮食产量方面一直表现不错的时候呈现了自己的思维过程。

我跟老板是一个村的，从小一起长大，平时关系就不错。老板叫我来种地，我心里有数，出发点是好的，想让我增加收入，这样不出去打工，还可以照顾家庭。我种得好，我自己脸上有光，老板脸上也有光，他跟别人说时可以经常拿我举例子，说"你看人家永辉干得多好"。如果我种得不好，其实这个关系就有点变化了，他说我啥呢？他说得好听、不好听我都得听着。如果我还更差呢，什么都干不好，老板只能说，"以后你别来了"。这就是把我开除了，但是这可不光是开除，这就是明着把我得罪了，当着这么多人的面，这还跟平时开个玩笑不一样。你想我们平时关系这么好，开玩笑一句话就过去了，谁也不放心上。但是这种情况，那就是把我得罪了。两个人的心里一有疙瘩，其实相当于我们俩的关系就破裂了，虽然面子还有，实质已经破裂了。这种关系吧，早就有，还是需要大家来互相维护。我真努力了但是干不好，老板绝对不会说啥。（访谈资料20160622HYW）

王永辉的思维过程表明，承包人在农场的表现不仅仅是出于利益的考虑，也不仅仅是顾及面子、人情，而是掺杂了每个人关于利益、人情、羞耻感以及具体到两人之间关系的复杂衡量。

从以上两个例子中，我们可以发现对承包人来说，上文所言"弹性工资"的激励作用确有其上限，这个上限就是得一个高分、多领管理费，但上限之上还有社会关系在发生作用。承包人种植的好坏在一定程度上意味着他们与农场主之间关系的维持或破裂。对于脸面、人情的考虑，在熟悉的社会关系之中更能发挥作用。应用于农业生产领域，表现为农场主更倾向于相信承包人的努力程度，承包人也为了不辜负这份信任而保证劳作的速度和质量。最终，监督问题在兴民农场内部经营中表现得并不十分明显，承包人也很少存在消极怠工的现象。由此可见，包方制和打分制其实是依靠社会关系和社会结构在发生作用，农场主和技术员所谓的检查和打分都不是真正解决监督问题的关键。

从这个角度出发，我们再去观察齐民农场，就不难理解其经营失败的具体原因了。所谓"管理不好"只是一个说法，兴民农场用了同样的管理方式却取得了相对成功，这是因为生产组织方式和管理制度之下有"人"这样重要的因素在发挥作用。关于齐民农场失败的原因，笔者与王辰林、郭伟宏以及王永辉的一段访谈中也有所体现。

> 笔者：李兵的农场弄得不行，说明包方也不是一包就灵啊。
>
> 王辰林：不是包方的问题，他用本地人，倒闭是必然的。换我过去，我让郭伟宏带几个人，就没问题。
>
> 笔者：这是为什么？
>
> 王永辉：齐民的承包人跟李兵，没有我们之间这种关系，也没有感情。（访谈资料20160609LFW）

在对兴民农场的组织方式、管理制度以及社会关系进行分析之后，我们更加关心如此安排的深意何在。对于一个位于邻县的农场来说，为什么一定要把老家村庄的自己人都叫来进行经营呢？

第一，地理位置接近。冬安县柳镇王庄村和新关区大屯镇兴民农场相距30公里，邻县之间有公交车，多数承包人也有农用车，车程三四十分钟，往来较为便利。

第二，资本下乡的特殊处境。虽然王辰林的承包人都住在邻县，但相比之下，寻找新关区大屯镇的本地农民，特别是那些被他流转土地的农民来承包土方显然更为经济和方便。舍近求远的苦衷在于资本下乡的特殊处境。我们发现，工商资本生发于本地还是来自外地，其中有着重大的区别。对于王辰林来说，选择使用自己人也是在考察和反思众多失败农场之后做出的决定。在大屯镇，他是一个陌生人，没有办法依靠熟悉的社会关系来挑选那些人品好、技术高的承包人，即使本地的种田能手找上门来，他也觉得无法信任，因为一旦出了问题很难对其进行规制和管理。资本下乡的这种"外来性"导致了工商资本对乡土社会并不信任，为了内部经营的成功，其更倾向于依靠自己人。

有趣的是，在这个几乎都是自己人组成的包方制农场内，也有难以解决的问题。首先，这些承包人兼固定工不同于单纯的承包人，除了要经营自己的土方之外，他们还要承担农场的日常运行管理工作。与他们在自己土方上勤勉努力形成对比的是，在这些日常运营工作中，他们的表现无一例外都是比较懒惰，使农场的常规建设进展缓慢。其次，所有承包人共同使用的公共物品——用于打药的药筒、用于浇水的橡胶管和用于搬运粮食的农用车——损毁严重，经常需要更换。

第四节　北部与南部的产量差异

至此，我们可以对本章提出的两个问题做出回答。第一个问题的答案是，面对巨大的土地面积，规模经营在实践中走向了规模的反面——被土地分包取代，虽然土地分包的名称各不相同，但是实质——包的精神——是相同的。第二个问题的答案是，虽然兴民农场使用包方制取得了经营层面的成功，但是这种成功是建立在自己人、"我的人"等社会关系基础之上的。换句话说，社会关系弱化了监督困难，解决了激励问题。但是这样的回答依然不够完整，因为第一个回答展现的是制度的形式，第二个回答体现的是"人"的重要性，但是"人"如何在制度中行动和互动却还需要进一步讨论。

对这个问题的讨论将在后文逐步展开，这也和笔者在实地调查中的一个经验问题以及发现联系在一起。根据图 3-1，以一条东西方向的省道为分界线，兴民农场被分为北部和南部两大地块，2016 年 6 月中旬，正值华北地区小麦成熟时节，笔者发现，兴民农场的小麦虽然整体上长势不错，但分区域来看，非常直观的感受是，道路北部的小麦整体上要好于南部。2015 年 9 月下旬，玉米的长势也是如此。① 对此，笔者有两点疑问：第一，作物长势呈现出北部好于南部的情况，这是当年的一个偶然现象还是经营以来的规律现象？第二，如果作物长势呈现如此规律的话，那么一个农场之内，为什么会呈现这样的差距？

带着这样的疑问，笔者查阅了兴民农场在 2014～2016 生产年的小麦统计资料，并在农场主不在场的情况下对农场的一些管理人员，以及北部和南部的承包人做了一些访谈。② 我们先看第一个疑问：北部的作物好于南部，这只是一个偶然现象还是值得分析的现象？产量最能反映长势，我们首先从小麦的年产量来看，产量的统计是否符合笔者的直观判断。2014～2016 生产年的具体情况参见表 3-4 和表 3-5。

表 3-4 兴民农场小麦产量统计（2014～2015 生产年）

区域	产量（斤）	面积（亩）	亩均产量（斤）
北部	1948280	2193	888
南部	2507828	3012	832
总计	4456108	5205	856

---

① 此处叙述看似是 2016 年的事情在前，2015 年的事情在后，但并不矛盾。如此叙述的安排与笔者发现问题的次序有关，在 2015 年发现玉米的长势呈现北部好于南部的时候，笔者并没有特别在意，2016 年再次发现小麦的长势也是这种情况的时候，笔者才予以关注。

② 这里依然需要解释一下，为什么只用小麦的产量资料而不使用玉米的产量资料。这是因为玉米会被当地的农民偷窃，最终统计得出的玉米产量资料相当失真，而小麦则较少存在这个问题。位于农场边界地块的承包人有可能把玉米种植得很好，看起来产量很高，但是最终他却不一定能把玉米完全收割，所以统计产量可能会很低。比如经营 5 号土方的申罗阳，笔者于 2015 年 9 月看过他种植的玉米，感觉穗大饱满，产量应该不低，但是农场统计的他当年的玉米亩产仅为 400 斤，这是一个相当不符合现实情况的数据。关于玉米被偷的分析，本书将在后面的章节展开。

表 3 – 5　兴民农场小麦产量统计（2015～2016 生产年）

区域	产量（斤）	面积（亩）	亩均产量（斤）
北部	1636960	1906	858
南部	1640852	2152	762
总计	3277812	4058	805

注：（1）北部与南部的产量计算是根据所有承包人的产量相加而来，表格中关于产量的所有数字均是四舍五入后的数字。（2）表 3 – 5 为调整后的表，在"北部"一栏，出于资料准确性的考虑，做了如下调整：剔除了资料中两个明显不符合情况的极端值，分别为：申汉文，面积 101 亩，产量 39440 斤；申罗阳，面积 253 亩，产量 84060 斤。之所以剔除这两个承包人的数值，是因为他们的亩均产量只有 300 斤，明显和观察到的事实不符，判断应为资料错误。（3）表 3 – 5 中，北部数值调整，导致总产量由原值的 3551312 斤调整为 3277812 斤，总面积由原值的 4412 亩调整为 4058 亩。

　　我们可以从表 3 – 4 和表 3 – 5 中发现，虽然北部和南部的产量换算到亩均单位上差距不算太大，但北部每年的产量依然多于南部，这一区别在2015～2016 生产年表现得更为明显。同时，经过向兴民农场的会计卢杰求证，在 2013～2014 生产年，北部的小麦产量也是高于南部，产量差距符合本文的实地观察。就可观察到的情况来看，这种北部作物好于南部的情况也可以推论到玉米。所以，我们判断，北部作物好于南部的情况并非偶然现象，而是在兴民农场三年的经营中呈现一定的规律性。值得注意的是，为什么在一个农场之内，会出现这种路南和路北的产量差异呢？

　　当然，影响农作物产量的因素繁多且复杂，学界有着众多专业化的研究。诸如气温、降水、湿度等较为宏观的、足以影响更大区域的因素，对于分析一个农场来说也显得意义不大，可以被视为常量，不属于本文的讨论范围（竺可桢，1964）。在兴民农场内部，种子、肥料以及农药都是农场统一配发的，并且对每个地块都有规定的用量。比如种植玉米之前，每亩地配发 80 斤底肥，作物种植密度取决于播种耧的宽度。在标准化的种植条件下，工具甚至是打药筒也是统一配发的，所以种子、化肥、农药、作物种植密度以及使用的农具都是大致相同的，也很难被视为影响产量的具体因素。

　　可能产生影响的只有用水、土地和管理三个因素。从用水条件来看，兴民农场内部每个土方都方便用水，属于水浇地。土地肥力等级当然是影响产量的重要因素，针对这个因素，笔者曾经访谈过农场的技术员王德宏。

笔者：路北和路南的地，哪边更好一些？

王德宏：这个要看怎么说。

笔者：就是咱们说的一、二、三等地，路北和路南分别有多少，能有个统计数字吗？

王德宏：这个做不了，你问我，我能说哪一片怎么样。北边和南边面积差不多，都有好地，都有孬地，比肥力的话，也差不多。非要说个好孬，我自己觉得南边的地更好。

笔者：为什么？

王德宏：南边地势更平，下雨的时候不容易积水，播种收割也更方便，这种地更好用。（访谈资料20150831HDW）

借助技术员更加专业的眼光来看，兴民农场南边的地块更好，更适宜种植。因此，用水和土地这两个因素被分别放进南北两大地块的时候，也可以被视为几乎不变的因素，甚至从专业的角度来看，南部地块比北部地块更好用。那么为什么各种生产条件类似，甚至土地更好的南部地块的作物产量要低于北部地块呢？在排除了这些因素之后，只剩下了田间管理这个要素，我们可以得出一个合理的推论：问题出在了"人"身上，即南部地块承包人的田间管理水平低于北部地块的承包人。

如果这个推论符合事实的话——比如南部承包人就是种地能力差并由此导致小麦产量低——还容易解释，但问题出在了这个推论不符合事实。笔者并没有拿到农场经营期间所有承包人的管理分数表，但通过对主管这项工作的农场技术员王德宏的访谈，笔者发现，南部承包人的"管理分"确实低于北部承包人的"管理分"，但这并非代表两大地块承包人在田间管理能力上存在显著差异。换句话说，所有承包人都有着不错的田间管理经验，"管理分"的差异并不能体现他们耕作水平的高低，而是体现了他们对待土地的不同态度。农场主王辰林对这种差距的看法是，"地谁都会种，他们本来就是农民，自己家的地为什么就可以种好呢？关键要看尽不尽心"。（访谈资料20160617LFW）

这种说法很明显地指向了有承包人利用农业难以监督的特点而没有好好种地，但这种说法对本章第三节家庭经营的结论提出了挑战。既然承包人都与农场主有着各种各样的特殊关系，借助这些关系可以弱化监督困难，而且承包人又那么在乎这种关系——就像上文中的王福青和王永辉讲述的那样，那么，农场经营应该呈现所有承包人"竞争向上、争取高产"的场面才对。为什么会出现这样的问题？既有研究提示我们，存在社会关系并不意味着监督问题的消失，比如黄宗智先生在《华北小农经济与社会变迁》一书中论述"家庭农场的就业不足"的案例揭示出，即使是一家人也存在监督问题。[①] 这提示我们，单纯理解承包人和农场主之间"有无社会关系"还远远不够，应该更细致地分析承包人与农场主之间的关系性质和关系结构。此外，承包人内部，也就是承包人之间的关系结构也需要考虑。

第五节　"人尖儿"和"平头儿"

通过本章第三节，我们可以理解承包人和农场主在形成雇佣关系之前就存在社会关系这个事实，但是这个事实对分析承包人与农场主之间以及承包人之间的关系性质与关系结构并无帮助。对关系性质与关系结构的细致分析，需要我们脱离农场这样的工作环境，对他们之间的关系进行追根溯源，追溯到王辰林的老家——柳镇王庄村——去看当地社会既有的关系结构，然后再将这种结构放到农业经营中，考察其对农业经营的影响。我们分别考察南北两大地块承包人与农场主之间的关系性质与关系结构，以及两部分承包人内部的关系性质与关系结构。

需要注意的是，农场场长王福城在分析中特别重要。因为王福城担任王庄村党支部书记和村主任长达20年，在王庄村的影响力很大，王庄村的很多承包人都是"响应书记号召"来承包土方的，所以我们在具体分析承包人与农场主关系的时候，也将王福城纳入进来。具体而言，承包人与农场主之间的关系应该更准确地表述为承包人与农场领导之间的关系，这里的农场领导包括农场主王辰林与农场场长王福城。

[①] 黄宗智先生在当时并非集中论述监督问题，只是他引述的例子引起了笔者的注意。他在书中描述，"中农李志广过去在他父亲的农场上工作比较懈怠，尤其喜欢上集，或到当地的寺庙挤人群看热闹……后来弟兄们分了家，李才尽最大努力工作"（黄宗智，2000：174）。黄宗智先生对此例的解释是，当农场面积较小时，农民不会驱使自己尽最大的努力。本书使用此例，意在说明即便父亲与儿子的关系很亲密，但是存在这种关系并不意味着在实际的农业经营中监督问题的消失。

在追溯这个问题的过程中，笔者受到了兴民农场副农场主郭伟宏的启发。

> 笔者：我也不懂啊，怎么看着路北的麦子就是比路南的好？
>
> 郭伟宏：三年了，都是这样。
>
> 笔者：为什么这样啊？地也差不多，种子、化肥、农药用的都是一样的。
>
> 郭伟宏：人不一样。
>
> 笔者：怎么个不一样法？
>
> 郭伟宏：我也说不很明白，但是谁都知道，北边是"人尖儿"，南边是"平头儿"。（访谈资料20160616WHG）

郭伟宏在这段访谈中所说的"人尖儿"指的是王辰林老家王庄村的村庄精英，以及其他一些在各方面比较有能力的人；"平头儿"指的是王庄村的平头百姓。但是我们不能就此认为村庄精英比平头百姓更会种地，而且上文也提到这种管理水平差异的根源在于承包人对待自己土方的态度。问题在于，为什么村庄精英比平头百姓对待自己的土方更加上心。换句话说，何种因素影响了南北两大地块承包人种地的责任心。

我们首先来看承包人与农场领导之间的关系性质与关系结构。在这里，承包人与农场领导在产生雇佣关系之前就存在社会关系的情况，我们称为"直接关系"；承包人与农场领导在农场建立前并不直接认识，而是通过他人引荐介绍的情况，我们称为"间接关系"。具体情况参见表3-6。

表3-6 兴民农场承包人与农场领导的关系性质

单位：人

区域划分	直接关系	间接关系
北部	8	4
南部	7	5
总计	15	9

通过表3-6，仅从关系性质的角度出发，我们并没有发现南北两部分承包人与农场领导的关系性质有太大区别。这需要我们进一步去分析直

接关系中的远近程度，也就是处于直接关系中的是哪些人，具体参见表 3 - 7。

表 3 - 7　兴民农场北部地块中与农场领导有直接关系的承包人

承包人	与农场主以及场长的关系性质
王福青	王福城的"拜把子"兄弟
李瑞睿	王辰林老婆的姑父，跟随王辰林做生意六年以上
王福金	王福城的同祖兄弟
王永辉	王辰林从小学到高中的同学，跟随王辰林做生意十年以上
王辰善	王庄村村委委员，在亲属关系中与王辰林未出"五服"
王福生	王庄村的"小诸葛"，很多村民都找他商量事情
王福春	王庄村前任党支部书记，和王福城关系很好
王福章	王福城的副手，王庄村村委会副主任

通过表 3 - 7，我们可以看到，这些和农场领导具有直接关系的承包人确实都可以称得上是村庄精英。其他 4 个具有间接关系的承包人也在其他方面显得比较"特殊"：杨国通参加了对越自卫反击战并负伤，荣立过三等功，他是王辰林岳父的远房叔叔，在冬安县也小有名气；申罗阳和申汉文是李瑞睿的两个外甥；张华盛是王辰林岳父的侄子。在实地调查中，我们发现，除了张华盛只在需要进行田间管理的时候会到农场之外，其他的承包人有事没事经常出现在农场，和农场领导一起吃饭、打牌，王福金、王福青、王福章和王永辉更是承包人兼固定工，每天必须按时上班。换句话说，北部承包人与农场领导的互动更频繁、关系更紧密。

与此相比，南部的承包人与农场领导之间的关系就显得较为疏远。一方面，在王庄村既有的关系结构中，他们只是村庄中的普通村民，很少和村庄领导发生更多的互动。另一方面，除了参与必要的农业经营活动之外，他们也很少出现在农场，与农场领导进行社会性互动的情况也不是很多。

这种关系的远近程度如何影响具体的农业生产经营呢？如同本章第三节王福青和王永辉的例子所揭示的那样，但是论述到这个层次依然不够，因为我们只能解释北部的承包人为什么会努力干活，而关系疏远并不能够完全解释南部承包人农业经营效果较差。我们下面从承包人之间的关系结构出发，去考察其对农业生产经营的影响。在以下的分析中，我们将南北两大地块看成是相对封闭和独立的区域，分析每一个区域内部承包人之间的关系结构。

通过前面的分析，我们已经了解到北部承包人与农场领导的关系更加亲近，而且北部承包人之间的互动更多。比如，申罗阳和申汉文两人与农场领导的关系是间接关系，他们都是由他们的舅舅李瑞睿介绍来的，他们与王庄村的村民也不认识。但是李瑞睿和北部承包人都很熟络，他的两个外甥在他的带动下，很快也和北部承包人熟悉起来。可以说，北部承包人之间的关系结构更加紧密，关系的聚合程度也更高。相对而言，南部承包人之间则并非如此。下面我们以具有间接关系的南部承包人为例来说明这一状况，具体参见表3-8。

表3-8 兴民农场南部地块中与农场领导存在间接关系的承包人

承包人	何种间接关系
孙全超	王福金的连襟
韩洪波	王永辉的姐夫
张佳吉	王辰林岳父的侄子
付东明	王福青的连襟
张亚伟	王辰林岳父的侄子

根据表3-8，我们可以发现，张佳吉和张亚伟这两个承包人的引荐人都为王辰林的岳父，他们互相认识，除此之外，其他具有间接关系的承包人之间并不互相认识。而且他们与同处南部的、来自王庄村的承包人也互不相识，他们认识的只有自己的引荐人。因此，从形式上看，南部承包人之间的聚合程度不可能太高。更重要的是，他们的引荐人要么根本不参与农场经营，比如张佳吉和张亚伟的引荐人是王辰林的岳父，他很少出现在农场中；要么与他们并不处于同一个区域，这就使南部的孙全超、韩洪波、付东明等具有间接关系的承包人与北部的申罗阳、申汉文这样具有间接关系的承包人不太一样，因为前者与自己的引荐人处于不同的区域，而后者则处于相同区域。具有间接关系的承包人与自己的引荐人的相对地理分布会对具体的农业经营产生影响。

这样的情况对农业经营造成的直接影响在于，各个土方农时不同，互相认识的承包人之间能够进行频次更多的换工，而互相不认识的承包人则很少换工，在面对大量劳动的时候他们更多采用找自己的亲戚帮忙或是雇工的方式。① 究其原因，承包人之间关系聚合程度更高，他们在换工的时候会有更多的选择。比如，王永辉在选择换工对象的时候，可选择的对象就比较多。而承包人之间关系聚合程度较低，他们的选择就比较少，特别是那些具有间接关系的南部承包人，基本上只能选择自己的引荐人。比如付东明在换工的时候，只能选择王福青，这还需要看王福青自己土方的工作有没有完成，以及他是否在和别人换工。

笔者实地调查发现，北部承包人之间确实存在更多的换工现象。当然，我们并不是在排除他们和南部承包人换工的情况。实地调查期间，兴民农场组织各个承包人给自己的土方打农药，这项工作是由人工完成的，笔者发现王福生给自己的土方打完药之后，他和他的儿子还经常背着药筒去打药。经过询问得知，他们家和王福春、王福章家在一些生产环节上共同构成了一个互助组合，相当于三家人合作耕种三家的土方。在有些情况下，也不完全是换工，关系好的承包人之间也存在相互帮忙的情况，这种帮忙并不需要支付费用。

与此相比，关系聚合程度不高的那些承包人则要另外找人或者雇工，并因此花费了更多的雇工费用。承包人韩洪波是王永辉的姐夫，承包南部的 18 号土方，面积 209 亩，和王福生的土方规模（207 亩）相当，但是两人在 2015～2016 生产年种植小麦时的雇工支出却差别很大，王福生的雇工花费为 8000 元左右，韩洪波的雇工花费则超过了 13000 元。

雇工与换工的区别体现为具体的农业经营中不同的效果。首先，换工建立在关系之上，更能保证劳作的效果，监督成本也更低。雇工的效果则要具体看雇用的工人以及监督的成效，在总体效果上不如换工。其次，仅从花费这一项来看，虽然换工的承包人是用自己的劳动抵消了雇工的支出，与雇工的花费可能相差不大，但在实际的农业经营中，换工客观上加强了不同承包人之间的关系聚合程度，形塑并改变着承包人之间的关系结构。24 块土方之上呈现出北部承包人更多互助合作，南部承包人更多单打独斗的场景。

---

① 需要说明的是，承包人都遵循农场主的安排，对土地进行田间管理。但这并不意味着他们都是在同一天进行劳作的，而是相对分散在几天内，这种情况为换工提供了基础。

总之，在已经做出"社会关系可以降低监督费用"的判断之后，我们更应该将分析延伸下去，注意到不同的关系性质、不同承包人之间的关系结构以及不同地块内部的关系聚合程度也会影响不同承包人的责任心，进而影响农业经营的效果和作物的产量。这是本书提出的、用以解释南北部产量差异的第一个社会性因素。

第六节　竞争高产与得过且过

前文展现了不同承包人之间的既有社会关系是如何影响具体的农业生产经营活动的，不能忽视的是，在不同承包人互助合作的同时，他们之间还存在潜在的竞争关系。产量高低和管理水平差异导致的不同分数，不仅决定了不同承包人之间差别化的管理费，更可能直接影响到他们的承包资格。那么，这种不同承包人之间的潜在竞争关系是如何影响不同承包人的责任心，进而影响南北部产量差异的？对此，我们提出的第二个解释因素是风气。

这种较为虚幻、不好把握的因素不太容易以实证的方法来进行讨论和验证，但并不意味着风气不存在或者不重要。在这一节，我们将通过展现兴民农场内部的亩产排名，也就是"产量分"的排名情况以及这种排名对南北部承包人的心态产生的微妙影响来正面论述风气的产生和作用机制。

我们先来看兴民农场在 2014～2016 生产年内小麦生产的亩产排名，具体情况参见表 3-9 和表 3-10。[①]

表 3-9　兴民农场小麦产量统计与承包人排名情况（2014～2015 生产年）

承包人	所属地块	小麦产量（斤）	土方面积（亩）	亩均产量（斤）	排名
李瑞睿	北	265600	236	1125	1
王福邦	南	167380	150	1115	2
王永辉	北	139700	128	1091	3

---

① 受制于资料的完整性，本书只能讨论 2014～2016 生产年的情况。可以确定的是，2013～2014 生产年排名第一的是王永辉，这已经通过他自己、农场主、农场会计以及其他承包人等多个渠道得到证实。

续表

承包人	所属地块	小麦产量（斤）	土方面积（亩）	亩均产量（斤）	排名
王福青	北	230160	211	1091	3
付东明	南	221920	207	1072	5
王福镇	南	209000	198	1056	6
韩洪波	南	222420	211	1054	7
王福生	北	215640	205	1051	8
王福原	南	209640	209	1003	9
王福春	北	156900	157	999	10
王福金	北	224960	230	978	11
张华盛	北	137340	142	967	12
杨国通	北	133280	140	952	13
王德莱	南	212100	224	947	14
王福华	南	201740	218	925	15
王福丰	南	171020	191	895	16
王德山	南	220220	248	888	17
王辰铭	南	188860	222	851	18
张佳吉	南	82080	97	846	19
王辰善	北	224100	272	823	20
孙全超	南	208440	283	736	21
王福良	南	240968	331	728	22
张亚伟	南	55820	102	547	23
王福章	北	92060	195	472	24
申罗阳	北	128540	277	464	25
孙平江	南	50120	121	414	26

表3-10　兴民农场小麦产量统计与承包人排名情况（2015~2016 生产年）

承包人	所属地块	小麦产量（斤）	土方面积（亩）	亩均产量（斤）	排名
王福春	北	153680	138	1113	1
王福青	北	224760	211	1065	2
王永辉	北	125220	120	1043	3

续表

承包人	所属地块	小麦产量（斤）	土方面积（亩）	亩均产量（斤）	排名
王福金	北	229460	237	968	4
王福生	北	200420	207	968	4
王福丰	南	95692	101	947	6
韩洪波	南	192380	209	920	7
李瑞睿	北	215580	236	913	8
杨国通	北	127640	141	905	9
王福邦	南	123240	149	827	10
王福华	南	146420	188	778	11
张亚伟	南	79100	103	767	12
王德莱	南	169220	222	762	13
王福原	南	153860	206	746	14
王福镇	南	146280	198	738	15
孙全超	南	180280	246	732	16
付东明	南	162900	227	717	17
张佳吉	南	77940	117	666	18
王辰善	北	163600	264	619	19
王福良	南	113540	186	610	20
张华盛	北	101180	166	609	21
王福章	北	95420	186	513	22
申汉文	北	39440	101	390	23
申罗阳	北	84060	253	332	24

注：（1）表3-9和表3-10中所有数字都是经过四舍五入的数字。（2）因为两年内兴民农场的面积有所变化，从原来的5205亩缩小至4412亩，所以承包人的土方数量也有所下降，从原来的26个减少至24个，具体情况为原南部承包人王德山、王辰铭和孙平江因为联华集团占地而失去了自己的土方，但北部新复垦的宅基地多了一块，承包给了李瑞睿的外甥申汉文。（3）表3-9和表3-10中承包人土方面积变化为正常现象，参照实地调查中的资料。（4）2015~2016生产年，申罗阳与申汉文的统计数字与现实明显不符，经与会计核对，因为运送粮食的有些卡车未计入统计，二人数据没有完全计入农场的统计之中，二人的亩产数字高于表格中的数字；在表3-5中，这二人的数据也被作为极端值予以剔除。

通过表3-9和表3-10呈现出来的两年内所有承包人的排名情况，我们会发现一些规律性的现象。第一，来自北部地块的申罗阳、王福章、王辰善，来自南部的王福良四个人的亩产水平一直不高。这里需要解释的是，他们亩产水平不高的原因和申汉文类似，主要是土方中存在一些村庄复垦的宅基地，而且三等地比较多。这是一些自然的、无法在短期内改变的因素，因此他们不在本书的讨论范围之内。第二，除去这些土地不好的承包人，北部承包人的排名分布情况在整体属于前列，特别是在 2015～2016 生产年，北部承包人更是全面占据压倒性优势，北部的前五名就是整个农场的前五名。与之相关，南部承包人的排名情况整体靠后。第三，高产量呈小区域分布。从北部承包人的排名中，我们会发现王福青、李瑞睿、王永辉三片相连地块持续高产，王福春、王福生两片地块也是连年丰收。

那么，兴民农场在产量排名方面为什么会形成北部承包人整体靠前，南部承包人整体靠后的结构呢？笔者通过实地调查发现，正是因为自农场经营以来，每年的第一名总是出在北部，这使北部承包人内心发生了一些细微变化，这些心理变化以及后来的行动导致北部整体形成了竞争高产的风气。下面我们以两位北部承包人的案例来论证这一点。

案例一：王永辉是兴民农场中名列前茅的承包人，他曾在 2013～2014 生产年所有承包人大排名中位居第一。但是在 2014～2015 生产年，第一名被同在北部的李瑞睿"抢走"。两个人的土方紧挨着，李瑞睿是 2 号土方，王永辉是 4 号土方，两个人在生产的各个方面也在不断较劲。王永辉在 2015 年 9 月的一次访谈中说："看着别人的棒子比我的长得好，心里就憋股劲儿。李瑞睿今年的麦季得了个第一，虽然我嘴上说他没别的本事，就是凭着他的地比我好。但是我心里想的是，他来得早，我得更早，想个法，明年的产量一定要给他超过去。"（访谈资料 20150909HYW）

案例二：兴民农场北部的 7 号土方属于"越战英雄"杨国通，他当年参加过对越自卫反击战，光荣负伤，立过三等功。由于腿部负伤，他走路有些不方便，但他依然坚持很早就下田劳动，几年的排名都属于中间偏上位置。他虽然没使用"风气"这样的词语，但是从他的话语中可以明显感受到他受到了风气的影响。"我们北边的心理压力大，王永辉、李瑞睿轮流当第一，福青、福金年年也都是前几名，你看看我这地，本来就不怎么好，东边又是福金的。地靠着地，人家都是亩产 1000 斤，我亩产 600 斤，好意思吗？算起来我还是老板的长辈，有这么当长辈的吗？老板都得替我担着脸。"（访谈资料 20150901TGY）

从这两个案例中，我们明显可以感觉到北部承包人内部形成了一种竞争高产或者说害怕自己产量落后的风气。风气的产生始于第一名总是出现在北部，同时很多排名靠前的承包人也都出现在北部，地邻搭界导致了竞争关系和互相攀比的心态的产生。竞争高产的风气同样也在不断固化北部靠前、南部靠后的排名结构，这从 2015～2016 生产年北部承包人全面占据上风这一情况能够得到证实。农场会计卢杰对此也有相似的判断，他认为农场刚开始经营的时候，南北产量差不多，但是从第二年开始，南北差距越来越大。

但是仅仅以北部存在竞争高产的风气来解释产量差距不断扩大的状况以及北部全面占据上风的排名结构还不够。北部的第一名也是整个农场的第一名，为什么北部不能够带动南部的风气呢？而且南部也有产量排名不错的承包人，这些人虽然不是第一名，难道就不能起到带动风气的作用吗？笔者通过实地调查发现，南部的承包人在整体上被一种得过且过的风气所"笼罩"，这主要是由两个承包人造成的。

张佳吉与张亚伟都是王辰林岳父的侄子，两个人都是在农场成立之初就成为这里的承包人，他们分别承包农场南部的 20 号和 22 号土方。他们的土方面积不大，管理的难度相比那些接近 300 亩的大土方而言比较小。但是这两人却被公认为"种地不好"。如果仅仅从亩产排名来看，他们两个人的产量并不是倒数第一，而是处于中间偏下的位置。但是农场主王辰林依然顶着岳父的压力，在 2015～2016 生产年小麦收获结束的时候将这两人解雇。这两个人被开除并非由于产量的原因。单纯从产量看，有一些承包人比他们的产量更低，但产量低可能有土地的原因，比如刚刚复垦的宅基地，申罗阳连续两年排名倒数，也没有被开除。这两人被开除的原因是，他们的土方在 2014～2015 生产年以来经常长满野草，又正好处于路中间的位置，给大家带来了不好的影响。

这种不好的影响是，南部不少承包人也产生了相互攀比的心理，攀比的不是高产量，而是谁更能得过且过。笔者通过实地调查发现，南部不少承包人在除草的时候不再雇用很多人来喷洒农药，而是自己带两个家人，随便喷洒一下了事，他们表示，"反正有那两个垫底的了，只要地里的草别比他们多就行了，要开除也有人顶着呢"。这种对待土地的态度明显与北部承包人不同，两种不同的风气共同作用，导致了南北两大地块的产量差距更为明显。

除了南北两部分承包人的访谈和讲述可以证明风气的存在与作用，"开除之后的故事"也可以进一步论证风气及其影响。在 2015～2016 生产年小麦收获结束之后，王辰林开除了南部的两个"坏榜样"：张佳吉和张亚伟。这两人承包的土方——20 号和 22 号就空出来了。王辰林决定将 20 号土方分包给一个新的承包人付方盛，此人是王辰林远房姑姑的妹夫；将 22 号土方分包给几年来一直名列前茅的王永辉。关于新分一个地块给王永辉的考虑，可以参见如下访谈。

> 笔者：在南边给永辉一块地，这不是加大了他的管理难度吗？他这两块地离的可是够远的。
>
> 王辰林：这不是问题，哪边有事去哪边。给永辉扩大"封地"，可以多给他点收入，他在北边的地有点小，跟他靠着的都是 200 多亩，就他 100 多亩。给他地，首先的意思是奖励，要让大家看一看，我不是吝啬的人，只要你能认真干活，我就多给你土地，让你不断增加收入。还有一个，永辉去了南边，能给他们（南部承包人）的管理树个榜样，对他们的上进心也有带动作用。

通过兴民农场在开除两个承包人之后，将空出来的地块调整给干活认真的王永辉的案例，我们能够发现，虽然王辰林没有使用"风气"这样的词语，但是他意识到了南部得过且过的风气不如北部竞争高产的风气，这种情况很不利于农场的整体收益。他的解决措施也是对照着风气来下手，首先将影响风气的坏榜样剔除，再将北部地块中管理水平最好、产量最高的承包人调整到南部的中间位置，以此来带动南部承包人的上进心，进而改善南部的风气。从他的解决措施中，我们明显能够感受到风气的强大作用，虽然形成和影响风气的只是一些内心想法，但这却是影响南北部产量差异的可变因素。

　　风气不是一两天内形成的，但是一旦形成，可以潜移默化地影响人们的心态乃至行为。兴民农场北部承包人连年第一和连片高产区的出现，促使北部形成了竞争高产的环境。南部两个承包人的坏榜样，使南部形成了得过且过的氛围。这两种风气共同作用，在一定程度上导致了南北部的产量差距，而且这种差距有不断扩大的趋势。农场主意识到了这种趋势，他用以消除两部分产量差距的办法，并不是使用激励、惩罚等立竿见影的措施，而是采用了一种相对主观并带有"社会性"的措施，先从改变风气开始，剔除坏榜样，植入好榜样，改变南部承包人的局部风气。通过以上论证，本书认为，"风气"是影响南北部产量差距的第二个"社会性"因素。不同承包人的心态和行为展现了他们之间潜在的竞争关系是如何影响具体的农业生产经营的，这一影响机制可以表述为风气影响经营管理行为，经营管理行为影响产量。

　　风气为何物？我们较难对这种虚幻且无法用肉眼捕捉的因素做严格的概念界定。从上文的研究发现来看，风气产生和发挥作用有着特定的前提条件，北部地块之所以能形成你追我赶、竞争高产的风气，与这一地块"人尖儿"密集、承包人之间关系结构紧密是分不开的。与之相对，南部地块之所以形成了消极懈怠、得过且过的风气，与南部承包人之间与农场主关系疏远、承包人之间关系结构松散紧密相关。从这样的描述来看，我们使用的"风气"概念不同于更大范围内"社会风气"的含义，"风气"这一词语重要的"风"而非"气"，它产生于具有社会关系的特定人群，并对这一群体发挥着"笼罩性"的影响。这样的分析思路遵循了民国时期《昆厂劳工》中关于"厂风"的研究传统（史国衡，1946）。在这部工厂民族志中，史国衡着重讨论了一个兵工厂的"厂风"，厂风的研究分为工人之间的关系和工人与职员之间的关系，厂风不靖直接导致怠工和高流动率（闻翔，2013）。我们提出的风气也落入具体的关系性质与关系结构之中。《昆厂劳工》的副标题是"内地工业中人的因素"，我们在这一章讨论了一个公司型农场内部的产量差异，但是"人"的因素对农业产量造成的影响是本章的核心关切，这里的"人"不是"经济人"，也不是单纯的"劳动力"，而是处于社会关系和伦理结构中的人。

第七节　本章小结

本章以兴民农场为主要案例，结合齐民农场的情况，从工商资本下乡之后的经营管理实践出发，回答了两个经验问题。结合上文的论述，我们有如下几点发现。

第一，资本下乡之后，规模经营被土地分包替代。与规模经营的集中生产相比，对大规模土地实行分包，放活了经营权，明晰了生产责任，起到了调动承包人生产积极性的作用，在一定程度上缓解了偷懒、出工不出力等监督困难。

第二，土地分包作为一种生产制度的形式，并不能自行发挥作用，而是必须建立在自己人等熟悉的社会关系之上，这就是本章中家庭经营的含义。本章的家庭经营存在相互关联的两种含义：一是农场主与承包人之间的关系，二者之间的宗族、亲戚、熟人、朋友等关系将二者组合成某种意义上的"大家庭"，甚至我们可以说兴民农场就像一个"家族企业"；二是承包人与雇工的关系，挑选家庭规模较大的承包人来经营农场，实际上会将承包人的家庭牵入其中，即使不找家人来帮忙，承包人和雇工也会有非常熟悉的关系。因此，在兴民农场内，经营土方的看似为一个人，实则为一个家庭，甚至是数个家庭的合作。

家庭经营作为土地分包的基础在发挥作用，表明工商资本可以利用自己的社会关系来弱化农业经营中的监督困难。在这个意义上，由农业产业的特殊性造成的监督难题并非完全不能解决。因此，资本下乡如果要实现企业经营意义上的成功，必须满足两个条件：第一，将规模巨大的土地分包出去；第二，分包的对象必须是与农场主有着各种社会关系的人。

如果我们就此认为，社会关系可以弱化甚至解决监督困难，那么这样的结论还是稍显粗糙，毕竟"社会关系"是一个相当庞杂的概念，而且这种结论甚至会让人产生一种错觉，觉得这些承包人略显"机械"而不够"活生生"。在此基础上，本章结合兴民农场的资料，更为细致地分析了不同的承包人与农场领导之间关系的多个层面，包括具体的关系性质、不同的关系结构、群体之间的关系聚合程度，并对兴民农场实际经营中的一个实际问题——路北与路南的产量差距——做出了回答。同时，研究发现，除了关系性质与关系结构等因素之外，"风气"作为一个看不见摸不着但实际存在的因素也在一定程度上对农场的生产经营产生了影响。关系结构与风气这两个因素的相互关联中，关系结构的作用更为关键。

从整本书来看，本章是作为"工商资本下乡为何困难重重、进展不顺"这个大问题之下的一个分支问题来设置的，侧重从土地经营方面对这个问题展开论证。除本章呈现的土地经营的相关问题和回答之外，从兴民农场使用自己人这个维度来看，兴民农场像大屯镇的一块飞地，形成了一个独自运行的体系，"漂浮"于大屯镇之上，兴民农场实现企业经营意义上的成功，并不必然要求兴民农场的生产经营与当地的乡土社会发生关联，这与一般意义上的资本下乡很不一样。

值得注意的是，一般意义上的"外来"资本下乡，由于地理位置相对较远，无法使用自己人或者需要付出很大的成本才能使用自己人，因此只能选择使用本地劳动力。兴民农场的案例在外来性方面有其特殊之处，这表现在农场主的老家和农场的距离比较近，他只需付出很小的成本就可以将熟悉的自己人"搬迁"到农场中。与前者相比，兴民农场确实非常特殊，这个特殊之处对农场经营而言是一个有利因素。本章想要强调的是，虽然具备如此有利的因素，兴民农场依然面临着监督困难问题，在这样的逻辑下反观那些尚不具备如此有利因素的，或者说真正意义上的工商资本下乡，我们就不难理解它们为什么会面临更大的挑战。

第四章
机手与麦客

　　第三章展示了资本下乡后农业生产的组织方式和管理制度，以及这些组织和管理能够发挥作用的基础，讨论的内容主要围绕土地经营来展开。本章讨论的问题与农业机械化有关，之所以开展这个问题的讨论，有两个考虑：其一，第三章集中展现了经营土地的组织方式，但是在如此规模的土地上，如何进行耕种和收割也是需要解答的问题；其二，笔者对这一问题的关心与学界和政策界对我国农业现代化的讨论有关。当前对于我国农业现代化的普遍认识是，承包地小而细碎是农业现代化的主要阻碍因素，如果能用产权改革或集中流转的方式将土地集中起来，就能使用先进大型的农业机械进行规模经营，则农业现代化指日可待。来自南北美洲以及我国边疆地区的大规模机械化农场的现实，为这种观点提供了有力支撑。

　　这种看法与认识能够成立的关键点有两个：一是大规模的、成方连片的土地；二是先进、大型的农业机械。笔者试图与这种观点进行对话。在这个意义上，第三章的内容是与第一个关键点的对话。在第三章，我们展现了一个通过集中流转的方式将数千亩土地进行"规模经营"的案例。在这个案例中，兴民农场并不是以真正规模经营的方式来进行农业生产的，反而是将土地再次切成小块进行家庭经营。本章将与第二个关键点进行对话。在这里，我们提出的经验问题来源于笔者在实地调查中的疑惑。

第一节 闲置的收割机

我们首先对兴民农场农业机械的基本情况进行简要回顾。王辰林在成立兴民农场时投资 2000 余万元进行农场建设，涉及农业机械的投资达数百万元。2016 年笔者进行实地调查时，兴民农场存有各类农业机械共计 60 余台（辆），其中拖拉机 11 台、小麦收割机 10 台、玉米收割机 6 台、玉米剥粒机 2 台、免耕播种机 30 台、大型挖掘机 2 台、中型卡车 3 辆、粮食烘干塔 1 座，其中小麦和玉米的收割机均为当时的新型设备。从农业机械的配置情况来看，兴民农场构建了较完整的农业机械化体系，除农药喷洒和灌溉外，耕、种、收等主要生产环节均已形成机械化体系。

除了较完整的机械化体系之外，兴民农场也具备实现农业机械化的基础。首先，从自然条件看，兴民农场位于平原地区，适宜机械化耕作。其次，兴民农场成立后完成了对 3 个村庄的宅基地复垦和所有流转土地的整理，并将经营的土地划分成 20 余个 100～300 亩的地块，耕地成方连片，且各个地块之间均已铺设水泥机耕路，农业机械能够非常便利地到达各个地块。最后，兴民农场数千亩土地均种植同一种农作物，不存在品种差异导致的收割机无法进行规模化作业的困难。

从外在条件看，兴民农场的硬件设施不可谓不完善，实现机械化作业也不应该有困难。但 2016 年 6 月，笔者在兴民农场实地调查期间却发现了一个奇怪的现象。当时正值华北地区冬小麦的收获时节，但兴民农场的收割机全部闲置在遮阳棚中，一台也未使用。为什么会出现这种现象呢？这是本章要处理的经验问题。

在回答这个问题之前，我们要对农业机械的闲置状态做一个说明，以使研究问题更加明晰。第一，农业机械的使用本身就有较长的间歇期，即农业机械伴随农时使用，若以年度衡量，农业机械确实处于长期闲置状态。但笔者开展实地调查时正值小麦和玉米收割之际，这是华北地区两个最为繁忙的农业时节，理应不是农业机械的闲置时段。第二，农业机械本身具有极强的专用性，即某类农业机械只能在特定的生产环节使用，在其他的生产环节处于闲置状态。但本章讨论的闲置的农业机械具体指的是小麦和玉米收割机，而非其他与收割并不相关的农业机械。因此，我们关心的农业机械的闲置问题并不是因农时和机械专用性叠加影响而产生的农业机械闲置率问题，而是为什么在华北地区每年两个最为繁忙的收获时节，也是最需要使用收割机的时候，兴民农场数量众多的先进收割机反而全部闲置在遮阳棚里。

花费高昂成本购置的收割机却全部闲置在遮阳棚里，兴民农场数千亩的农作物如何进行收割呢？以2016年夏季的小麦收割为例，笔者发现，一群外乡口音的人驾驶着收割机在兴民农场收割小麦。这些雇用拖车装载着自己的收割机，以帮助别人收割小麦为职业的群体被称为"麦客"。对这些麦客更加准确的称谓是"铁麦客"或"机械麦客"，他们不同于那些手持镰刀、背负口袋的传统麦客。因收割农作物的不同，这一群体在不同的地区还有"玉米客""水稻客"等称谓。笔者通过实地调查发现，兴民农场的收割机在2012年购置后并非一直放置于遮阳棚中，雇用麦客收割始于2015年夏季；在2013年和2014年，兴民农场主要依靠"机手"这一群体来进行收割。机手指的是兴民农场周边村庄中拥有收割机的农民，他们平时以务农和打零工为业，在农作物收获时节依靠收割自己村庄及周边区域的农作物赚取佣金。在兴民农场经营的前两年，周边村庄的机手承担了为兴民农场进行机械化收割的任务。机手和麦客的先后登场展现了兴民农场的农业机械化经历了从使用机手到雇用麦客的演变过程。本章将尝试解释这一现象背后的原因与机制，并通过对机手和麦客这两类劳动力群体行动逻辑的考察，解释兴民农场农业机械化的实现过程。

第二节　农业机械化研究的社会学视角

关于农业机械化的文献卷帙浩繁，经济学特别是农业经济学对其讨论较多，笔者并不是要对所有文献进行回顾，而是通过对特定研究的回顾来阐明自己的研究视角和研究策略。本章关心的闲置的收割机这一现象背后的经验问题是，资本下乡后如何进行机械化种植与收割。这一问题涉及我国农业机械化的实现过程与机制。因此，我们将从两个方面对与这一问题有关的研究进行梳理。

一方面，不少学者讨论了我国农业机械化的发展阶段与动力机制。他们发现，自农业集体化以来，我国农业机械化的发展呈现"起步—低速

（回落）—高速"的阶段性特征。2005 年以来，我国的农业机械化发展突飞猛进，这表现为农业机械的保有量、总动力以及农业机械化的作业面积和水平等方面大幅增长，有学者以"农业机械化革命"来形容这一阶段的发展（焦长权、董磊明，2018；陈义媛，2019b）。这一阶段高速发展的动力，除 2004 年颁布的《中华人民共和国农业机械化促进法》以及财政部与农业部联合印发的《农业机械购置补贴专项资金使用管理暂行办法》（财农〔2015〕11 号）等政策外，更加关键的是城镇化和工业化的推动。首先，城镇化大规模吸纳了农村人口，使农业生产的青壮年劳动力短缺，农业对机械化存在内生需求。其次，工业化为农业机械化提供了完整的工业体系（焦长权、董磊明，2018；陈义媛，2019b；王许沁等，2018；潘彪、田志宏，2018）。

这些扎实的研究和数据让我们直观感受到我国农业生产的技术条件正在发生巨变。但是农业机械保有量、总动力、农业机械化作业面积等数据很容易让我们在理解农业机械化时产生一个倾向，即将农业机械化理解为农业机械数量增多的过程。这相对忽略了农业机械化本身的复杂性，农业机械化的实现不仅指机械的购入，还要考虑购入之后在使用环节面临的复杂情况。这一复杂性要求我们将农业机械化的实现过程置于一个农场的具体经营情境中进行考察，相对于现有较为宏观的农业机械化研究而言，这是一种来自基层的微观视角。

另一方面，很多研究将农业机械化的实现过程视为农业机械对农村劳动力的替代过程。从理论层面看，机械进入农业与劳动力的相对价格密切相关，稀少而昂贵的劳动力是农业机械化的条件之一（刘凤芹，2006；张培刚，2013）。从现实层面看，随着农村剩余劳动力的减少，我国农业生产的劳动力成本已进入上升通道，亟须以增加经营规模和提高全程机械化水平来实现节本增效（韩俊，2016；焦长权、董磊明，2018）。农业机械对农村劳动力的替代产生的效果，不仅体现在农业机械能够显著减少单位土地的劳动量，并对农业生产中的重体力劳动进行全面替代，使农业生产实现"兼业化"，还体现在有助于推进农业规模化经营，增加粮食产量和农民收入（周振等，2016；徐建国、张勋，2016；焦长权、董磊明，2018；李谷成等，2018）。

这些研究在强调农业机械对农村劳动力替代作用的同时，却对农业机械化作业中的主要劳动力缺乏关注。在农业机械化作业过程中，不仅需要为农业机械化工序提供配合的辅助性劳动力（高原，2014；黄宗智，2015），更加关键的是那些操作农业机械的劳动力。换言之，农业机械对农村劳动力的替代，实际上是操作机械的劳动力对原有农村劳动力的替代。在这个意义上，"农业机械化"并不是众多研究展示的、完整的概念，也并非独立的生产要素，而是带有技术的劳动力和农业机械这两种生产要素的组合。不同生产要素的自由组合很难直接实现优化配置的效果，操作机械的劳动力能否尽心尽力会直接影响到农业机械化的水平和效率。有研究指出，操作农业机械的劳动力本身的技术和操作质量在农业机械化的作业过程中至关重要，但并未对此展开更深入的讨论（黄应贵，1979；韩启民，2014）。

因此，操作农业机械的劳动力才是我们理解农业机械化的关键，也是农业机械化背后真正需要得到分析的行动主体。将操作农业机械的劳动力——机手与麦客——从农业机械化的整体概念中抽离出来进行重点讨论构成了本书主要的分析策略。

麦客这一现象，并非因土地流转和资本下乡而兴起，从明清地方志中"秋收刈获，必须麦客"的记载到民国时期《新秦日报》对"麦客工价"的讨论，再到"土改"时期"雇用麦客不算剥削"的规定，不少讨论关注到麦客这一群体。这些研究展现了我国西北，特别是活跃于关中地区的传统麦客并大致勾勒了他们"候鸟式"迁徙的轨迹。传统麦客多来自关中地区西北部、甘肃陇东、宁夏固原一带，每至关中地区的小麦成熟时节，麦客便三五成群前往河南、关中地区，向着他们家乡的方向收割小麦，等到他们收割完关中地区的小麦，家乡的小麦也正好成熟（秦晖，2002；王庆明，2007；侯登科，2000）。

麦客迁徙后从事的行业并没有脱离农业，工作的地点依然位于农村，不同于"离土又离乡"的农民工和"离土不离乡"的非农就业者，麦客是独特的"离乡不离土"的"农民农"①（王庆明，2007；马流辉，2013）。需要说明的是，麦客这种伴随着农时流动到异地的职业化农民，并非直接

---

① 在一些研究中，"农民农"的概念特指在城市郊区从事农业种植的外来农民。此概念由曹锦清教授提出，泛指离开家乡到异地务农的群体（马流辉，2013）。本书在广义上使用这一概念。

从事农业种植养殖，而是进入农业生产的收割工序，提供的是农业社会化服务。随着农业机械化的发展和基础设施的改善，麦客这一现象已由关中地区扩展到全国，他们的装备也由镰刀变成了收割机，这些新麦客被称为"铁麦客"或者"机械麦客"，学术界对这一现象的关注主要体现在对农业机械跨区作业的研究中。

20世纪90年代中期，国家开始正式推广农业机械跨区作业，时至近年，跨区收割机数量达到60万台，① 能够完成全国90%以上土地的机械化收割（陈锡文，2014；高鸣、宋洪远，2014；刘奇，2014）。这些研究发现，农业机械跨区作业对粮食产量有明显的空间溢出效应，且这种效应主要发生在不同纬度地区（方师乐等，2017；伍骏骞等，2017）。但是，农业机械跨区作业也面临不少困难，机械麦客普遍遭遇过地方保护主义。作为外来的农业机械服务提供者，他们在异乡经常受到地方政府和当地农业机械服务提供者的打压与排挤，被偷盗、抢劫、截机、砸机甚至人身安全受到威胁的情况时有发生。②

我们发现在农业机械跨区作业的作用被广泛承认的同时，却几乎没有研究对这种模式本身做出深入分析。作为农业机械化的一种组织形式，农业机械的跨区作业呈现何种组织形态；这些机械麦客走南闯北，遵循着什么样的行进路线；面对如此多的困境，这种高难度的农业机械化作业模式得以形成的基础何在等问题并没有得到解答。

总之，笼统地将农业机械化作为一个整体概念来讨论，对于我们理解上文提出的问题还不够，研究的重点应该聚焦于操作农业机械的劳动力，分析他们在不同社会结构中的具体位置和所思、所想、所行。因此，本章将从一个农场农业机械化的实现过程这种微观视角出发，将操作农业机械的劳动力从农业机械化的整体概念中抽离出来，充分展现农业机械化本身的复杂面向。

---

① 关于这一数据，笔者还找到了其他的来源。在农业农村部官方网站上发布的《农业农村部办公厅关于做好2018年农机跨区作业管理和服务工作的通知》（农办机〔2018〕11号）中提到"全国投入'三夏'生产的联合收割机达到63万台""跨区作业的联合收割机稳定在28万台左右"。

② 一些研究和报道都曾描述过农业机械跨区作业面临的困难，详见刘述河、王广胜（2002），陈亮、苑苏文（2017）。

第三节　一段失败的农业机械化历史

2013 年芒种是兴民农场收割第一季小麦的时节。面对 5659 亩土地，最经济的做法是在农场附近的村庄中寻找那些具备收割机操作能力的机手来为农场劳动。在这一年，兴民农场和本地机手达成了一份劳动协议，即机手驾驶兴民农场的收割机进行收割，兴民农场按日给薪。但是这种收割方式问题众多，主要表现为如下方面。

第一，高昂的监督成本。根据当年的协议，机手为兴民农场劳动一天，可得工资 300 元，工资与机手每天收割的数量没有关系。这种计费方式引致的最大问题是：由于难以监督，机手们纷纷出工不出力。对机手来说，兴民农场集中收割的时候，数个田块同时劳动，农场主又是外人，工资是固定的，收割持续的周期越长对他们越有利。笔者通过实地调查发现，机手的工作效率相当低，每天收割 40～50 亩地，2013 年小麦收割时，兴民农场使用了 10 台收割机，用时 10 天才完成收割作业。可见，雇用机手收割的问题是监督困难，以及由此导致的收割进度缓慢。

第二，难以解决的协调困难。我们发现，本地机手驾驶农场收割机这种方式遭遇失败，并非仅仅因为难以监督，而是这种方式本身就存在难以解决的协调困难。首先，协调困难与收割机的特点有关。收割机是一种"娇贵"的农业机械，其运转需要数量众多的刀片、刀杆、链条、滚筒、传送带等零部件，这使收割机在实际作业中特别容易出状况，基本上每三个小时就要停车保养，需要更换的零部件还无法在附近购买到，且收割机耗油量大，经常需要加油。其次，协调困难与兴民农场的经营模式有关。农场田块有 20 余个，10 辆收割机同时工作，先为哪个田块的收割机进行补给存在协调困难。

因此，在收割过程中，本地机手驾驶农场的收割机，每当遇到机器故障、需要保养或加油的时候，他们会通知兴民农场的相关人员来进行补给。这相当于每雇用一个机手，兴民农场都要为他配置一人专门负责补给工作。出于成本考虑，兴民农场无法为每台收割机都配置专门的维修工，负责为车辆进行维修保养工作的只有副农场主郭伟宏。在每年的收割时节，郭伟宏开车往来于市区和农场之间，为收割机购买、更换零部件，经常在返回途中又被通知去购买其他零部件，如此花费了大量时间，其间不少收割机停在原地，无法进行收割作业。

从以上分析可以看出，机手驾驶农场收割机这种收割方式效率极低，不仅监督成本高，而且协调起来也有困难。但笔者通过实地调查发现，同一机手为周边村庄的农户进行收割时，这两个问题却不存在。原因在于：第一，为农户提供收割服务时，机手按照农户耕种的亩数计费，农户全程跟随，且机手多为本村人或邻村人，不存在偷奸耍滑的情况，能够保证收割质量；第二，为农户收割小麦时，机手使用的是自有收割机，机手会在工作间歇进行补给，并不需要农户参与其中。

通过比较机手驾驶农场收割机为兴民农场进行收割和机手为周边农户提供服务这两种情况，我们发现其中存在两个不一致的地方：一是计费方式，二是机械归属。

先来看计费方式。既然计费方式由两方商议且机手为农户提供服务时采用按亩计费的方式，为什么机手在为兴民农场收割时，要采用按天计费的方式？按照亩数收费，机手不是能够获得更多的收入吗？这里存在两点原因，在对这两点原因进行论述之前，我们首先介绍华北地区的两种基本情况。

第一种情况，在华北这种冬小麦－夏玉米轮作区，存在两个农忙时节。第一个时节为芒种，收割冬小麦，种植夏玉米；第二个时节为仲秋，收割夏玉米，种植冬小麦，二者相比，芒种更为繁忙。有学者估计夏收秋播的紧张程度远远高于秋收冬播，前者需要在 7 ~ 10 天内完成（胡小平，1994）。芒种的紧张状态与玉米的生产特点直接相关。一方面，玉米的生长期很短，但需要接受足够的有效积温。① 另一方面，芒种之后进入华北地区一年之中最热的时候，随时间推移，气温渐低。因此，玉米生长特点与华北气候变化的叠加效应是，若提早一天收割小麦，就能够提早一天收割玉米；若延后一天收割小麦，就要延后若干天才能收割玉米。与此相比，小麦的生长就没有这样的特点，仲秋时节也远不如芒种时节繁忙，秋收冬播

_____

① 一般而言，玉米成熟需要有效积温为 2500 摄氏度 ~ 2700 摄氏度。每日有效积温的计算方式为日出前两小时最冷温度与午后两小时最热温度的平均值，每日有效积温乘以玉米生长天数就可以得到全国范围内的玉米积温带，即种植玉米的区域。

的时间在 15～20 天。

第二种情况，小麦收购的质量标准。虽然尽早收割小麦能为种植玉米留足时间，但笔者通过实地调查发现，周边村庄农户的收割习惯很不一致，有些农户习惯将小麦早点收割进行晾晒，有些农户则习惯等到小麦成熟干燥后再去收割，收割时间甚至晚于兴民农场。这主要取决于小麦收购的国家质量标准，① 按照这一标准，收购的小麦含水量不得超过 12.5%。农户不同的收割习惯和芒种的抢种抢收并不矛盾，因为周边农户的土地面积很小——人均 1 亩承包地，这使他们收割小麦和种植玉米花费的时间非常短。但对于经营巨大面积土地的兴民农场来说，即使每年赶早收割小麦，种植玉米的时间依然要比周边农户晚。

接续上文的问题，为什么机手在为兴民农场提供收割服务的时候要选择按天计费的方式呢？第一个原因，两种不同的雇佣市场。据上文分析，兴民农场和周边农户的收割方式并不一致，这种不一致造成了两种不同的收割需求和雇佣市场。两种雇佣市场的主要区别是，兴民农场对于机手的需求时间短且集中，一般为 2～3 天，周边农户对机手的需求则会更加分散地持续较长时间，一般为 10 天左右。从纯经济逻辑出发，他们更愿意为周边农户收割，因为机手在为农户提供收割服务时，每亩地收费标准为 60 元，即机手为农户工作，每天只要收割 5 亩地，就可以达到他们在兴民农场工作一天的工资。我们假设 5 亩地是机手每天工作的最大量，持续 10 天的收割，机手能够赚取 3000 元。但机手为农场收割，按照农场的需求，收割 3 天结束，机手只能赚取 900 元。这能够解释机手在兴民农场工作时尽量拖慢收割进度的行为。现实中，机手为周边农户收割，每天的工作量远远大于 5 亩，所以农户雇佣市场的存在使机手不愿为农场收割，当农场与机手达成协议时，机手主动提出按日给薪，否则取消协议。

但是农户雇佣市场的存在不能完全解释的情况是：机手可以选择先为兴民农场收割，后为农户收割，为二者工作都使用按亩计费的方式，这对机手而言不是更为有利吗？对于机手来说，使用农场机械存在顺手与否的

---

① 参见中华人民共和国国家质量监督检验检疫总局和中国国家标准化管理委员会修订的"小麦国家质量标准——《GB1351－2008（小麦）》。其中小麦质量指标分为五等，不管何种等级，含水量均被要求小于或等于 12.5%。

问题，这是机手提出按天计费的第二个原因，也是以往关于农业机械化的讨论中较少涉及之处。当农场与机手商讨劳动协议，提出以使用农场的机械来进行收割时，机手们普遍觉得很不划算。笔者在2016年9月访问了一个曾为兴民农场提供收割服务的机手，据他所言："大农场的机械很新、很先进，这没用啊，我用不惯、不上手、干不快，这不影响我赚钱嘛！"（访谈资料20160905GHY）可见，操作机械熟练程度会影响机手收割的速度。因此，机手在与兴民农场的市场关系中处于优势地位，他们本不愿为农场工作，还被要求使用自己不熟悉的收割机。机手据此提出对自己有利的要求，按日给薪且不保证收割亩数。

基于以上分析，我们发现，雇用机手驾驶农场收割机存在的问题是有解决方案的，那就是让机手驾驶他们的自有收割机，按照亩数计费，即兴民农场将所有的收割环节完全外包给机手。这种收割方式涉及我们在上文提到的、机手分别为农场和周边农户收割中第二个不一致的地方，即机械归属问题。

鉴于2013年夏季小麦收割时出现的机手拖慢进度，影响玉米种植的情况，兴民农场于2014年夏季与本地机手达成了新的劳动协议，即机手驾驶自有收割机来为农场收割小麦，以工作亩数计费，每亩地收割费用为45元。但是这依然存在不少问题。

第一，兴民农场的收割质量难以保证。按亩计费是一种强烈的经济刺激，但这并不代表机手会保证工作的质量。在收割过程中，机手们驾驶自有收割机，忙于追赶进度，无暇顾及质量，他们每天的工作亩数都在100余亩，却将兴民农场的小麦撒遍田野。兴民农场的会计卢杰负责为机手结算工资，他对笔者抱怨，"这些人干活太不仔细了，麦子撒得到处都是……也是，他们只要让咱们看到有多少麦子地变成空地了就能领钱，根本不关心咱们的产量"（访谈资料20160710GJL）。更加麻烦的是，这种情况出现后，作为外来人的兴民农场很难惩罚机手。农场主王辰林曾因为一个机手干活不认真，在结算工资的时候对他罚款100元，但没过一周，这个机手带领当地村民围攻了农场，借口农场的机械化收割让他们宗族的祖坟矮了2厘米，并最终从兴民农场拿走了5000元补偿。可见，按亩计费的经济刺激计划未能消除监督困难。

第二，随着机手驾驶自有收割机，大量的盗窃现象发生了。兴民农场让机手驾驶自有收割机并自己负责补给工作，看似将复杂的维修保养、加油等程序全部转嫁给机手。但村庄就在农场的周边，机手每次为机械进行补给的时候都变成了他们偷窃农场小麦的机会。换言之，转嫁协调困难的成本最终还是由兴民农场全部承担。兴民农场的副农场主郭伟宏对笔者讲述，"收割的时候特别忙，根本看不过来。上次我抓住一个机手，我看这块地还没收割完呢，他就开收割机跑了，我先远远跟着。他家就在咱们农场旁边，回到院子里就把咱们的小麦全倒自己家了。等他倒出来我就进去了，他不承认，非说是轴承坏了，要先把麦子倒出来才能修，我看了，轴承根本没坏。这种事太多了"（访谈资料20160710WHG）。

由此可见，机手驾驶自有收割机以按亩计费的收割方式并不比机手驾驶农场收割机以按天计费的收割方式好多少。一方面，监督问题从出工不出力变成了保量不保质；另一方面，看似能够解决的协调困难实则以其他方式给兴民农场造成了损失。

通过总结兴民农场2013年和2014年小麦收割的情况，我们发现兴民农场经历了一段失败的农业机械化历史。在使用机手收割的过程中，无论是按天计费还是按亩计费，也无论是驾驶农场收割机还是自有收割机，兴民农场始终没有摆脱监督问题和协调困难，只不过这两个问题表现不同。从这个意义上说，虽然兴民农场投入了大量成本，构建了完备的机械化体系，但却没有成功实现农业机械化。为了更好地管理本地机手，让收割顺利进行，兴民农场设计了不同的劳动协议和合约形式，但这些协议和合约无一能够起到约束机手的作用。因此，这些外在的形式讨论并非问题的要害，更关键的因素是机手的态度和行为。从上文分析能够发现，机手作为本地人，处于对他们自身非常有利的市场环境和社会结构之中，他们与兴民农场内外有别，在面对外来资本时，他们不仅对工作的时间和要求有极高的谈判能力，而且在操作机械的过程中还拥有大量的行动空间，使兴民农场本就存在的监督困难以更加严重的形式呈现出来。

第四节　麦客行

面对雇用本地机手带来的问题，兴民农场在2014年玉米收割时，试用了来自黑龙江省鹤岗市的"玉米客"，收割效果意外地好。2015年和2016

年的小麦收割，兴民农场不再与任何本地机手合作，全部使用麦客来收割。我们以 2016 年的小麦收割为例来看使用麦客的效果。

第一，麦客的工作效率极高。2016 年小麦收割时，兴民农场使用了来自河南省和辽宁省的 15 台收割机，仅用 2 天半就完成了 4412 亩小麦的收割，每台收割机每天的平均工作亩数超过 100 亩。这与雇用机手时每台收割机每天的平均工作亩数 40 亩、收割时间持续 10 天形成了鲜明对比，为兴民农场下一季的玉米种植争取了时间。

第二，麦客的收费标准更低。机手提供收割服务有两个收费标准，为附近村庄农民收割这种"零活儿"，收费标准为每亩地 60 元，像兴民农场这种"大活儿"，收费标准为每亩地 45 元。麦客的收费标准更低，2016 年小麦收割时，收费标准为每亩地 35 元。

第三，麦客承担了所有的维修保养、加油等工作。根据劳动协议，兴民农场不需要为麦客的收割机提供任何补给工作，这使兴民农场完全摆脱了机械化相关的繁杂事务，有更多的精力筹划下一季的生产。兴民农场副农场主郭伟宏讲述了自己工作状态的变化。

> 机手和麦客区别大了。收割机特别容易坏，机手在农场的时候，我基本上脚不点地。一会儿这个车链子掉了，一会儿那个车轴承坏了。电话根本放不下，这个电话没说完，那个电话又来了。去市区买零件，刚回来，那边又要我去。过个秋、过个麦，那就是大病两场。过完麦，你要跟我说话，只能看口型。怎么回事啊？说不出话了，嗓子喊哑了，心里也着急，后来发烧，住院输液了。现在用麦客舒服多了，抽着烟开着车带上水，去地里转转就行。（访谈 20160709WHG）

需要注意的是，根据麦客和兴民农场的劳动协议，麦客驾驶自有收割机为农场服务，按工作亩数计费，这与机手和兴民农场的第二个劳动协议完全一致，但是雇用麦客收割和使用机手收割的效果却形成了鲜明对比。在同样的劳动协议下，为什么麦客收割不存在监督问题和协调困难？为什么麦客收割没有道德风险？为了回答这些问题，我们首先来看兴民农场在 2016 年雇用麦客的基本情况。

兴民农场在 2016 年雇用的 15 台收割机分属 4 个不同的群体，我们称之

为"麦客群"，这些群体之间互相并不认识。据我们访谈的麦客所言，除却
农业机械化刚刚兴起时的大型收割编队，此后很少有超过 5 台机械的麦客
群。而且，麦客群内部遵循着不论工作量多少，一律平分佣金的规则。不
超过 5 台收割机的麦客群规模以及完全平分的财务分配方式与麦客群内部的
关系性质密切相关，具体情况参见表 4 - 1。

表 4 - 1　兴民农场 2016 年小麦收割时雇用的麦客群

编号	来自何处	群体人数	机械配置	关系性质
1	河南省驻马店市	3	3 台"雷沃"	连襟
2	河南省驻马店市	3	3 台"久保田"	表兄弟
3	河南省南阳市	4	3 台"久保田"、1 台"佳木斯"	堂兄弟
4	辽宁省铁岭市	5	5 台"约翰·迪尔"	兄妹与母子

注：（1）机械配置中的"雷沃""久保田""佳木斯""约翰·迪尔"均为收割机品牌；（2）第 4
组麦客群的关系性质中"兄妹与母子"的具体关系为一个哥哥带着他的两个妹妹，两个妹妹带着各
自的儿子。

　　表 4 - 1 展现了麦客群的基本组织形态，每个麦客群人数为 3 ~ 5 人，内
部均为亲属关系。① 这有助于我们理解麦客群内部的财务分配规则，正如第
2 组的一个麦客对笔者所言，"我们都是搭帮子的，没有谁沾光谁吃亏的事，
我就知道我今天生病了，机器坏了，啥也没干，我哥也会给我算一份（工
钱）"（访谈记录 20160616LW）。亲属关系是维系麦客群稳定的根本，同时
保证了他们的收割工作又好又快，不必担心内部出现监督问题。
　　这些来自不同地区的机械麦客遵循着什么样的轨迹路线呢？与传统麦
客活跃于关中平原、自东向西收割小麦不同，机械麦客大体遵循着自南向
北、按照农作物成熟时间来收割的轨迹。需要说明的是，全国农作物的种
植分布与成熟时间，必须结合收割机的工作特点，即它们能够收割的农作
物类型来分析，二者共同构成了麦客的行进轨迹。下面我们以两种主要的
收割机——"久保田"（Kubota）和"约翰·迪尔"（John Deere）为例。

_____

① 在对麦客群的人数统计中，我们没有计算他们雇用的拖车司机和帮工的数量。有些情况下，
　一组麦客是由麦客群以及为他们服务的车辆共同组成的。我们之所以不把这些拖车司机和
　帮工纳入麦客群，是因为这些人是被麦客雇用的，领取固定工资，并不参与麦客群内部的
　决策与分配。

久保田是一种日本产的收割机，在日本主要用于水稻的栽植和收割。其特点是体量小、履带式、便于操作，适合零碎地块的收割。配置一辆小型拖车即可在全国各地工作。此外，久保田的技术比较"细腻"，这体现在其收割质量好，不掉穗；能够收割的作物类型涵盖中国南北方的主粮作物，既可以收割北方的小麦，也可以收割南方的水稻。因此，久保田每年的工作时间也比较长。我们以第 2 组麦客群的情况为例，来看他们在全国的运行轨迹。

来自河南驻马店的第 2 组麦客群会在每年 6 月初从河南南阳出发，开始收割小麦。这一时期，全国很多地方的麦客都会驾驶着各式各样的收割机在附近区域聚集。六七月间，他们沿着山东、河北一路北上，收割沿途的小麦。8 月初，开始收割关外地区的荞麦。9 月中下旬，他们进入更北的东北地区，收割当地的水稻。等这项工作完成，他们再折向南方，开始收割淮河、长江以南的水稻。

与久保田不同，美国产的约翰·迪尔收割机的技术较为"泼辣"，其特点是体量大、轮胎式，需要雇用专门拖车。约翰·迪尔的收割作物类型包括几乎所有的北方旱地作物，但不能用于收割水稻。我们以第 4 组麦客群的情况为例，来看这种收割机在全国的运行轨迹。

来自辽宁铁岭的麦客群会在每年 4 月空车南下，前往湖北和湖南收割小麦。4 月底，他们会进入安徽收割小麦。五六月间，他们会折返向西，到达河南南阳、驻马店附近并收割此地的小麦。6 月中旬，他们进入山东的西南部，继而持续向北收割小麦，并于 6 月下旬进入河北，6 月底抵达天津。7 月初，他们会进入山海关以外地区，在锦州附近修整，等待东北的荞麦成熟。7 月底 8 月初，他们开始收割锦州附近的荞麦，完工之后直向正西，抵达宁夏附近，收割当地的油菜籽。在整个 8 月，他们会出现在内蒙古中部，收割荞麦。9 月初，他们再次折向东北，收割当地的大豆，最终于 10 月底结束全年的工作。

这两个麦客群的行进轨迹显示，他们大体沿着自南向北的方向移动，但更精确地说，这其中也存在东西方向以及自北向南的移动。将他们的行进轨迹连成图形，会呈现出"之"字形。需要说明的是，行进轨迹的描述仅仅展现的是笔者在开展实地调查时麦客群的情况，远远无法概括全国麦客的行进路线。在对麦客群内部的组织形态和他们的行进路线做出描述之后，我们更加关心：互相之间并不认识的麦客群是如何被组织到兴民农场来的？他们之间的劳动协议如何达成？不同的麦客群如何划定他们在兴民农场的工作范围？笔者通过实地调查发现，兴民农场的4个麦客群虽然互相并不认识，但他们同在一个麦客经纪人老唐的管辖之下。

为兴民农场服务的麦客经纪人老唐，新关区大水坑镇人，曾担任唐庄村的村支部书记。1999年，老唐在本村流转土地100余亩，当时他面临的最大问题就是在收割时节无法找到足够的劳动力。为了更快地进行收割，老唐开始在村口附近的省道上阻拦过往的收割机，但是并没有收割机停下为他工作。经过多方打听，老唐得知这些收割机大多来自河南南阳。2000年，老唐驾车前往河南南阳，联系了3台收割机，也就是上文为兴民农场服务的第3组麦客群（现在这个群体已经变为4人），希望他们在来年的行进路线上经过他家，最终双方达成协议。随后几年，不断有周边村民要求老唐的麦客来为自己的承包地进行收割，老唐做起了麦客生意。在为麦客提供食宿的同时，麦客每收割一亩地，老唐要从中抽成5元。随着老唐的生意越做越大，很多麦客在经过大水坑镇的时候会来主动拜会他，希望老唐能够为他们安排下一年的生意。老唐逐渐成为新关区第一个麦客经纪人，在生意最鼎盛之时，老唐手下的麦客队伍有200余台收割机，服务区域遍及新关区、冬安县和平成县，服务面积达数万亩。

除了为来自各地的麦客介绍生意与提供食宿之外，麦客经纪人在乡土社会中还发挥着更重要的作用。

第一，地方保护人。随着农业机械的普及，各地也逐渐形成了基层内生的机械服务市场（仇叶，2017）。由于麦客提供的收割服务比机手便宜，各地普遍将麦客视为争抢生意的仇敌。每年收割时节，机手会在村口放置障碍物，不允许麦客进村，一旦发现来自外地的收割机，就组织村民将收割机砸坏。麦客经纪人作为有一定实力的当地人，能够摆平冲突，保障两方和平。老唐一般安排麦客住在自家的院子里，并事先与本地机手划分生意范围，在麦客收割时，老唐经常前去查看。

第二，财务中转站。各地"欺负"麦客更常见的手段是，村民借口麦客的工作质量不好，拒绝付钱或少付钱，麦客收割完成之后经常遇到被赖账或欠账的情况。经纪人的存在使麦客和村庄之间不发生直接经济往来，而是由经纪人付钱给麦客，然后经纪人再向村庄收款。当然，经纪人的这种安排是为了能够从中抽成，但这在客观上保护了麦客的财务安全。在不同地区，麦客经纪人称呼各异，一些研究中提到的"保姆""领车人"等名词指的都是上文讲述的麦客经纪人（陈义媛，2019b）。

由此可见，这4个麦客群能够来到兴民农场进行收割，是麦客经纪人居间协调的结果。这一过程详见2016年9月笔者对老唐的一次访谈。

> 笔者：你手下机器很多，为什么是这十几台来了，怎么考虑的？
>
> 老唐：前年我在附近搞收割，看他们（农场）的收割根本不行啊。我就来找老板，我让他试一下我的收割机。去年试了一下，挺好。这是初步合作，我派了最好的收割机过来。这些都是我信得过的人，那几个南阳的，就是我刚才跟你说的，最早我开车找的那三个人，我们有十六年的关系了。做好了以后，我们可以长期合作。（访谈20160916GL）

因此，并不是麦客与兴民农场直接建立了生意关系，而是麦客经纪人与农场达成了合作关系。将麦客经纪人的作用扩展至全国会发现：第一，麦客在全国的行进路线呈"之"字形移动，正是麦客去各地寻找自己经纪人的结果，出于安全考虑，麦客很少前往没有经纪人的地方；第二，虽然麦客群互相并不认识，但是他们之间的关系并不像麦客与机手那样紧张，不同麦客群很少出现抢生意的现象。因为不同的麦客群在一个地区可能属于同一个麦客经纪人管辖，麦客的收割任务在出发前就被不同地区的经纪人安排好了。麦客经纪人的具体安排，则是他和本地机手以及其他麦客经纪人划分生意范围的结果。

至此，我们能够回答上文提出的问题。

第一，为什么麦客不会出现拖慢收割进度或出工不出力的情况？这是由于麦客并不像机手只在附近区域活动，他们在全国范围内提供机械服务。除了兴民农场的收割任务外，还有更多的麦客经纪人为他们安排了更多的收割任务。所以麦客在任何地方耽误了时间，很可能导致下面的收割任务全被错过。

第二，按亩计费的方式为什么没有让麦客像机手那样忙于追赶进度？一般意义上，赶工是可以理解的行为。但麦客在任何地方的运转都要依靠当地的麦客经纪人。麦客经纪人手下的麦客队伍庞大，如果一个麦客群工作质量不佳，意味着他们很可能会失去这个地方的麦客经纪人。失去经纪人不仅意味着麦客无法获得本年度在此地的收割佣金，而且很可能会就此丧失在此地更长久的工作机会。由此可见，麦客经纪人与麦客的社会关系是保障麦客工作质量的基础。

第三，与机手一样，麦客与农场主也互为陌生人，是否会产生盗窃农作物的情况？笔者通过实地调查发现，麦客从未出现盗窃农作物的情况，一方面是他们与麦客经纪人的关系在发挥保障作用，另一方面则是他们在心理层面的劣势。兴民农场对当地村庄来说既是外来人也是陌生人，但是他们在面对麦客的时候反而成了另一种意义上的"本地人"。

> 笔者：有没有麦客偷粮食的现象呢？
>
> 王辰林：偷粮食干啥呢，又带不走。带走也没用啊，昨天在山东呢，今天就进了河北了，后天可能去了关外了，带着粮食又不能吃。
>
> 笔者：明白，就是偷了粮食也没啥用。
>
> 王辰林：还有，跟机手比，咱们没有心理优势，对麦客就不一样。
>
> 笔者：具体什么意思呢？
>
> 王辰林：你永远不可能比本地人更了解当地的情况，咱们农场哪里有条小道啊，哪里有个河沟子啊，机手偷了麦子藏起来你都找不着。麦客来到一个陌生的地方，他们心里很紧张。对于麦客，咱们倒成了这个地方的熟人了。踢球都讲究个主场优势，就是这个意思，这里现在是咱们的主场。那些外地的麦客都特别听话，你让他干啥他就干啥，不高兴了踹他两脚都没事，你说他敢偷粮食吗？（访谈20160710LFW）

总之，麦客能够在全国范围内成功流动，需要依赖两方面的关系。第一，传统的亲属关系，它是维系麦客群稳定的根本。麦客需要在很短的时间内高质量地完成大面积收割工作，首先要保证群体内部不出现监督问题。其次，面对收割机经常出故障、群体内部工作量不一、平均分配佣金的情况，亲属关系是保障这个群体稳定的关键。第二，经纪人与麦客之间的庇护与被庇护关系。麦客作为外来人，远行他乡落入陌生的社会结构中，面临与当地机手的紧张关系以及随时会发生的冲突。经纪人的居间协调保证了他们的人身和财产安全。借助着麦客及其经纪人的力量，兴民农场成功实现了农业机械化。

第五节　麦客的社会身份

回顾兴民农场实现农业机械化的过程，我们可以用纯经济的逻辑或者因交易费用而带来的市场与层级制变化的思路来进行解释（威廉姆森，2011），即兴民农场从使用机手到雇用麦客的过程可以被视为从机械服务市场中寻找物美价廉服务的过程，或者麦客取代机手是因为其交易费用更低，这当然能够解释得通。但更加重要的是，麦客提供的机械化收割能在全国范围内广受欢迎，其基础是什么？为什么雇用麦客比使用机手的交易费用低？为了回答这个问题，需要先看另一个问题：为什么机械化收割能够形成全国范围的机械服务市场，催生麦客这样的现象，但是在机械化播种这一环节只能形成地方区域性的市场（韩启民，2014）？除了气候、农时及农作物品种差异外，我们将讨论一些社会性因素，即麦客独特的社会身份。

笔者通过实地调查发现，对两种不同范围的机械服务市场的形成的解释，需要回到两种农业机械本身的差异以及在操作环节方面的技术壁垒。农业机械种类繁多，我们仅以兴民农场的农业机械情况来展开讨论。"一个机手需要具备的能力"体现在如下方面。首先，收割机的操作复杂，会开收割机意味着一个人能够驾驶收割机随意移动。其次，机手需要熟练掌握对收割机进行润滑链条、更换刀片和轴承等技能。再次，如何在保证不损害农作物的情况下尽可能多地收获，如何处理倒伏等特殊情况，需要长时间亲身实践。最后，机手驾驶收割机要能与周边的车辆及人员密切配合、无缝对接。可见，机械化的收割是一个对操作技术要求比较高的环节，这些特点使麦客的操作技术成为相对稀缺的资源，进而形成了全国范围的机械服务市场。但是机械化收割的矛盾之处在于：一方面，收割机是较为先进且自动化程度高的机械；另一方面，收割机却很难程序化操作，对操作农业机械的这个人要求非常高。这意味着，如果这个人不尽心尽力，那么以上各个环节都可能出现人为的问题，这也是我们说机手具有大量行动空间的根源。

与之相比，机械化的播种是一个技术门槛比较低的环节，这主要与免耕播种机的特性有关。免耕播种机是一种半人工半自动化的小型农业机械，需要配合拖拉机使用。这种机械能够设定并调节行距、株距、深度，实现掘土、耕地、播种一体化操作。播种的间歇，农民会为免耕播种机添加种子、化肥和农药。机械化播种对操作机械的人要求不高，只需要他在播种过程中能够驾驶拖拉机以直线方式行进，这对于乡村社会中的成年男性来说是一项基本技能。所以，这种并不稀缺的资源没有形成全国范围的市场。值得注意的是，虽然免耕播种机看似落后，但却没有多少人为因素能够影响机械化播种的过程。换言之，用免耕播种机进行机械化种植很难出现偏差。

兴民农场的机械化播种是由哪些人来完成的呢？笔者通过实地调查发现，这一工作主要是由农场主王辰林老家的"自己人"完成的，他们并不是在兴民农场分包土地的承包人，而是除这些承包人之外的亲戚朋友。既然在机械化播种时能够使用自己人，那么在机械化收割时，王辰林为什么不使用这些存在较少监督问题的自己人呢？一方面，技术壁垒的存在使王辰林没能找到数量足够的、能够操作收割机的自己人。另一方面，虽然也有个别具备操作收割机能力的自己人，但是在机械化收割时，使用自己人会带来一些管理方面的麻烦。

笔者：用机手有这么多问题，为什么不让咱们信得过的自己人上？

郭伟宏：用自己人也麻烦，他们虽然不会坑咱们，但是他们有错，咱们也不能说他们。

笔者：举个例子说一下。

郭伟宏：比如就说你吧。咱们是朋友，你来咱们农场搞收割。你图快了，总掉粒儿，操作不好了，老出错。我能说你啥啊？只能侧面提醒你一句，"小徐，慢着啊，别掉粒儿，让老板看见多不好"。我就只能说到这个程度了，再重的话我也不能说了。但是外地的麦客来了，我就可以骂他，"不爱干你就给我滚蛋啊，你敢掉一个粒儿我就不给你钱"。你说，自己人之间能这么说话呢？（访谈20160709WHG）

郭伟宏的回答生动展示了在机械化收割环节，即使存在具备收割机操作能力的自己人也不能使用的考虑。在机械化收割时之所以不使用自己人，是因为自己人之间有面子，即使犯了错，也不能把话说重了，否则会损害二者的关系。自己人之间的相处之道，以维护关系为先，在机械化收割时不使用自己人，正是为了维护自己人之间的关系。机械化收割看似是自动化、程序化的工作，但对操作人员的技术要求非常高，也是最容易出错的环节。就农场经营而言，出错就要受罚，与自己人之间的相处之道互相违背，这正是郭伟宏说"用自己人麻烦"的真正含义。在兴民农场分包土地的承包人王福生也与笔者讲述了农场主的这一考虑。

> 笔者：老板找你做承包人是因为你们关系很好，他对你很放心，不怕你不好好干，为什么在收割的时候就不考虑这一点了呢？
>
> 王福生：你说的这两个不是一个事儿。老板让我们来包地，地是包给我们了，这是赚钱的事儿，也是为人的事儿，老板要在村里为个好人。来这里干活的，你看着也赚钱，如果是我们和老板这种关系，你就不能管。你要管就显得不好，就成了得罪人的事儿，还不如找外来的人。（访谈20160709HGW）

王福生所言的"外来的人"指的是来自外地的麦客。我们在分析兴民农场农业机械化的过程中共涉及三类人，分别是来自兴民农场周边村庄的本地机手、来自其他省份的外地麦客、来自农场主老家的亲戚朋友。我们通过逐一分析他们与农场主之间的关系来看为什么机械化收割过程中，麦客是最合适的人选。

首先，本地机手与农场主互为陌生人，也互为外人。就农场经营而言，使用机手产生了严重的监督问题与协调困难，且这些问题很难解决，交易成本很高。其次，农场主的亲戚朋友与农场主非常熟悉，属于自己人，监督问题较少，但是存在技术壁垒导致的人手不足以及因自己人之间交往之道而难以执行管理制度等问题。所以，农场主的亲戚朋友只进入不容易出现偏差的机械化种植环节。再次，麦客能够与农场主成功配合，正是由于其独特的社会身份。一方面，麦客与农场主互为陌生人，也互为外人，但是麦客经纪人的存在使麦客能够尽心工作，不会出现本地机手的那些问题，在这个意义上，麦客已经被农场内部化了。另一方面，麦客虽然被内部化，但是从王辰林和郭伟宏对待麦客的行为和话语，比如"不高兴了踹他两脚""不爱干你就给我滚蛋"来看，他们并不将麦客视为自己人。这反而能够避免自己人之间在人情、面子方面的限制，从而更为严格地执行管理制度。

通过对这三类人的分析，我们发现"内外"关系在这里呈现非常明显的相对性和相当大的弹性，这正是不同社会关系的人在交往时的微妙之处。

总之，麦客之所以能在全国范围内成功行进，原因不仅在于他们的收割质量高、费用低，还在于更加社会性的因素。除麦客群内部的亲属关系、麦客经纪人的保障作用外，更加重要的是在机械化收割这种特别容易出现监督问题的生产环节，他们具有一种独特的社会身份，不仅是成功内部化的外地人，而且是不被视为自己人的内部员工。

第六节　作为"化妆品"的农业机械

通过对兴民农场经营四年内农业机械化实现过程的分析，我们发现，兴民农场并非不想使用自己购买的收割机，而是这些收割机不仅不好用，而且根本用不上。"不好用"体现在使用这些收割机需要雇用机手，不仅付出相当大的成本，而且也未能成功实现机械化。"用不上"体现在兴民农场在雇用麦客之后，已经购置的收割机出现了文中提到的闲置状态。花费了高昂成本购置的农业机械，却整年处于闲置状态，这不是很大的资金浪费吗？为什么不把这些收割机作价处理呢？

在与农场主和农场会计的访谈中，笔者发现，购置农业机械的最初目的除了要构建农场自身完备的机械化体系之外，还存在两个与农业机械化本身并不直接相关的考虑：一是观摩，二是补贴。二者息息相关，观摩是为了补贴。所谓观摩，是为了在各级政府的考核检查中作为观摩地点，展示自己规格达标的实力和合法性。所谓补贴，并非农机具的购置补贴，而是在购置农业机械、满足了一定的标准、获得了特定称号之后，随之而来的更多项目落地、奖励资金等。在这里，我们来看看农场主王辰林和会计卢杰对笔者提问购置农业机械的初衷的回答。

> 王辰林：没有机械不行，这是"国家"的要求。没有机械，咱们怎么能叫经营农场呢？有机械就显得特别好看，让咱们看起来像一个农场的样子。（访谈资料20160709LFW）

> 卢杰：农场建好了，规模是咱们全市最大的，声势多大啊！各级

领导都要来，他们来了，你说咱们让他们看什么啊？是看玉米地啊，还是看大场院啊？都不行，必须得看机械，一看这装备，就知道是现代化的大农场。（访谈资料20160710GJL）

从上面的两段访谈我们可以发现，兴民农场成立之初花费大量资金购置农业机械的目的在于，通过各级政府组织的观摩、认定，为自己争取补贴。在这个意义上，整年放置不用的农业机械在另一个层面上发挥了它们的作用，即它们可以作为"化妆品"让农场的"容貌"在各级政府眼中显得更加好看，为项目的申请进行包装打造，也能为后续项目落地找到合理的出路。正是凭借着这些整年闲置的农业机械，兴民农场在数年内连续获得了不同级别政府评比的"优质种粮大户""模范经营农场""农机合作社示范社"等头衔，以及这些头衔之下的各种项目经费和奖励资金。

第七节　本章小结

本章以资本下乡后兴民农场的机械闲置现象为切入点展现了农业机械化的实现过程。我们提出的经验问题可能并不具有普遍性，但是这一问题关涉到的农业机械化的组织形态却具有较为广泛的现实意义。笔者无意将这一现象及对其解释扩展到国有农场等更大的范围，而是希望通过一个新的视角来展现农业机械化本身的复杂逻辑。

通过对兴民农场农业机械化实现过程的描述和分析，笔者构造了如下场景。在我国的华北平原，一个有着数千亩土地的大农场，购置了数量众多的先进收割机，但是这些收割机在最需要被使用的时候很难发挥作用，经历了一段失败的农业机械化历史。这个农场机械化收割的任务是被来自全国各地的麦客完成的，在麦客的帮助下，兴民农场实现了成功的机械化。

兴民农场农业机械化的实现过程也让我们发现了农业机械化的另外一个面向。现实中的机械化不是理论讨论中的机械化，更不是研究想象中的机械化。农业机械化的实现需要回到非常具体问题的回答上，比如什么样的农业机械由何种社会身份的人来操作等，购入农业机械并不意味着能够实现农业机械化。机手和麦客先后登场都有社会学的意涵，兴民农场前两年机械化收割的失败与其作为外来资本，落入陌生的社会结构之中以及本地机手以对待外人的行动逻辑与之相处密不可分。麦客的成功则取决于麦客群内部的亲属关系、麦客经纪人与麦客之间的庇护关系以及麦客独特的社会身份。因此，即使小如农业机械化过程中的具体细节，大如农业机械化本身这样的"现代"问题，我们依然需要面对的是整个中国社会的传统。

当今的学界充满了对美国式大农场的想象，规模巨大的土地面积、先进大型的农业机械，仿佛依凭着这些外在条件就能让我们走上农业现代化的道路，这恰恰是将农业问题作为一个孤立问题进行处理的思路，忽视了我国"三农问题"紧密联系的特点（陈锡文，2012；黄宗智，2014）。本书发现，看似纯粹的农业问题，实际上关涉农村的社会结构和农民的观念心态，如果我们不能回到资本下乡落地的村庄社会情境中，不能回到机手与麦客这些农民的行动逻辑中，农业机械化极易沦为抽象的形式讨论。这种将农业、农村、农民结合起来讨论的思路，费孝通先生早有论及。在他以其姐姐费达生的口吻写就的《我们在农村建设事业中的经验》一文中，费先生为我们讲述了因电力打水机的使用，不少农村人不必工作，跑到赌场中将家产荡尽的现象，这一事例提示我们将机械直接引入农村，并非简单容易的事（费孝通，1933/2009：116）。当外来资本携带着农业机械进入乡土社会时，同样引起了乡土社会内生机械服务市场的反应。费先生在《论知识分子与社会主义建设》中更是直接指出，"不是有了机械就可以机械化"（费孝通，1982/2009：389）。农业机械化从来都不只是机械的问题，还是"人"的问题，呈现这一社会过程也正是本章之用意。

从整本书的结构来看，本章也是作为"资本下乡为何困难重重、进展不顺"这个大问题之下的分支问题，侧重从农业工人或者说雇佣劳动力的方面进行论述。通过对兴民农场在机械化实现过程中从使用机手到雇用麦客的分析，我们发现，农业机械化的两种不同组织方式，其背后的核心是两类不同的劳动力群体。通过将他们置于具体的社会结构和社会情境中，那些平时隐而不彰的行动逻辑得以显现。对于劳动力的研究不应仅将劳动力看作生产要素，更加重要的是，劳动力是附着在某种社会关系之上的。正是社会关系对劳动力的"渗透"作用，使我们不能将劳动力作为抽象的生产要素进行研究，而要细致分析其性质与立场。这种分析同样不应仅停留在"内""外"这样的形式概念上，而是要进一步努力展现"内""外"有着很强的弹性和相对性。

第五章
经济账与平安钱

在文献综述的第一节，我们回顾了我国城镇化模式和政府行为的研究，这些研究从宏观上探讨了资本下乡这一现象出现的结构背景。同时，从这些研究出发，我们不难理解资本下乡动机不纯的特点，即资本下乡并不是为了追求农业收益。从动机出发对资本下乡的研究，对于理解资本下乡的失败相当有力度。表现在现象层面的失败和困难是工商资本自愿造成的结果，工商资本从来没想过要把土地经营好。但是，这些研究也暗含了一个结果，即眼前的失败只是"假象"或者暂时的，资本虽然不通过农业赚钱，但是一定会通过别的渠道赚钱。或者说，虽然现在看不赚钱，但从更加长远的角度看，资本是赚钱的，否则无法理解资本的逐利性。

更加现实的情况是，资本落地到某个具体的村庄和农村社区中去经营农业，它们经营农业的效果如何？到底是赚钱还是赔钱？如果赚钱，赚的是哪部分钱？如果赔钱，是哪些方面出了问题？不同的经营结果，会对下乡工商资本的行为产生何种意义上的影响？这些问题的答案，都需要深入到工商企业具体的经营管理中进行考察。这些也是本章试图回答的经验问题。本章将借助在兴民农场开展的实地调查，对这个农场的财务账目进行梳理，并进行更加详细的成本收益分析。

第一节　2014～2015 生产年成本收益分析

在对兴民农场的成本收益做出分析之前，本章需要先对资料的情况做出说明。第一，兴民农场在 2013～2014 生产年麦季的收益情况不明。因此，本书在写作过程中只能使用这一年内能够收集到的成本情况，而没有具体的收益状况。第二，因为实地调查于 2016 年 10 月初结束，此时玉米刚刚收割完毕，我们没有收集到 2015～2016 生产年玉米销售的具体情况，无法计算这一年的整体收益。因此，从资料的完整性来看，2014～2015 生产年的资料是最为完整的。本章将借助这一生产年的财务账目，对兴民农场的全年经营状况进行成本收益分析。兴民农场在 2014～2015 生产年的农业生产资料成本，具体参见表 5－1。

表 5－1　兴民农场农业生产资料成本（2014～2015 生产年）

生产季	名称	数量	金额（元）
麦季	小麦种子	50 斤	70
	小麦肥料	90 斤	123
	外援播种	每亩	15
	农药	4 次	30
	灌溉	3 次	25
	外援收割	每亩	45
	合计	每亩	308
玉米季	玉米种子	—	30
	外援播种	每亩	15
	灌溉	2 次	16
	灭草剂	1 次	10
	玉米肥料	—	180
	外援收割	每亩	50
	合计	每亩	301
全年	总计	每亩	609

从表 5－1 我们可以看到兴民农场在这一生产年内，土地经营过程中花费的生产成本为亩均 609 元。但这只展现了生产资料的成本，除此之外还有人工费用和土地租金等其他费用，具体参见表 5－2。

表 5 - 2 兴民农场其他经营成本（2014～2015 生产年）

名目	数量	金额（元）
包方费	每亩	300
土地流转费	每亩	1290
行政经费	每亩	140
总计	每亩	1730

通过表 5 - 2，我们发现，除了表 5 - 1 中的生产资料成本外，还有几项比较大的成本支出，分别是支付给承包人的包方费、支付给本地农民的土地流转费，以及一些行政经费。包方费是农场主与各承包人协商好的土地管理费，每个承包人最终拿到的会有差异，但作为兴民农场的成本来说，这项费用为平均每亩 300 元。土地流转费是农场主为被流转土地的农民支付每亩 1000 斤小麦，在当年支付时，小麦时价为每斤 1.29 元。关于行政经费，我们将在后文专门论述。

将生产资料成本与其他的经营成本相加，我们可以得知，兴民农场在 2014～2015 生产年每亩的总成本约为 2339 元。其中生产资料成本在总成本中占比约为 26%，其他经营成本在总成本中占比 74%。考虑到兴民农场在 2014～2015 生产年时的土地总面积为 5205 亩，其总成本约为 12174495 元。

我们再来看兴民农场在这一年内的收益情况。一个农场收益的主要部分是土地上的产出，下面我们分别来看这一年内小麦和玉米的销售情况。这一生产年内小麦产量与销售的具体情况参见表 5 - 3。

表 5 - 3 兴民农场小麦产量与销售（2014～2015 生产年）

日期	销售对象	单价（元/斤）	数量（斤）	金额（元）
2015 年 6 月 15 日	华德福面粉厂	1.30	434780	565214
2015 年 6 月 17 日	陈学军	1.27	1950320	2476906
2015 年 6 月 18 日	王瑞林	1.21	94940	114877
2015 年 6 月 21 日	冬安县供销社	1.26	808240	1018382
2015 年 7 月 12 日	老街镇面粉厂	1.21	101600	122936
2015 年 8 月 2 日	吉庆街面粉厂	1.16	558260	647582
2015 年 8 月 3 日	沈文涛	1.19	535780	637578

续表

日期	销售对象	单价（元/斤）	数量（斤）	金额（元）
2015 年 8 月 5 日	师燕山	1.22	302040	368489
2015 年 9 月 10 日	郭世杰	1.45	86340	125193
2015 年 9 月 23 日	焦范明	1.50	11600	17400
2015 年 9 月 26 日	杨亮	0.81	16160	13090
2015 年 9 月 28 日	德丰种子公司	1.10	2006078	2206686
全年	总计		6906138	8314333

表 5-3 显示，兴民农场在 2014~2015 生产年的小麦产量为 6906138 斤，分别在不同的日期以不同的价格卖给了不同的粮食加工企业或者商贩，销售周期持续三个多月，总销售额为 8314333 元。关于玉米的产量和销售情况，具体参见表 5-4。

表 5-4　兴民农场玉米产量与销售（2014~2015 生产年）

日期	销售对象	单价（元/斤）	数量（斤）	金额（元）
2015 年 10 月 22 日	花椒镇饲料厂	0.810	53660	43465
2015 年 10 月 23 日	王天琪	0.829	76204	63173
2015 年 10 月 24 日	吉庆街面粉厂	0.819	172399	141195
2015 年 10 月 24 日	张腾	0.820	5200	4264
2015 年 10 月 26 日	张翠山	0.827	618520	511516
2015 年 10 月 27 日	杨力特	0.821	626000	513946
2015 年 10 月 28 日	郭玉国	0.823	816300	671815
2015 年 10 月 29 日	刘文	0.824	169340	139536
2015 年 10 月 30 日	安柏青	0.871	899380	783752
2015 年 11 月 12 日	段昭贵	0.885	78760	69703
2015 年 11 月 19 日	岳超全	0.900	92640	83376
全年	总计		3608403	3025741

通过表 5-4，我们发现，兴民农场在 2014~2015 生产年的玉米产量为 3608403 斤，通过一个月的销售期，兴民农场将这一生产年的玉米全部售出，销售额为 3025741 元。

我们将小麦和玉米的销售额相加，即为兴民农场在这一生产年内的农作物收益，共计约 11340074 元。我们用前文所算出的总成本 12174495 元减去这一数值，即可得知，如果只计算土地方面的产出，兴民农场在这一生产年内亏损达到 834421 元。从以上的数据综合来看，兴民农场在一个生产年内是亏损的，但是这并没有影响兴民农场的经营，说明这个农场还有其他方面收益，也就是之前研究提出的非农收益的部分。我们下面再来看，兴民农场在经营过程中还能得到何种收益，具体参见表 5-5。

表 5-5　兴民农场的非农收益（2014~2015 生产年）

名目	内容	资金数额（元）
联华集团占地补助	每亩地 300 斤小麦	2014335
新关区政府财政奖补	每亩地 100 元	520500
大屯镇政府财政奖补	每亩地 100 元	520500
农业三项补贴	每亩地 125 元	650625
总计		3705960

在表 5-5 的名目中，联华集团的占地补助是大头，按照新关区大屯镇政府、联华集团与兴民农场的协议，在兴民农场流转土地期间，联华集团每年要支付给兴民农场每亩地 300 斤小麦时价的现金，这一时价须等于兴民农场支付给当地农民流转费的土地时价。2014~2015 生产年，小麦时价以 1.29 元计算，那么每亩土地可以得到 387 元的补助，兴民农场可以获得约 2014335 元的现金（5205 亩土地）。新关区和大屯镇的财政补助是按照当地的文件精神，对土地流转大户"流转奖励"，凡流转面积超过 1000 亩的，按照每亩地 100 元的现金，连续补助五年。除此之外，在土地流转之后，国家发放给农民的农业三项补贴也直接支付给规模经营大户。这几部分的收益相加，兴民农场在这一生产年内可以得到共计约 3705960 元的现金。除此之外，兴民农场还拿到了各种项目补贴与奖励资金，其中有些项目补贴是实物的形式，为了方便计算，我们统一换算为现金，具体参见表 5-6。

表 5 - 6　兴民农场的项目补贴与奖励资金（2014～2015 生产年）

名目	内容	资金数额（元）
万亩示范方种子补贴	麦种 15 万斤	230000
万亩示范方精播费	每亩地 20 元	104100
万亩示范方化肥补贴	30 多吨	50000
万亩示范方收割补贴	每亩地 30 元	156150
万亩示范方农药补贴	一次性发放	50000
全市模范合作社	奖励先进	150000
全省先进农机合作社	奖励先进	150000
参观接待资金	市农委定点参观单位	100000
总计		990250

通过表 5 - 6，我们发现，兴民农场在 2014～2015 生产年获得相关项目补贴与奖励资金共计 990250 元。其中万亩示范方的相关补贴来自国家建设高标准农田的项目。除此之外的三个名目，均为不同层级政府在各种名目之下的奖励资金。

从表 5 - 5 和表 5 - 6 可以得知，除了经营收益之外，兴民农场在 2014～2015 生产年还获得了高达 4696210 元的非经营收益。

我们将经营收益与非经营收益相加，可得出兴民农场在这一生产年内的总收益约为 16036284 元。与当年的生产成本相比，兴民农场共可实现盈利 3861789 元。通过比例可以看得更加清楚，在这一生产年的总收益中，经营收益占比 71%，非经营收益占比 29%。关于这种经营状况，除了数据，笔者和兴民农场会计卢杰的一段访谈也可印证。

　　笔者：按照您刚才给我看的这个数据，这么算下来应该是赚钱的对吧？

　　卢杰：这么计算肯定是赚钱的。按照比较高的算，一亩地的成本在 2200 多元。赚一二百万元根本不成问题，这是把补贴都算进去的情况。其实啊，一年下来，忙忙乎乎就是赚个补贴钱。（访谈资料 20160727GJL）

从上述表格展示的数据中，我们发现，资本下乡经营农业的效果并不好。如果我们仅仅计算土地经营的成本和收益，兴民农场在这一生产年是赔钱的，通过访谈，我们得知其他年份的情况也大致如此。但是，当这个农场的收益部分加上政策补贴和奖励资金的时候，我们发现兴民农场是赚钱的。

从资金上看，兴民农场赚的钱就是"政策补贴钱"，这与以往研究的结论是类似的。一方面，撇开兴民农场的动机不谈，不可否认的是，政策补贴和奖励资金的巨大数额，对兴民农场维持经营和实现盈利非常重要。另一方面，当我们考虑到农业的生产与销售过程中，资本大部分时间是被固定在农作物之上这样的情况，这些具备高度流动性的"活钱"——政策补贴的重要程度就更不能忽视。

这样的经营状况对下乡资本产生的直接影响是，兴民农场的生存极其依赖地方政府。因为在非经营收益中，联华集团的占地补助、不同层级政府的奖励资金和财政补贴的数额都是由地方政府以及兴民农场与地方政府的关系决定的。我们甚至可以说，没有地方政府的支持以及国家的政策补贴，兴民农场很难在当地生存。对于兴民农场与地方政府的这种关系，王辰林也有一些认识和规划。

> 笔者：从今年看是赚钱的，以后还准备扩大规模吗？
>
> 王辰林：条件合适就干。
>
> 笔者：条件合适是什么意思？
>
> 王辰林：联华集团的补贴不能停，镇上也要给我更多的支持。
>
> 笔者：镇上和新关区给你的钱是项目资金吗？
>
> 王辰林：不是，财政上的钱，为了鼓励流转，连着给五年。
>
> 笔者：那过了五年怎么办？
>
> 王辰林：先过这五年吧。实在不行，把树一砍我就走人。你看见咱们农场周围了吗？我种了10万棵树，五年以后一棵100块钱，这就是1000万元。（访谈资料20160617LFW）

从农场主的回答中，我们可以看出，扩大生产规模的前提条件是，在维持现有补贴的基础上，地方政府要给予更多的支持。一旦地方政府停止支持或者减弱支持的力度，兴民农场都可能会选择跑路。所以，在维持生存与经营的意义上，兴民农场极其依赖地方政府，或者说地方政府对于兴民农场来说非常重要。这种重要性体现在两个方面：一方面，所谓政策补贴的数额非常关键，没有足够数额的补贴，兴民农场很难坚持经营，遑论盈利；另一方面，补贴和支持要能维持足够长的时间，一旦补贴断供，兴民农场则会"砍树跑路"。因此，我们很难想象，长期生活在政府补贴创造的"温室"中的规模农场可以自立。一旦失去赖以生存的适宜条件，资本下乡代表的农业现代化很有可能是难以持续的农业现代化。

第二节　三年经营成本的变与不变

限于资料的原因，第一节只对兴民农场在一个生产年内的成本和收益进行了简要分析。在兴民农场实际经营的三个生产年内（2013～2014生产年、2014～2015生产年、2015～2016生产年），各项成本是处于不断浮动和变化之中的，关于三个生产年内，兴民农场的经营成本发生了何种变化，我们在下文分别来看。兴民农场在2013～2014生产年的经营成本，具体参见表5-7。

表5-7　兴民农场经营成本（2013～2014生产年）

单位：元

生产季	名称	亩均金额
麦季	小麦种子	75
	小麦肥料	165
	外援播种	20
	农药	30
	灌溉	20
	外援收割	5
	合计	315
玉米季	玉米种子	30
	外援播种	15
	灌溉	10
	灭草剂	10
	玉米肥料	200

生产季	名称	亩均金额
玉米季	外援收割	60
	合计	325
	全年累计	640
全年	农户管理费	300
	土地流转费	1300
	行政经费	140
	总计	2380

表5-7展示的是兴民农场在第一个生产年的成本状况。如果我们从小麦和玉米两季作物种植过程中投入的生产资料来看，每亩地640元的花费并不算高。在此基础上，加上土地的雇工费用，也就是包方费，每亩成本为940元。在当地农民的家庭经营中，种植两季作物，只能收获一季的纯利润是相当普遍的现象。二者相比，兴民农场在生产资料和雇工方面的花费也不存在明显高于家庭经营的情况。但是相比于家庭生产，兴民农场所需要付出的额外成本是土地流转费和行政经费，且二者在总成本中占比高达60%，这直接抬高了兴民农场的总成本。为了更细致地讨论这些成本的变化，我们下面分别来看另外两个生产年的成本情况，具体参见表5-8和表5-9。

表5-8　兴民农场经营成本（2014~2015生产年）

单位：元

生产季	名称	亩均金额
麦季	小麦种子	70
	小麦肥料	123
	外援播种	15
	农药	30
	灌溉	25
	外援收割	45
	合计	308
玉米季	玉米种子	30
	外援播种	15

续表

生产季	名称	亩均金额
玉米季	灌溉	16
	灭草剂	10
	玉米肥料	180
	外援收割	50
	合计	301
	全年累计	609
全年	农户管理费	300
	土地流转费	1290
	行政费用	140
	总计	2339

相比于第一个生产年的经营，2014～2015 生产年的经营成本略微下降。主要的变化在于，小麦和玉米两季作物生产的过程中，生产资料成本从 640元下降到 609 元。这一过程中，虽然有的生产环节——比如麦季的灌溉、农药、外援收割——的成本还出现了上升，但因为化肥施用量的降低，整个生产成本出现了下降。在这里，我们有两点情况需要说明。第一，外援收割费用的上升是因为在 2013 年机手收割时以按天计费的方式来计算费用的，虽然换算到亩均成本中，这项费用非常低，但那一年收割进度极慢。2014年机手收割是以按亩计算的方式来计算费用的，佣金为每亩地 45 元。第二，化肥费用的变化明显是因为在第一个生产年的经营中，土地刚经过整理，还有相当面积的土地是由村庄宅基地复垦而来，所以土地整体状况不好，第一年种植时施用的化肥较多。

表 5 - 9　兴民农场经营成本（2015～2016 生产年）

单位：元

生产季	名称	亩均金额
麦季	小麦种子	75
	小麦肥料	120
	外援播种	13
	农药	55

生产季	名称	亩均金额
麦季	灌溉	24
	外援收割	35
	合计	322
玉米季	玉米种子	30
	外援播种	15
	灌溉	0
	灭草剂	15
	玉米肥料	140
	外援收割	45
	合计	245
	全年累计	567
全年	农户管理费	300
	土地流转费	1250
	行政费用	140
	总计	2257

从表 5 – 9 可以发现,与前两个生产年相比,兴民农场在 2015～2016 生产年的经营总成本继续下降,但其中有结构性变化。第一,这一生产年麦季生产中的农药花费出现了显著上升,基本上与前两个生产年的农药花费之和持平。第二,因为兴民农场开始使用麦客,不再与机手进行合作,外援播种和收割费下降,从上一年度的 118 元下降到本年度的 108 元。更重要的是,收割质量和速度得到了保障。第三,因为 2016 年夏天雨水充沛,本年度就没有给玉米浇水。第四,本年度化肥价格走低,使两季生产中肥料的成本也出现了明显下降。除此之外,从三个生产年的情况来看,因为小麦时价的下降,与此相关的土地流转费也在不断下降。

从三个生产年的总体情况看,在总成本不断下降的趋势下,每一项生产资料的成本也处于不断变化之中,有时上升,有时下降,这主要跟每一年度面临的气候情况以及具体的农业操作有关。但是从三个生产年经营成本中可以发现,有两项成本是从未变动过的,一项是包方费,另一项是行政经费。包方费是农场老板在将土地的各项生产环节分包给承包人的时候,支付给承包人的工资，为平均每亩地 300 元。这项成本每年分两次支出，时间在每一个生产季的作物全部售出之时，一般为每年的 1 月和 9 月。对于农场老板来说，这项成本的意义在于，将雇工费用全部固定下来，每年的人工费用不会超过这个数额。因为土地分包之后产生的雇工费用由承包人从自己的费用中支出。

除此之外，另一项从未变动的成本为行政经费。这项费用到底是什么？通过实地调查，笔者发现，第一，这里的"行政"与国家政权意义上的"行政"没有关系，其具体含义是一个社会组织内部的管理工作，属于一个公司内部的行政工作；第二，兴民农场的行政经费就是一般意义上的"行政成本"。与城市中的企事业单位类似，落地在农村的工商资本也需要花费一些成本用于"打点关系"，以维持生存，比如公务成本、运行成本以及一些"无形成本"等。关于这一点，我们先看笔者和兴民农场的会计卢杰的一段访谈。

　　　　笔者：我看这个成本里面，有一个行政经费，每年还都是亩均 140（元），这个钱是花在哪里了？

　　　　卢杰：这里面是管理人员的工资。

　　　　笔者：您是说承包人的管理费吗？

　　　　卢杰：不是，那些已经算了，管理人员是农场的管理人员，比如郭总（郭伟宏）、王书记（王福城）、我（卢杰）、技术员（王德宏）。我们这些人的工资加上在农场干活的那些杂工的工钱（固定工工资），一年也得 30 多万（元）。

　　　　笔者：那也不够啊？一亩 140 元，全算下来得好几十万（元）呢。

　　　　卢杰：管理之中就没有费用嘛?!

　　　　笔者：具体指的是什么呢？

　　　　卢杰：（大笑）你是学生，还没走入社会呢，这个说了你也不懂。

　　　　笔者：您给说说呗。

　　　　卢杰：管理企业需要管理费用，比如说车辆，我说的不是生产中的车辆。就是行政上的花费，专门给咱们农场"解决关系"用的。车辆也好，吃喝拉撒也好，还包括处理跟周边群众的关系。我说一个，当地人有一些事儿，说不清楚的，就来找咱们。他们会说："这个地你给流转走了，地里还有我的东西呢。我在哪里哪里栽着树呢，怎么找不着了？"这些人来找咱们，咱就要赔钱。

笔者：这就是行政经费？

卢杰：嗯，就是明着讹咱们的钱，但是咱们无话可说。来个人也不多要，就是三五千（元），看着不多，但是人一多就不好控制，来三个就得上万（元）。这个很正常。再一个，人情花费和招待，这也是不可避免的问题，所有企业都有这个费用。周边村里面的"头面人物"，家里有红白事啊，小孩结婚啊，咱们能不去随礼？能拿的比别人少吗？过年过节不得走动走动，再不行也得吃个饭吧。这种事儿很多，不新鲜。有人来我们这里偷棒子（玉米），我们去追他，一着急，老头子瘫在地上了。怎么着啊？咱们得处理吧。怎么处理啊？那就是掏两个钱儿。本来偷的是两穗棒子，但是咱们一追，赔的钱就不是两穗棒子，那是好几亩地的棒子。咱们把钱掏了，棒子还是别人拿走，讲理讲不通的。还有偷棒子的呢，这些钱也得算上。其实花钱就是买个平安，人情交往也是买平安，这是咱们"买平安"的钱。

笔者：那这个"平安钱"50万（元）够不够啊？

卢杰：多少？50（万元）啊，跟你说吧，这是最底线，不会少于这个数，基本上都是花超了，得上百万（元）。140（元/亩）这个数啊，也是底线，是在这里入账的。有些花费不从我这儿走，没法入账，花超的有些也不会入账。（访谈资料20160710GJL）

通过这段访谈，我们发现，兴民农场除了要发给农场管理人员的工资这种正常且固定的开支外，行政经费主要用于人情招待、打点关系以及处理与周边群众的冲突等运行成本方面，这三类开支可以统称为"平安钱"。我们甚至可以说，行政经费主要就是平安钱，但还不能完全包括维持平安的所有花费，在每年的成本中，这是一项必须支出的费用。那么，在兴民农场具体的经营过程中，这些平安钱被用在了哪些地方呢？通过实地调查，笔者发现，这部分钱主要用于处理与当地政府、地方权威与乡村社会的各种"社会性事件"。

通过这部分的分析，我们对兴民农场每年的成本情况有了更加具体的了解。在兴民农场的成本中，"变"的部分是与土地经营相关的生产资料成本和劳动力成本，这两项成本是随着每个生产年内具体的气候状况和相应的农业操作而不断变化的。"不变"的部分是包方费和行政经费，前者将农场主与承包人的关系固定下来，每个土方上可能产生的雇工费用全部被转移给承包人。后者主要用于处理兴民农场与周边社会的关系，除了向农场管理人员支付工资之外，这项经费的主要作用是帮助农场解决关系、维持平安，所谓"亩均140元"只是一个最低花费。

第三节　平安钱的流向

如果我们将平安钱与经营成本中的各项花费特别是生产资料和人工费用相比较会发现，不同于主要被用于内部经营的各项生产成本，平安钱主要用来处理兴民农场作为一个整体与外部社会的互动与关系。在兴民农场的实际经营中，这些钱也确实被用于解决关系与处理"社会性事件"，下面我们将通过四个案例分别来看平安钱流向何处。

一　人工降雨

在 2014～2015 生产年的麦季生产时节，华北地区持续干旱，兴民农场的抗旱形势十分严峻。这一点在上文的经营成本中有所体现，2014～2015 生产年麦季的灌溉费用高于其他两个生产年。在当时的情况下，使用人工浇水已经不能阻止旱情发展，兴民农场的小麦面临减产的风险。兴民农场的化肥供应商陈秀杰是大屯镇书记王宝晨的外甥，他在了解旱情之后，主动来找王辰林，提出为兴民农场帮忙。

面对干旱的区域化，当时连川市已经准备了一批人工降雨指标。陈秀杰和王辰林找到了大屯镇书记王宝晨，要求他为兴民农场争取这个指标。在王宝晨的帮助下，通过农业主管部门，陈秀杰找到气象局人工影响天气办公室的主管人员。专业检测发现，大屯镇上方确实存在降雨云团，符合实施人工降雨的条件。但据陈秀杰所言，"上方有云团，也不一定就打到咱们这里，这中间需要一些运作"。通过王宝晨和陈秀杰的进一步努力，实施人工降雨作业的火箭发射车确定停靠在兴民农场路边。最终，人工降雨的效果非常好，2014～2015 生产年兴民农场的小麦产量比上一年度有所提升。

在这一事件中，并没有体现出平安钱的具体流向，但是可以想到的是，从一个镇区的农场到人工影响天气的办公室这样的部门，其中一定存在关系的运作。本书想要强调的是，在关系运作过程中的人情花费事实上构成了兴民农场行政经费的一部分。更加重要的是，我们从中可以看到，兴民农场对地方政府的依赖，不仅体现在地方政府能够影响兴民农场可以得到的相关项目经费与奖补资金，而且在企业实际的运行中，兴民农场依然要依靠地方政府去协调解决农业经营之中的困难和问题。

在这里，我们并非强调关系的非正式运作或者政府行为中一些灰色地带，真正重要的是，兴民农场作为一个落地在具体区域的规模农场，不能脱离"社会"而生存于"真空"之中。如果没有当地政府的协调，兴民农场面临的干旱困境很可能不会得到顺利解决，农业生产也可能会面临困境。因此，企业在具体"社会"中的经营，必然和当地政府发生互动，平安钱的流向有将当地政府"内部化"的努力，在这个意义上，行政经费也构成了成本的一部分。

二　阻拦收割

2014年6月初，兴民农场正在进行小麦收割的机械化作业。当部分收割机行进到楼庄原属耕地范围的时候，楼庄几十位村民挡在收割机前不允许收割，理由是上半年的流转费没有到账。按照土地流转合同的规定，兴民农场每年5月30日和9月30日分别支付上半年、下半年的流转费。王辰林到达现场后，给农民出示了汇款单，说明流转费已经转账到楼庄在农村信用社的账户上。但楼庄村民并不相信汇款单，依然不允许收割，并要求延误几天就要先交几天的"延误费"。收割作业在当天被迫停工。

第二天，王辰林找来大屯镇农业经管办的工作人员和楼庄支部书记楼加诚协调。楼书记向村民说明情况，流转费已经到账，正在根据各家各户的流转面积进行分配，村民这才撤离。后来，楼加诚凭着为兴民农场摆平这件事的功劳，向王辰林"借"2万元。王辰林不仅答应，还赠送楼加诚每年20亩土地的流转费，相当于"感谢费"。

经过事后了解，阻拦小麦收割这一事件是楼加诚撺掇农民制造的，事后楼加诚通过摆平事件的方式达到了自己"借钱"的目的。这个事件背后的问题是，楼加诚为什么可以撺掇村民参与到这一事件中。显然，兴民农场并没有支付"延误费"，楼加诚也没有将自己得到的"感谢费"分给村民，村民并没有通过楼加诚的行为得到任何好处。那么村民为什么能被动员起来阻拦小麦收割呢？

首先，楼加诚对村民使用了何种动员技巧和话语我们不得而知，但确定的是，这些村民并不知道自己在这一事件中充当了楼加诚的工具。其次，流转费并不是没有到账，而是处于经办过程中。王辰林已经出示了明确且有公信力的证据，即汇款单，但这并不被村民接受。最后，楼加诚和乡镇工作人员出面，村民相信了流转费正在分配，问题得到了解决。

面对同一个事件，即流转费已经支付，只是还没有发到村民手上。村民选择相信楼加诚而不是兴民农场，这表明乡土社会与外来企业对彼此的社会期待很不相同。一方面，对于本地的村支书，村民的期待是他会帮助他们解决问题；而对于外来的企业，村民的担心在于，企业并非本地企业，一旦经营不善很可能会"跑路"，这将导致自身的利益受损。相比于村民对村支书的信任，村民对兴民农场的不信任才是他们为"迟到的流转费"充当楼加诚的工具的深层原因。另一方面，从王辰林给楼加诚"感谢费"的行为，我们可以看出工商资本试图消除自身"外来性"的努力。作为一个外来企业，落地到一个人生地不熟的区域，没有任何的社会关系，我们很难想象兴民农场面对千家万户的农民能够直接顺畅地打交道。在这样的情境下，兴民农场只能依靠与村干部建立关系，让其帮忙解决问题。因此，兴民农场处于一种相当无奈的境地，其无法在短时间内消除农民对农场的不信任，只能依靠村庄中的头面人物解决问题，这使"感谢费"在某种程度上是必须支出的费用。这项支出也构成了"平安钱"的一部分，代表着流向村庄权威的平安钱。

三　路权纠纷

兴民农场的土地流转合同规定，土地流转期间，兴民农场可以无偿使用农场范围内的道路和沟渠。兴民农场在正式开展经营之前，将原有村庄的田块和沟渠进行了整理，以方便机械化作业。但是，对于那些位于田块之间的、附近村民日常出行的道路，兴民农场并没有整理，以方便村民出行。在正式经营之后，兴民农场在各大田块的北边以及南北向道路两侧种植了 10 万棵树苗，以扩大农场的收益。①

农场南部地块中有 300 多亩土地原属于大果树村，大果树村李石头在未经农场许可的情况下，带领村民在农场内部的东西向道路上种树 2000 多棵，影响了农场作物的生长。兴民农场以合同规定道路归农场使用为由要求李石头将树全部砍掉，而李石头则认为，这条路是大果树村的，土地流转了，路没有流转。双方争执不下，最终经过大屯镇政府工作人员的调解，兴民农场支付李石头 3 万元，要求李石头将树全部砍掉。②

但李石头对此调解并不满意，在这件事情过去一个多月后，李石头将兴民农场在南北向道路上种植的 2000 多棵树全部砍掉，堆于路中间。

在什么样的土地上、谁可以种植何种作物，在华北农村中有着比较明晰的惯例。当然，在路边、田埂或者沟渠边上一些比较"模糊"的公共地带，村民也会发生争执和矛盾。在这一案例中，按照流转合同的规定，农场内的道路有着清晰的界定，即"道路、沟渠归兴民农场无偿使用"，所以这并非村庄内部的"模糊"地带。但是李石头有意将这块界定清晰的地带变"模糊"。他的说辞是，"这条路本来就是我们大果树村的，土地流转了，路没有流转"。其主张是否认农场的边界，明确村庄的边界。最后的结果是，兴民农场以远高于树苗和人工成本的价格赔偿了李石头 3 万块钱，但他还砍掉了兴民农场 2000 多棵树。显然，李石头并不将兴民农场视为村落社会的一部分，而是以对待陌生人的规则对待兴民农场。

有趣的是兴民农场的反应，王辰林不仅高价赔偿了李石头的树苗和人工费，还在李石头砍树之后的中秋节，专门给他送了两盒月饼，这些当然都是与农场经营无关的额外成本。兴民农场为什么不在受人欺负之后采取激烈的对抗行为或者公事公办呢？对此，王辰林解释，"其实我就知道是他做的，但还是要感化一下，我们的最终目的是赚钱，但赚钱的前提是关系要处好"；"就当花钱买平安了，把他惹急了，他再组织更大规模的破坏活动呢？"（访谈资料 20150820LFW）。工商资本来自外地，身处陌生的环境，面对"欺负"还试图去感化的行为，其实也是在消除自身"外来性"的一

---

① 为什么一定是南北向的道路？大树遮阴，对小麦和玉米的生长不利，在北边和南北向道路上种植则不会形成遮阴面，既不影响小麦和玉米生长，还可以为农场增加收益。

② 在调解中，3 万元的支付依据在于，每棵树苗加人工费以 15 元计算，2000 棵树为 3 万元。但这实际上远远超出了树苗的价格，在当地树苗的实际成本为每棵 1 元。

种努力，不过这种努力并非能够即刻见效。

本来与农场经营毫无关系的路权纠纷也构成了兴民农场平安钱的一部分。在这个案例中，平安钱流向了村庄中的闹事者。

四　玉米防盗

2013 年初夏时节是兴民农场第一个生产年的玉米种植季节，农历八月初，玉米开始陆续成熟。有承包人向王辰林反映，附近村庄的老人和妇女有时会来他们的承包地里偷玉米。起初，王辰林并没有在意，他要求承包人将这些村民赶走即可。但随着玉米收割的开始，这一事件变得难以控制。越来越多的村民参与其中，有时候在兴民农场范围内有两三百人，仅凭农场中的管理人员和承包人根本无法控制。最终大屯镇政府出动 600 多名工作人员，为兴民农场日夜看管玉米，派出所出动警力，将偷窃数量极大的史庄两名村民拘留。据农场相关人员估算，兴民农场 2013 年的玉米丢失面积有 700 多亩，直接经济损失共计 70 余万元。

在笔者开展实地调查的两年内，这一事件依然没有得到解决，兴民农场的玉米每年依然会被周边农民大量偷窃。在实地调查过程中，除了亲眼所见，笔者还通过访谈，从多个渠道侧面了解了农民偷玉米的情况，这些不同的说法构成了一幅生动形象的画面。

王辰林（农场主）：经营农场最担心的是粮食安全，麦子没事，就是玉米怕偷。一人可控，多人难防。有一些打工的，秋收的时候也不打工了，专门回来。回来干什么呢，家里也没地了。就是专门偷棒子，顶得上打工的收入。你也看见了，我这里天天有人来放羊，每一帮五六十只。他们是放羊吗？就是为了顺手摘棒子，放个羊就能扛回去一袋子。（访谈资料 20150822LFW）

王永辉（承包人）：抢棒子很影响我地里的收入。就说我那方地，多了不敢说，七八十口子人绝对有，多了就得一二百人。名义上说自己是捡棒子，其实就是偷。看到东边有人，我刚追过来，西边地里人又满了。我家也不在这里，也不可能没日没夜地看着他们。（访谈资料 20160616HYW）

郭伟宏（副农场主）：去年我去巡逻，一个 80 多岁的老太太在咱地里偷棒子，我上去就给她夺过来了，这不挺正常吗？偷了咱的东西，还不能拿回来啊。老太太有病，当时就躺在地上休克了，可把我吓坏了。最后她全家都找过来了，王总（王辰林）出面赔了她五千块钱。她来咱地里拿棒子，咱又给了她钱，没有道理可讲的。（访谈资料20160616WHG）

王福城（农场场长）：看（守）棒子要斗智斗勇，看着路边有车子就要注意，肯定有情况。也有"高人"不这样，你看啊，这边是咱的地，那边是普庄的地，普庄的村民怎么偷啊？很厉害，不骑车子，不拿袋子，他就在咱地里掰棒子，掰下来之后往自己地里扔。我从外面过，看到棒子怎么都飞起来了，进去就抓住他了。但他什么也没拿啊，咱也没法怎么着他，就让他走了。回头他就去地里捡棒子去了，一会就捡了一袋子。我问他你这棒子哪里来的，他说是他自己家玉米地里掉下来的。（访谈资料20160708EQW）

许庄机手：（偷棒子）真是谁也控制不了，我开着收割机割棒子，一开始农民跟在收割机后面掰，人多，跟赶集一样。后来有的农民比我还快，在收割机前面掰，我就不敢开了，只能停下。棒子地太高，收割机又响，真有什么事看不见也听不着，我也怕出事。（访谈资料20160905GYY）

谷庄村民（开小商店）：你可能没见过那个场面，早晨的时候，农民们开着电瓶车、小三轮，一趟一趟往家里拉棒子，就从我门面前过。我就问他们，掰了多少啊？说什么的都有，一趟弄个八十斤没问题。（访谈资料20160817RZX）

陈秀杰（化肥供应商）：去年我去别的村里送化肥去，经过那些"上楼"的村。我回来就跟王总（王辰林）说，"王总你玩儿完了，你还发钱给农民养着他们吃饭呢，农民都在楼下晒玉米呢，家家都有"。就说我看见的，很多农民家里光棒子粒儿就有十几袋子，这就是一亩地啊，有的家车库里都是棒子。（访谈资料20160823LMS）

以上材料截取了农场中以及周边村庄不同人的说法，笔者通过这些说法与在实地调查中的总结，大致发现了偷玉米的几个基本特点。

第一，从发生时间看，周边村民偷窃兴民农场的玉米，行动非常隐蔽，晚上 10 点至早上 6 点是偷玉米并运输的高发时段，白天大多只偷不运。

第二，从发生地点看，周边村民偷窃玉米手段众多，白天的偷窃多发生在农场边界地区。他们借在自己承包地劳动、在农场附近散步聊天的机会偷窃农场玉米并将玉米藏好，等到夜晚装车运走，甚至有的村民将农场的玉米摘下，掷向自己的承包地再进行归集，夜晚的偷窃则多发生在大小道路旁边（便于运输）。兴民农场巨大的土地面积，使农场的看管人员耗费极大精力依然很难阻止。

第三，从参加人员看，参与这一事件的村民，主要来自三类村庄。第一类，因兴民农场成立而整村拆迁、土地全部被流转的村庄，这种类型的村庄共有 3 个，分别是柏庄、史庄和楼庄。第二类，村庄保持原貌，部分土地流转给兴民农场的情况，这种类型的村庄共有 4 个，分别是谷庄、许庄、秦村和大果树村。第三类，村庄和土地均保持原貌，但与兴民农场经营地块搭界的情况，这种类型的村庄共有 3 个，分别是宿庄、姜村和普庄。参与这一事件的村民，既包括兴民农场流转土地的 7 个村的村民，即前两类村庄的村民，但更多的是与兴民农场经营地块搭界的村庄的村民，即第三类村庄的村民。参加人员以老人、妇女居多，但也有部分村庄的中年男性。需要注意的是，他们并非存在道德问题的惯犯。

第四，从行动对象看，周边村民的偷窃针对性极强，他们只偷兴民农场的玉米，并不动周边村庄大户及村民的农作物。

第五，从运输工具看，周边村民驾驶电动自行车、电动三轮车、小型汽车来偷窃并运输，其中电动三轮车最为常见。这种交通工具非常灵活，既能沿着乡间小路从村庄直接驶入兴民农场，又具备一定的运载能力。

第六，从组织程度看，虽然这一事件的参与人数众多，但并没有群体聚集的现象，也没有固定的组织者，周边村民大多单独行动。有的村民三五成群结伴而来，但多为途中偶遇，不能被视为组织化的集体行动或群体性事件。对于偷玉米，村民之间更多是一种心照不宣的理解与不约而同的行动。

第七，从处理方式看，绝大部分村民偷玉米的目的是晒干后磨成玉米粉供自家食用，也有少量村民会送到集贸市场卖掉。一个引人注目的现象是很多已经将土地全部流转给兴民农场并集中居住的第一类村庄的村民都在晒玉米。

我们从中可以发现，农民偷玉米的方式多种多样。比较确定的是，兴民农场的农业经营在这个事件中受到了非常大的影响，玉米被偷造成的经济损失也被算到行政经费之中，这可以算是平安钱在个人层面的流动。玉米失窃造成的经济损失具体有多少呢？兴民农场会计卢杰以他的方式算了一笔账。

> 卢杰：来一个老头子，一天就能弄上一百斤棒子，这是正常情况，只多不少，最少就是这个数。来十个老头子就是一千斤啊，多的时候二三百人啊。这还是一天的情况，一天就二三百，三天多少啊？关键收割也不是三天啊，玉米收割得十天半月的，这是多少啊？细算一下很吓人，这可不是小数。这个东西肯定要算到行政经费里面。（访谈资料20160710GJL）

我们以卢杰给出的计算方式，以每天有300人去偷玉米为例，兴民农场在收割时节每天丢失的玉米就达到3万斤，以玉米亩产800斤计算，兴民农场每天会损失玉米约37.5亩。如果我们以收割持续15天为例，兴民农场在整个收割时节预计丢失45万斤玉米，以玉米亩产800斤计算，相当于在整个收割时节损失玉米562.5亩；以玉米每斤0.9元计算，这项费用达到40.5万元。这还是以较为正常的情况计算，由此可见，农场管理人员所言的丢失700亩并非虚数。

当然，以上四个事件只是兴民农场在实际经营中遇到的比较典型的例子。除此之外，类似的事件非常之多。比如，兴民农场未收割的麦子曾经被大面积烧毁。按照农场主王辰林的说法，"跟农业经营没关系的事件，每年几十起，天天处理跟农民的关系"（访谈资料20150820LFW）。通过以上的分析，我们发现，兴民农场的行政经费发生了两个层面的流动。一方面，兴民农场作为一个"落地"在农村的外来企业，必然需要当地的政府与村级组织来协调和解决农业经营中的问题和社会性事件，在此基础上的社会交往也会产生一定费用，这是平安钱在组织层面的流动。另一方面，兴民农场也陷入了周边村庄和农民的"汪洋大海"中，在处理与周边村庄的闹事者以及普通农民关系的过程中，经常选择"用钱妥善解决问题"，这是平安钱在个人层面的流动。

依据卢杰的账本，如果我们按照已经入账的行政费用乘以兴民农场经营三年来的土地面积会发现，三年内"平安钱"确实是一项较高的支出。2013～2014 生产年支出 792260 元，2014～2105 生产年支出 728700 元，2015～2016 生产年支出 617680 元。这还未包括一些未入账的行政经费。为什么这项费用居高不下？本书发现，这与工商资本的外来性有很大关系。我们来看笔者对兴民农场会计卢杰的访谈。

> 笔者：这部分钱（平安钱）要花这么多，是什么原因啊？
>
> 卢杰：出了事儿，咱们和本地人说不上话，就要找能和本地人说得上话的人，这就得花钱。或者有事了，就直接给钱买平安。
>
> 笔者：如果我就是本地的，流转自己村里的地，是不是花不了这么多啊？
>
> 卢杰：这个肯定少了，我们在这边摆平一个事情要一千（元），在我们当地可能五百（元）就解决了。而且（在本地）很多人肯定不敢来找事儿，我自己家里也有人，也有关系，我既然敢来包地，我就有能力跟你（来找事儿的人）较量较量。但是咱们在外地呢，有钱能怎么样啊？咱是有钱，可本地人有时间，谁耗得起谁啊？咱们可耗不起。本地人没事，来两个老头，两年就能把咱们耗走了。咱们又要抢种抢收，又要等着上项目，最耗不起的就是时间。一个事儿耗下来就得几天，你算算工人干活，几天的工钱得多少啊？

从这段访谈中，我们可以总结，行政经费居高不下的原因在于，工商资本来自外地，这导致了其与乡土社会的互动不畅，进而产生了诸多"经营之外"的问题，在解决这些问题的过程中支出了很多成本。根据上面的分析，我们也可以发现，因为工商资本的外来性，在与乡土社会互动的过程中，其不仅需要花费大量由社会环境造成的额外成本，而且对这些社会性问题也无可奈何。这构成了资本下乡真正需要面对和解决的问题。

第四节　本章小结

通过本章的分析，我们可以大致得出几点发现。

第一，与那些分析资本下乡动机不纯的研究类似，本章通过详细的成本收益分析，呈现了工商资本确实在流转土地、规模经营的过程中获取了收益。这些收益是在以往研究指出的项目经费、支农补贴以及奖励资金的基础上实现的。排除掉工商资本的动机之后，更加准确的说法是，我们不能因为资本下乡存在动机不纯的问题就否认工商资本进行农业生产的愿望，政府补贴和项目资金只是构成了其下乡的前提条件，在此基础上的农业经营可以实现盈利。工商资本从政策补贴中赚钱这一事实，给工商资本造成的直接影响是，其在实际的农业经营过程中，极其依赖地方政府。因为地方政府可以通过影响工商资本获得补贴的数额和年限，进而影响到资本下乡经营的成败。

第二，从经济账方面分析得出的结论是，资本下乡实现了事实上的盈利。但不能忽视的是，这部分钱赚得并不容易。在实际的经营过程中，工商资本不仅要通过内部的良好经营来实现农作物的高产，更要在地方政府和村级组织的协调下处理与农场经营有关，但并不能仅仅依靠农场自身就能解决的问题。除此之外，兴民农场还陷入了周边村庄与农民的"汪洋大海"之中，疲于奔命地处理各种与农业经营关系不大的社会性问题。更加重要的是，面对这些社会性事件，不管是人情往来、打点关系还是处理与周边农民的关系，兴民农场不得不花费相当多的行政经费去妥善解决，这些经费是保证农场顺利运行的"平安钱"。

第三，在工商资本与乡土社会这样的结构性关系中，我们发现，兴民农场需要花费如此之多的"行政经费"的根源在于，工商资本的外来性。外来性指的是工商资本并非乡土社会内生，二者的基底关系处于互不信任的状态，而且在行为模式以及互动方式维度上都存在着不能良好对接的状况。这种状况在现实中表现为直接的冲突事件给兴民农场的农业经营带来了直接冲击。这种失控的社会成本给兴民农场造成的直接影响是，其在意愿上更希望进一步与乡土社会"隔绝"开来，以削减各种社会性事件对农业经营造成的损失。

综上所述，抛开动机的分析，本章发现：一方面，从经济账出发，兴民农场在农业经营中实现了盈利，这部分收益更多来自政府补贴与项目资金支持下的农业经营。另一方面，这部分钱的赚取相当不容易，因为外来资本下乡需要处理的并非仅仅是内部经营的问题，还有与周边社会的关系问题，在处理关系的过程中，花费了更多看不见的、不同于经营成本的

"社会成本"。这对兴民农场造成的影响是：一方面，其农业经营特别依赖地方政府的支持；另一方面，也试图与乡土社会"隔绝"开来。

下面，我们将"土地分包与家庭经营"、"机手与麦客"以及"经济账与平安钱"三章的内容结合起来进行分析。在"土地分包与家庭经营"一章，我们的主要发现是，兴民农场在实际运营中，放弃了规模经营的方式，以土地分包的形式来组织生产。更加重要的是，承担土地分包任务的承包人必须是农场主的"自己人"，因为这种关系可以从多个方面弱化监督困难。在"机手与麦客"一章，我们的主要结论是，机械化收割要成功，就要排除本地机手并使用麦客，使用麦客的成功并非仅仅因为他们专业并且要价便宜。更加关键的是，他们相对而言是"外人"，身份更类似于内部员工，因为其中有麦客经纪人的作用。在"经济账与平安钱"一章，我们的主要观点是，工商资本可以实现盈利的条件是政府补贴与项目资金，这使兴民农场的生存与发展特别依赖地方政府。这种依赖还体现在当地政府和村级组织可以协助解决农业经营中的问题以及一系列社会性事件。平安钱不仅可以用于解决社会性事件，更存在以人情往来的方式将当地政府"内部化"的倾向。

以上三章的共同逻辑在于，工商资本若想实现经营层面的成功，必然依赖自己人进行土地分包，必然依赖具有独特社会身份的麦客来组织机械化收割并且必然依赖地方政府的力量。在这一过程中，工商资本唯独不需要依赖的是当地的乡村社会与当地的农民，甚至从某种意义上来说，兴民农场若要实现经营层面的成功，最好与当地农民"隔绝"开来。因为当地农民相对于兴民农场来说是外人和干扰因素。但是这种排除本地人的做法造成的客观后果是，兴民农场变成了大屯镇的一块"飞地"，实现了与乡土社会的"隔绝"。关于这种隔绝进一步产生了何种影响，将是本书后半部分讨论的重点。

借用以往研究的分析，黄宗智先生在《华北的小农经济与社会变迁》中回应过"资本主义萌芽论"的问题。黄宗智先生认为，农业生产中雇佣劳动的发展，特别是"自由雇佣劳动力的存在，并不足以证明生产力开始有本质上的突破。关键问题是：雇佣劳动是否伴随着资本的积累及生产力的质性突破而兴起？"（黄宗智，2000：142）这个问题在书中始终伴随着经营式农场和家庭式农场的比较，即相比于家庭式农场，经营式农场是否有着更高的生产率。从这种思路出发，回到本书的讨论，我们可以反思同样的问题，学界和政策界一直倡导资本下乡作为农业现代化的实现路径，是否代表着更高的生产力水平或者说更优化的要素组合呢？虽然本书不能像黄宗智先生在《华北的小农经济与社会变迁》一书中那样，对经营式农场和家庭式农场的各种生产效率做出细致分析，但通过以上三章对兴民农场内部经营的讨论，我们发现，相比于农户的家庭经营，兴民农场在土地使用、劳动力雇佣和资本运作方面并没有出现生产力的质性突破，也没有形成更高水平的生产要素组合。兴民农场使用的土地分包在形式上类似于新中农或者家庭农场的生产方式。其使用的麦客收割方式，只要通过麦客经纪人的帮助，普通农户一样可以使用。唯有在资本方面，兴民农场表现得更加有力量。从总体上来看，虽然兴民农场实现了经营意义上的成功，但是这并非因为资本组织农业的生产方式代表着一种新的生产力水平或者更高级的生产方式，反而是因为兴民农场组织生产的方式，借助了乡土社会中的各种固有资源，以及传统的生产方式。

从更高的层次进行观察，以上三章的内容分别对应的是一个规模经营农场的基本生产要素，即土地、劳动力和资本。以往的研究，包括经济学的讨论，也会去分析这些典型的生产要素，但是没有注意到在乡土社会之中，这些生产要素是附着在某种具体关系之上的，因此这些生产要素也是有性质、有立场的。比如，很多研究讨论规模经营的时候会注意到土地的规模，却缺少了对土地肥力的具体分析。在乡土社会中，一、二、三等地的区别意味着农民对公平的看法。很多研究讨论规模经营的时候会注意到劳动力的年龄结构，却缺少了对劳动力的立场的具体讨论。在乡土社会中，关系的内外在农业经营中意味着监督困难的强弱。很多研究讨论规模经营的时候会注意到资本对于农业而言是一种稀缺的生产要素，却缺少了对这些资本在农业经营中如何投入和使用的分析。陷入乡土社会中的资本，很可能不能发挥它预想中的作用。更加重要的是，当这些看似"无机"的生产要素和"有机"的人结合在一起的时候，我们会发现，人际关系的"渗透性"。人与人之间具体的关系会持续渗透进这些生产要素之中，让这些要素不再是"无机"的存在，反而变成有性质、有立场的存在。所以对于这些生产要素的讨论，不仅仅要讨论它们的数量、规模和各种结构，还应该讨论它们的性质以及"内外"。

在分析"平安钱的流向"的最后，我们将平安钱居高不下的原因归结于工商资本的外来性。如此分析的缺陷在于，这种解释相当不具体，且以上三章的研究都是站在兴民农场立场之上的分析。具体而言，虽然从外来性出发，我们可以理解，兴民农场在工商资本与乡土社会这种结构性关系中处于外来的位置并面临困境，但是外来性的作用机制是怎样的？农民是否以外来性这样的观念看待下乡资本？资本下乡在当地农民的观念中是一种怎样的存在？其实我们并不知道。所以，如此分析的缺陷在于缺少了农民的视角。

在一系列的社会性事件中，特别是农民偷玉米这种看似不顾道德、不讲道理的违法行为的背后，是否仅仅因为兴民农场是外来的？可能是这样，但是更加确定的是，这其中一定存在着当地农民自己心中认为的正确的"道理"。探究他们观念之中的道理，就要深入到他们行动背后的结构和伦理层面去进行解释。做到这一点，才能将分析做得更加完整和深入。

因此，我们将在以下三章进行分析视角的转向，将分析的重点从兴民农场的内部经营转移到兴民农场与当地乡村社会的关系互动方面，探究下乡资本在农民心中的形象以及农民观念之中的道理。在以下几章的分析中，我们将以农民偷玉米这种"行动"作为分析重点和解释对象。[①] 以实地调查的发现来解答这样一个经验问题：为什么资本下乡之前，村庄很少出现这种偷玉米的现象，但是当环境和条件发生变化之后，农民好像换了一个人似的，去偷兴民农场的玉米？农民还是那些农民，我们也很难想象他们的观念和行为会在很短的时间内发生特别重大的变化，那么他们这种行为背后的"道理"究竟为何？我们将在下面的三章逐步展开分析。

---

① 选取这种"行动"是因为农民偷窃兴民农场玉米这个事件，参与人数众多，农场损失惨重，在当地有着巨大影响。

第六章
被建构的"集体"

　　本章及以下几章将对兴民农场周边村庄的农民大规模偷农场玉米这一现象做出分析和解释。本章要回答的经验问题是：为什么在资本下乡之前，村庄内很少出现这种偷玉米的现象，但是当环境和条件发生变化之后，农民却开始偷兴民农场的玉米？农民还是那些农民，我们不能假设他们的观念和行为会在很短的时间内发生特别重大的变化。因此，他们这种行动的背后隐含着他们观念之中认为"正当"的"道理"，他们心中的"道理"究竟为何？正如笔者在绪论中介绍的，探寻农民心中的"道理"需要进入他们的观念世界。在这个意义上，我们在下面几章中将着重讨论农民对行为的看法、态度等内容。

　　在处理这个经验问题之前，我们先对农民偷玉米这个行动做一个更加详细的界定。根据实地调查，笔者发现，偷玉米可以划分为两种行为。第一，拾穗权含义的捡拾玉米。这也是很多农民对自己行为的解释，在他们的观念中，他们认为拾穗权是天经地义的村落传统，他们并非偷玉米，而是在"捡玉米"。关于这一点，在很多既有研究中都有所提及（黄宗智，2000；王洪兵，2006）。这些研究指出，在华北地区的村落社会，普遍存在摘高粱叶、拾花（棉花）和拾落穗权的风俗，这些风俗一方面是生产的需要，另一方面也可以救济村中的贫困村民，是一种守望相助的村落传统（黄宗智，2000：276）。在本书中，"拾穗权"含义下偷玉米并不是真正的偷窃，而是具体表现为附近村庄的农民会在兴民农场收割之后，去田野中捡拾收割机遗落的玉米。但是兴民农场建立之后，王辰林认为拾穗权应该归属自己而非附近的农民，所以兴民农场也将这种并不是真正偷窃的行为称为"偷玉米"。

第二，伴随拾穗过程中的偷窃。这是比较纯粹意义上的偷窃行为，指的是附近村庄的农民在拾穗的过程中借机偷窃兴民农场的玉米，甚至根本没有拾穗的行为，而是直接地偷窃。通过对比这两种行为，我们发现，其中的"边界"非常微妙，仅仅从拾穗行为出发很难判断一个农民到底是在捡拾玉米还是偷玉米，但二者在不同场景下的意义大相径庭。在后面几章的分析中，我们将主要围绕偷玉米的第二种含义来进行分析，在笔者个人看来，"拾穗权"意义下的偷玉米并非真正的偷窃。

笔者在第五章通过一些访谈和描述展现了偷玉米这个看似相当失序的行为，这种情况可能会让读者产生怀疑：这是资本下乡后中国农村的普遍现象吗？作者是不是仅仅用自己在实地调查过程中观察到的个别现象来论证呢？对此，笔者要做两点补充说明。第一，在开展实地调查期间，笔者接触到两个与兴民农场存在业务往来的个人，他们分别是来自安徽芜湖的粮食商人老张和来自河北沧州的农业机械推销员小刘。在笔者与他们访谈的过程中，他们都向笔者描述了在他们的业务范围内看到的许多资本下乡的情况，下乡资本几乎无一例外地遇到了农作物被当地农民偷窃的情况。

> 笔者：您去过很多这种大农场，怎么样，他们都赚钱吗？
>
> 老张：光往里面投（钱）了，见不着东西。我前面刚去了（山东）平度和济宁的两个大农场，平度的那个一万多亩，我跟老板也认识，前面去收粮食，问了一下，三年了，亏了2000多万（元）。
>
> 笔者：为什么亏这么多啊？
>
> 老张：管不好啊，产量上不去。（当地）偷的也很厉害，农民都弄着小车来拉棒子，麦子也拉，一车一车往家拉。

农业机械推销员小刘也向笔者表达了类似的看法。由于工作的原因，他们在全国范围内见到了很多类似的情况，所以，笔者分析的偷玉米现象并不是本文田野地区的特例。

第二，资本下乡的一些既有研究中，也提到了类似事件。陈靖、冯小和陈义媛分别在其开展实地调查的皖北黄村、皖南平镇以及湘南平晚县发现，资本下乡之后遭遇了农作物被当地农民偷窃的现象（陈靖，2013；冯小，2015；陈义媛，2016）。在这个过程中，下乡资本损失惨重，比如，有研究提到"因为看管不及时，一季玉米的产量损失 2/3"（陈靖，2013：35）。根据这些研究，我们不难发现，资本下乡之后遭遇农作物被当地农民偷窃这个现象并非华北地区的特例，在华东、华中等地也普遍存在着类似现象，只不过被偷的农作物有所不同。

很明显，这一现象正反映了工商资本在进入乡村社会时的外来者困境。更加关键的是，我们应该如何分析这一现象与行为？农民学中关于农民行为的讨论为我们提供了启发。

第一节 农民学中的农民行为

从农民的角度出发，将农民及其行为引入研究的中心，以农村社会结构的特点和逻辑来分析农民问题，需要回顾农民学中关于农民行为的讨论，其中代表性观点是反行为和弱者的武器（高王凌，2006，2013；斯科特，2011；郭于华，2002；折晓叶，2008）。这也是有些研究在解释资本下乡遇到农民偷窃农作物现象时的类比对象和理论资源（陈靖，2013；冯小，2015）。笔者认为，在尚未考察这种行为的内容、性质和意义之前，不宜过早使用这些概念对农民的行为进行概括。这些概念均有着自身明确的边界，如果不加辨别直接类比不仅可能带来概念的误用，也在一定程度上放弃了对这些行为本身进行深入探索的机会。因此，我们需要从既有研究出发，将解释推向深入。

以地方档案和实地调查为基础，高王凌探讨了集体经济时期，特别是人民公社时期农民的反行为。反行为貌似反抗，却与反抗不同，是处于压力之下的弱者以表面顺从的姿态，自下而上地获得反制的位势，以求弥补损失、维护个人利益的做法。相比于制度安排，反行为是一种静悄悄地自行其是，先顺从再找补的行为（高王凌，2013）。磨洋工、瞒产私分、扩大自留地、偷窃粮食等都属于反行为。特别是偷窃粮食，这种针对集体的偷窃行为自合作化以来就已出现，在 20 世纪 60 年代初最为严重，一直持续到包产到户。在高王凌看来，这是一种私下动手解决自己生活问题的做法，也是集体经济时期农民普遍的谋生行为（高王凌，2013：274）。此外，高王凌强调反行为与政策变动、制度变革之间的关系，反行为不能被简单当作消极的内容，其在相当程度上修改了人民公社制度，对国家政策的修订起了积极作用，甚至"拱出"了包产到户改革（高王凌，2006，2013）。

在从农民的角度出发这一点上，高王凌的研究称得上是"从农民行为的角度研究集体经济时代"的代表，对以往自上而下的研究形成了补充。在其研究中，偷窃的方式和内容与笔者描述的农民偷窃行为极为相似。不过，高王凌的研究更多是在描述这一行为在当时广泛存在及其导致的结果，并不是特别关心这种行为发生的原因，比如行为背后的价值观念和行动意义问题。虽然书中的部分内容涉及农民对偷窃的看法——用当地方言中的"抓揑"来形容，并不以此作为丑事——与我们一般意义上理解的偷窃并不一致，但是作者并没有对这一点展开深入分析。实际上，这正是认识农民观念世界的线索之一，反行为并非条件反射，农民能够做出这种行为也经过了考虑，他们可能并不熟悉具体的法律条文，却拥有明确的是非对错观念，但是并不以此为羞耻，这正是我们关心的农民理直气壮地偷窃的背后原因。

从农民行为的形式上看，弱者的武器与反行为极为相似，偷懒、装糊涂、偷盗、纵火、暗中破坏等日常反抗的形式是农民与试图从他们身上榨取食物、税收和租金的那些人之间的阶级斗争。以这样的方式进行反抗，一方面是组织化的大规模集体行动对他们这样的从属阶级来说不够隐蔽且风险过大，另一方面则与当地农村的社会结构密切相关——"农民阶级分散在农村中，缺乏正式的组织，最适合于大范围的游击式的自卫性的消耗战"（斯科特，2011：3）。这种"没有正式组织、没有正式领导者、没有宣言、没有预期、没有名目和旗号"的反抗形式很难引起关注，但其效果不容小觑，"农民的行动改变或减少了国家可用的政策选项"（斯科特，2011：43）。就斯科特研究中的偷窃而言，阶级特征非常明显，偷窃的目标是塞达卡富裕的居民和农场主，犯罪者则是较为贫穷的农民，这种村庄内本土的斗争形式是村庄社会结构剥削性和不公正的结果。

与高王凌不同，斯科特注意到了行为背后的意义和观念问题。正如斯科特所言，"行为从来不能自我解释"（斯科特，2011：54），对于"一个粮食窃贼……除非我们能够从只有行动者才能提供的意义中建构它，否则它们的意义是我们无法理解的"（斯科特，2011：55）。但是找寻偷窃这种行动的意义也存在不少障碍：一方面，行动者连行动本身都不承认，更不用说解释其内心的想法，虽然塞达卡的穷人将偷窃视为自助性获得"扎卡特"礼物的方式，但是对于这一点，斯科特并不确定。另一方面，偷窃这一行为中包含的获利和反抗合二为一，很难辨别他们出于何种考虑（斯科特，2011：352－353）。需要注意的是，虽然斯科特认为弱者的武器能够用来分析中国集体化和官员行为，但是他的田野背景和研究对象主要还是小农经济之下贫富对立的东南亚乡村社会。而像农民偷窃行为背后的意义这种问题，在不同的政治、社会、文化框架下，很难笼统地一概而论（高王凌，2008，2013）。

通过考察以上两种包含了农民偷窃行为的理论观点，我们发现高王凌和斯科特的研究都细致探究了农民日常的行动，都注意到这种行动与政策或制度变动的关系，即它们在推动制度变革和修正政策方面的效果。但是，在高王凌看来，反行为中的"反"并非"反抗"，反抗是"在特定的对立关系中，带有强烈的敌对意识和反对意见，而采取的相当激烈的对抗性和抵制性行为"（高王凌，2013：310），而反行为则是一种"不反之反"的对应行为，包含着规避、变通和侵蚀（高王凌，2008）。虽然两项研究对偷窃行为的描述与笔者关注的现象非常类似，但这些行为背后的意义，即农民如何看待这些行为，要么没能深入展开，要么还需要考虑中国社会的具体情境。

在中国的情境下，还有一种与以上二者均不相同的弱者的"韧武器"。"种房子""护街面""执行不到位"以及事后追索、死磨硬缠、见缝插针等弱者的"韧武器"虽然在形式上与日常反抗较为接近，但其采取非对抗性抵制方式，选择不给被拿走（剥夺）机会的做法，借助集体（合作）力的效应，使农民面临的问题公共化，从而获得行动的合法性，属于另类的农民智慧（折晓叶，2008）。虽然弱者的"韧武器"与笔者关心的偷窃行为并不相同，但对我们关心的"正当"问题有所启发。弱者的"韧武器"存在的基础之一是社区情理合法性的支持，这种由社区情理和通行规则界定的情理合法性，在大多数情况下与法律、行政等合法性机制的界定结果并不一致，有时甚至相冲突，却总以潜隐的非正式方式存在，是农民得以运用武器的"理"之所在。这也提示我们，资本下乡作为中国城乡关系在近十几年来变化的一个具体表现，对其研究不仅要加入农民行动逻辑的视角，也要注重考查各种非正式机制和社会文化因素（折晓叶，2008；折晓叶、艾云，2014）。通过行动来研究农民赋予行动的意义，需要倾听他们对资本下乡的看法以及对自身行动的理解和解释。

第二节　偷玉米作为一个整体事件

倾听农民对资本下乡的看法以及对自身行动的解释，是不是意味着将他们的说法收集上来就能够将分析引向深入？笔者认为，其中涉及研究策略的问题。在这里，我们首先将偷玉米行为放在兴民农场的具体场景下进行考察。通过上文的分析，我们了解到兴民农场是处于众多村庄和小农的"包围"之中的。为了分析的方便，笔者从兴民农场周边的村庄中选取了 10 个村庄，大体分为四类。第一类村庄是那些村庄被全部拆迁，农民实现集中居住，耕地完全被流转给兴民农场的村庄。这些村庄有三个，分别是史庄、楼庄和柏庄。第二类村庄是那些村庄维持原貌，没有农民上楼，但是村庄的部分耕地被流转给兴民农场的村庄。这些村庄有三个，分别是许庄、谷庄和大果树村。第三类村庄是那些村庄维持原貌，耕地也没有被流转给兴民农场，但是他们的土地与兴民农场经营的土地搭界的村庄。这些村庄有三个，分别是宿庄、姜村与普庄。第四类村庄，本章特意选取了一个同处大屯镇，但距离兴民农场 5 公里左右，几乎不曾与兴民农场发生互动的村庄，这个村庄是索庄。从以上的分类看，前两类村庄与兴民农场的建立存在直接关系，即兴民农场流转的土地主要来自前两类村庄的耕地，还有部分土地来自第一类村庄的复垦宅基地。第三类村庄与兴民农场仅仅在地理意义上是"邻居"关系。这三类村庄的农民是偷窃兴民农场玉米的主要人群。第四类村庄主要是作为验证解释逻辑完整性的一个补充案例，同时，索庄是"偷玉米"这一事件的旁观者。

在此基础上，本章分析偷玉米时使用的访谈材料主要来自前三类村庄的农民。在对这些农民进行访谈与收集他们的态度和想法的过程中，笔者发现农民的说法千差万别，很多说法带有明显的个人色彩。笔者曾经与一对驾驶轿车、当时正在"拿玉米"的年轻夫妇聊天，谈及他们的行为，丈夫对笔者说，"媳妇儿怀孕了，害口，就是想吃玉米，这不现在也没处买去，来这里拉一车"。当然，这个说法本身能够反映他们的想法，但并不是更深层次的解释，这无异于当我们问银行抢劫犯为什么抢银行时，他回答自己缺钱一样，而且这种解释只适用于这个单独的案例。类似的个人化说法，笔者还遇到很多，村民的理由可谓五花八门。当然，这些说法都非常重要，但是本章不准备详细考察农民的每个说法，因为这些说法会将偷玉米这个整体事件变成一个个孤立的个体事件。在笔者看来，这些个人化的说法不足以构成对偷玉米这个现象的解释，我们想要完成的是将偷玉米作为一个整体现象来分析的研究。

借用前人的研究，可能更容易理解这种整体逻辑。涂尔干在其著作《自杀论》中强调他分析的是社会自杀率这一现象，因此"把一个特定社会在一段特定的时间里所发生的自杀当作一个整体来考虑，我们就会看到，这个整体不是各个独立事件的简单的总和，也不是一个聚合性的整体，而是一个新的和特殊的事实，这个事实有它的统一性和特性，因而有它特有的性质，而且这种性质主要是社会性质"（迪尔凯姆，1996：14）。从这种逻辑出发，每个自杀者的个体原因都不足以解释社会自杀率高这一整体现象。与此类比，本章想要分析的是兴民农场的玉米失窃这一事件，那些参与其中的村民的个人说法，特别是他们的个体心理原因，也都不足以解释这一事实。

因此，笔者的研究策略并不是分析每个村民偷玉米这些孤立和分散的事件，而是要分析他们偷玉米这个整体事件。笔者认为，想要完成对偷玉米这一整体事件的解释，必须从村民千差万别的说法中抽离出"高于个人"层面的原因，或者说可以对他们的行为起到普遍作用的原因。换句话说，在偷玉米这一事件中，村民的说法与行为背后的共同逻辑是什么。这种共同的逻辑才是他们行动背后的理据，也是先于偷玉米这一事件的社会事实。在这个意义上，笔者所要寻找的解释，一定是放在四类村庄，特别是前三类村庄中都能成立的解释，而不是带有个人心理层面的说法。为了完成这项工作，笔者先将在实地调查过程中遇到的农民的说法列举出来，大致分为三类，并进一步说明每类说法都不能解释这一整体事件的原因。

在农民的解释中，第一类有代表性的说法是所谓"生存权"的说法，这种说法主要来自第一类村庄。在此，笔者列举史庄村民曾恒福的说法："（我的）地都没有了，我想喝点玉米糊糊，也没处买去，我拿他们一点怎么啦？"（访谈资料20150909YDZ）这种说法代表了第一类村庄中相当数量农民的看法，但是这种说法不能构成这一事件的解释，原因有二。其一，事实确如农民所言，他的土地被兴民农场流转了。但是在这一过程中，兴民农场支付了农民流转费——每亩地 1000 斤小麦时价的现金，这意味着契约的完整执行。因此，仅仅从合同的形式来看，兴民农场并不需要为周边村庄的农民提供玉米。其二，第一类村庄已经被全部拆迁，并搬迁到大屯镇镇区集中居住，大屯镇区距离兴民农场 3 公里以上。第一类村庄居民的定居点楼下种满了其他村庄的玉米，且从笔者观察来看，这些村庄的玉米质量明显好于兴民农场。如果村民仅仅想吃玉米的话，为何要舍近求远、舍好求次呢？基于以上两点，"生存权"这种说法并不能用于解释兴民农场的玉米失窃。在这个意义上，本章开头提出的，当地村民这种只偷农场的玉米、不偷村庄玉米的行为本身就构成了需要解释的问题。

　　第二类说法是"找补利益"或者因心里不平衡而产生报复情绪的说法。这类说法多来自前两类村庄，我们分别来看。关于"找补利益"的事实是，如果兴民农场不进行土地流转，那么前两类村庄早晚要被联华集团征地，所以很多村民会在自己的土地上提前建设大棚、钻打机井，以图将征地的收益最大化。但是兴民农场下乡使农民的愿望落空，本来可以得到的征地补偿变成了现在的流转费。在这种情况下，很多村民表达了偷玉米是"找补利益"的想法。比如，大果树村村民王德平表示，"本来我这儿有房子，（占地的话）能赔 80 多万（元）……不让我们好过，它（兴民农场）也别想好过，村里的都去拿一点（玉米）"（访谈资料 20160822PDW）。此外，对于兴民农场来流转土地，有些村民有一些不同意见，并因此与兴民农场形成了冲突。比如，来自柏庄的柏民高表示，"说是这一块要包地，我也去争取了，为什么不包给我啊？为这事儿，我心里不平气儿"（访谈资料20160624SLB）。① 还有更多类似的说法，笔者不再一一列举。从这些说法中，我们可以理解，当地村民认为兴民农场下乡影响了他们本应得到的利益，因此他们对兴民农场心怀怨恨，偷玉米是一种找补利益或者宣泄情绪的做法。但是笔者认为，这种说法依然不能构成对偷玉米的解释。因为不管是找补利益的讲法，还是怀有报复情绪而采取的行为，其实都跟土地流转这一现象有关，这无法解释为何第三类村庄的农民参与到偷玉米这一事

---

① 不平气儿，当地方言中表示不服气的状态。

件中。第三类村庄没有受到兴民农场的任何影响,村庄维持原貌,土地未被流转,从当地的规划中我们也看不到联华集团在未来十年可能会涉及第三类村庄的迹象。所以,土地流转或者征地利益都与第三类村庄毫无关系,这些村庄的农民也不存在与兴民农场竞争流转权的冲突。因此,这种说法不能用于解释这个整体事件。

第三类说法涉及当地村民的土地观念。在第一类和第二类村庄中,不少村民表达了兴民农场流转的土地是"我们自己的土地"这样的观念。比如,史庄村民李晓东认为,"我们社员想吃玉米就来这儿(兴民农场)拿,这边的地原来都是我们的"(访谈资料 20160917ALS)。从这种观念出发,农民认为土地原来属于自己,所以他们有权利去自己的土地上拿点农作物回来。笔者对他们关于土地观念的说法与他们偷玉米的行为进行了比对,发现这种说法依然不能构成偷玉米这一事件的解释。原因有两点。第一,如果我们认同农民在产权问题上有如此认识的话,那么农民的行为应该表现为只去自己原来的承包地拿玉米。但是事实却与此不同,农民偷农场的玉米不会特意考察这个地块是不是自己原来的承包地,而是哪里人少去哪里。第二,这种说法依然不能解释第三类村庄的农民偷玉米的现象,因为第三类村庄根本不涉及土地流转,兴民农场的土地跟第三类村庄不存在任何关系,他们也不可能存在类似"土地是自己的"这样的观念。所以,第三类说法也不能构成这个整体事件的解释。

总结上文,我们发现以上三类说法都不能构成对偷玉米这个整体事件的真正解释。通过实地调查,笔者发现参与偷窃的村民并不觉得自己行为过分,甚至在村内形成了暗中比试"谁拿得多谁光荣"的氛围,当与笔者谈及此事时,村民们不仅没有刻意回避或觉得羞耻,而且还有一些"应该""该当"等理直气壮的表述。在讲述自己的行为时,村民并不使用"偷窃",而是用"拿玉米""掰棒子"或在当地方言中用来表述拾穗权的"揽"等词语。笔者发现,农民之所以去兴民农场经营的土地上偷玉米,还觉得理直气壮,并不是因为农民认为兴民农场的土地是他们"自己的土地",与之相反,农民在内心深处恰恰认为这不是他们"自己的土地"。不是农民自己的土地,兴民农场流转的是谁的土地呢?笔者发现,农民的行为背后透露出这里现在是"集体的土地"。

第三节　发现集体

在对当地村民的访谈中，笔者发现，很多村民在提到兴民农场时，经常会使用"集体"、"公社"、"公家"或者"大集体"这样的词语，最常出现的词语是"集体"。比如，大果树村位于兴民农场的正南，那里的很多村民都将兴民农场称呼为"家北大集体"。类似的称呼还有"家东大集体"或者"家南大集体"。我们来看一下当地村民所谓的"集体"是何种含义？或者说，在他们的观念中，他们在什么意义上使用"集体"这个词语？

通过实地调查，笔者发现：第一，"集体"这个词语并不是当地村民用来打比方的一个修辞。换句话说，村民并不是认为兴民农场好像是"集体"的，而是说兴民农场正在经营的这块土地就是"集体"的。第二，通过不断比对农民关于"集体"的描述，笔者发现，农民口中的"集体"指的并不是类似于班集体或者村集体这样的概念。在这些概念中，集体的含义是"既不属于你，也不属于我，而是属于我们大家"。在这里，农民心中的"集体"却有着具体归属，"集体"的实质含义是高于村集体的——其含义为公社、乡镇甚至国家。

下面我们以实地调查中的几个典型案例来论证这种特殊的集体概念的发现过程。2016年8月初，笔者在大果树村与几个村民聊天，他们分别是韩群芳、王龙康和韩万钢。在询问他们各自家庭的土地流转情况时，笔者提到了兴民农场是一个私人企业，老板王辰林是来自冬安县的地产商人。这几位村民都对笔者的这种说法做出了"纠正"。

> 笔者：（咱们村的地）现在流转了给个人了，老板叫王辰林。
>
> 韩群芳：你说的不对，这可不是私人的，这是"公社"的。私人谁能有这么大的地啊？
>
> 王龙康：是啊，一个人怎么能流转那么多地呢？
>
> 韩万钢：不对不对，这个王辰林我不认识，但我知道你说的这个人，他是咱们"公社"派来看管这些地的。（访谈资料20160808DMB）

很明显，大果树村的几位村民将兴民农场的土地视为"公社"的土地，王辰林只不过是被公社雇用进行土地管理的工作人员。农民口中的"公社"来自集体化时代的印记，其具体含义是乡镇政府。此外，在 2016 年 9 月，兴民农场开始进入非常紧张的玉米看管阶段，农场主王辰林邀请了他的朋友们来农场帮他看守玉米，笔者也是其中之一。9 月 3 日，笔者与王辰林、郭伟宏以及 7 号土方的承包人杨国通前往兴民农场北部，与宿庄交界的地块值班。所谓值班，就是在附近地块巡逻，防止农民偷玉米。在巡逻的过程中，笔者与上述几人一直保持着 100 米左右的距离。宿庄的两位妇女骑车从此地路过，她们两人从王辰林等人身边经过之后的一段对话被笔者记录了下来。

　　　　妇女 1：你看你看，这些是"公社"里的人。
　　　　妇女 2："公社"又派人来看棒子了。看也没用，去年就丢了不少。

与大果树村村民的讲法类似，宿庄的这两位妇女也将兴民农场的老板视为"公社"或者乡镇政府的工作人员。除了这些访谈和对话之外，还有更为事实层面的证据也揭示了当地村民这种独特的"集体"观念。为了更好地说明这个事实层面的证据，我们先来看两个与兴民农场的土地流转并不直接相关的情况。

第一个情况，贵州湄潭实验的重要经验是"增人不增地、减人不减地"，也被称为"生不增、死不减"。这项政策 1997 年被写进了中央 1 号文件，2002 年被写进了《中华人民共和国土地承包法》（周其仁，2013：18）。这一经验体现在《中华人民共和国土地承包法》的第二十七条，即"承包期内，发包方不得调整承包地"，可以说，"生不增、死不减"是在国家层面固定下来的法律。但是在基层的实际操作中，很多村庄都会根据自身的情况，每隔一定周期，适当地微调村内的土地，并形成了当地的惯例。所以，法律意义上的"生不增、死不减"在很多村庄会被执行为合情合理而不合法的"生增死减"。这也是笔者在上述十个村庄做实地调查时经常遇到的情况。

第二个情况，相比于华南地区普遍存在的单姓村和强大的宗族组织，笔者开展实地调查的华北地区多为杂姓村，且宗族组织比较涣散，宗族势力相对薄弱，这一点已经被很多有关华北地区的研究证明（黄宗智，2000：

244）。相比于华南地区的很多村庄存在宗族的祠堂和祖坟地，笔者调查所在的这些村庄，由于是多姓杂居，一般都没有固定区域的祖坟地，从多年前的情况来看，每个宗族的祖坟地都分散在自家土地上。

合作化以及包产到户时抓阄分地，在一定程度上打乱了这一安排，随着"生增死减"的不断执行，很多村民家里的祖坟地会由于土地调整而变得不在自家的承包地上，而是在同村其他村民的承包地上。因此，当村内有老人故去之时，入土安葬不可避免地会影响到祖坟地所在的那些承包户的农业生产和收益。在实地调查过程中，笔者观察了这些村庄中几个安葬故去老人的事例，发现村庄中存在处理这类事情的惯例。在到别人家的承包地里下葬之前，故去老人的子女通常要去特意拜会这家人，双方一般会商量出一个赔偿的标准，比如，赔多少损失才可以去别人地里安葬。当然，这是两家人关系比较远的情况，如果两家关系不错，一般打声招呼、给条香烟或者吃饭请客就可以了。不能否认的是，如果存在祖坟地在别人承包地上的情况，不管是否赔偿损失，拜会、打个招呼是必不可少的步骤。

但是兴民农场下乡之后的情况是，第一类村庄，即史庄、楼庄和柏庄三个村庄的祖坟地现在全都位于兴民农场经营的土地范围之内。那么这三个村庄如果存在故去的老人，是否要拜会兴民农场的老板，并赔偿相应的农作物产量损失呢？通过实地调查，笔者发现，这三个村庄的村民在土葬故人的过程中，根本不会去和兴民农场打招呼，也没有任何赔偿的标准，都是直接入土安葬，兴民农场的农业经营也因此受到了一些影响。这一情况，可以从笔者实地调查中的两个案例来看。

2016年8月，正值玉米结穗的时节，柏庄一位柏姓的故去老人准备安葬，其家的祖坟地位于兴民农场的3号土方，这里是王福金管理的地块。安葬当天，柏庄村出动了大小车辆10余辆为老人送葬，至少有3辆车直接开到了兴民农场的玉米地里，附近的玉米全部被推倒。在这一过程中，兴民农场的王福金和王永辉都被王辰林派到了现场，以防止更大规模的损失。

对此，王辰林表示，"这已经到了玉米成熟期了，农民死了人还要往地里埋，说也不说一声，把玉米推了那就是白推，要钱那是白说。咱们能不让他们埋吗？不可能。原来村里面每家每户的时候，谁都能把损失要回来，到了我经营农场就要不来，怎么要都不给，这些东西没法控制"（访谈资料20160804LFW）。柏庄的村民为什么不去拜会兴民农场并赔偿损失呢？对此，柏庄村民柏名冈表示,"这又不是个人的(土地),这是公家的,不用说(打招呼)。公家在我们这里好几千亩地呢,踩坏了这么点地,还不就是个头发丝啊"(访谈资料20160804MGW)。

2016年9月,还有半个月的时间,就要进入玉米收割时节。宿庄的一位宿姓老人过世,其家的祖坟地位于本村张姓农户的承包地上。因为会对张家已经种植了一季的玉米造成损失,安葬之前,宿家子女上门拜会了张家,送了两条烟,说明了这一情况。张家表示理解,宿家的安葬也顺利进行。宿家为什么一定要去拜会并赔偿张家的损失呢?宿庄的村支书认为,"这是人家'户家'私有的东西,种了几个月,马上要收了,你给人家碰坏了,必须得说一声"(访谈资料20160903ZSS)。

关于柏庄和宿庄安葬故人的这种区别,笔者对宿庄的村会计宿昌林进行了访谈。

> 笔者:快收割了,这里的地怎么毁了?
>
> 宿昌林:宿家老了(死的讳称)人了,得入土。
>
> 笔者:这是宿家的祖坟地吗?
>
> 宿昌林:不是,张家的地。
>
> 笔者:给人家踩坏了,要赔偿吗?
>
> 宿昌林:得赔。
>
> 笔者:我看上个月柏庄老了人,去农场北边下葬去,怎么没赔啊?
>
> 宿昌林:这不一样啊,我们是户家跟户家的关系,那边是户家跟集体的关系。集体的东西不用赔。(访谈资料20160903SLC)

通过这两个事例,我们发现,同样是安葬故人,因为所在土地不同,当地村民表现出不同的行为。从他们对自己行为的不同解释来看,我们发现其中存在公家与户家的区别,或者说集体与私人的区别,这种区别导致当地村民出现不同的态度。从上面的事例可以看出,当地村民明显将兴民农场视为集体或者公家的,而非类似于普通村民的户家或私人的。

通过展现笔者在实地调查中发现"集体"的过程,我们了解到当地村民将兴民农场称呼为集体,但是这个集体并不是"村集体"或者"集体所有制"中集体的含义,而是国家科层体系中"公社",也就是乡镇政府的含义。我们发现，农民的观念明显不符合事实，起码与一般意义上所说的集体很不一样。如果从三权分置设计来看，兴民农场是一个产权界定清晰的经营主体，具体而言，所有权归村集体，承包权归农民，土地经营权流转给了兴民农场。明明是私人老板为进行规模经营而流转的土地，为什么在农民的观念中，却变成了"公家"的呢？是不是农民不懂得土地流转的具体含义，不懂得征地与流转的区别呢？答案是否定的。从笔者访谈过的村民来看，虽然他们在平时不一定使用"流转"这个词，但所有的村民都知道自己的土地被流转了，而且他们也非常清楚土地流转的含义。所以，有意思的问题是：为什么一个产权界定清晰的、私人老板经营的规模农场，会被当地村民认为并表述为，现在这里是集体的土地，具体归属为乡镇政府和国家了呢？这需要我们详细考察兴民农场下乡的具体过程。

第四节　集体的建构过程

一个外来的资本落地到农村去流转土地，进行规模经营，需要面对的是千家万户的小农，其中的困难不言而喻。如果资本一家一户地去谈判，不仅不太可能谈得成，即使能够成功也必然花费非常多的时间和精力，所以很多工商资本去一个村内流转土地，首先需要和村"两委"搞好关系，由村"两委"出面协调流转事宜。但是兴民农场的情况更为复杂，流转的土地不是一个村的，而是涉及7个村庄。其中的困难更大，也需要借助更高层级的政府，即乡镇政府。所以，从这个方面看，下乡资本流转土地需要依赖地方政府。

另一个问题是乡镇政府有没有动力为兴民农场流转土地提供帮助呢？通过前文的背景介绍，我们知道，兴民农场就是大屯镇政府为了解决联华集团征地的问题，减弱乡镇政府的治理困难成立的。而且，在当年上级政府对大屯镇工作的考核范围内，还有"土地流转率"的考核指标。从这两个方面看，工商资本想要顺利地流转土地，必须要借助地方政府的力量，而且地方政府也有意愿去帮助工商资本完成这件事情，以解决自身的治理困境。这本身无可厚非，但是问题的关键出在了工商资本在下乡的过程中"过多"地借助了地方政府的力量。换句话说，在兴民农场下乡的过程中，大屯镇政府参与过多。

我们先从当地村民的视角来感受一下当年土地流转的过程。乡镇政府为了快速完成土地流转，使用了很多工作方法，我们将四类村庄中农民的说法作为证据。第一类村庄中，楼庄村民王淑兰说，"不知道什么原因，2013年还种着棒子呢，上面就来了通知了，谁也不能种麦子，要把我们庄拆掉，土地都流转出去"（访谈资料20160804SLW）。第二类村庄中，大果树村村民韩群芳说，"我们家不想流转，来做工作的时候我们就扛着，他（政府工作人员）吓唬我们，不给这不给那的，我们也不在乎。后来我们孙子回来了，说被单位开除了（被联华集团停职），领导让他回家反省反省，土地流转到底好不好。不想流转也不行，不能让我们孩子没工作了啊"（访谈资料20160822QFH）。第三类村庄中，姜村村民姜玉双也支持韩群芳的说法，"听说那几个村，很多小孩都让联华集团停职了。当时场面搞得很大，镇上专门成立了指挥部，现场指挥，好几个领导都来了。镇上来人之后就要（我们）签字，很着急"（访谈资料20160829YSJ）。除此之外，作为旁观者的第四类村庄的村民的话也可以作为证明，索庄卫生室的大夫索庆友说，"我听我亲戚说，那边几个村的老人看病，都不给报销了，'公社'给村里面施压，谁家土地不流转，报销就给拖着"（访谈资料20160820YQF）。从以上四个村庄村民的不同说法中，我们发现，乡镇政府确实使用了一些比较强硬的工作方法，运动式地达成了数千亩土地的流转。从这些访谈中，我们发现，很多村民对兴民农场下乡这件事情的印象是"心理上没准备或不情愿""进程很快""规模很大""有强制力"。以上是村民的视角，我们再从当地政府的视角来看土地流转的过程。

我们使用的材料是，大屯镇政府的工作总结和媒体报道。从一份有关兴民农场流转土地的政府工作总结中，笔者看到，"（2012年）6月10日，正式确定三村搬迁和万亩土地流转这项重点工作后，全镇108名在岗干部全部递交了慷慨激昂的请战书……在人人递交请战书的基础上，经过反复删选，6月22日，确定38名同志组成'重点项目推进指挥部'，由镇长任总指挥，党委副书记、纪委书记任副总指挥，9名科级干部、7名管区书记为精干力量。指挥部发扬特别能吃苦、特别能战斗的精神，冒着38度的高温，进行宣传和测绘工作，有的同志因此中暑，有的同志的衣服湿了又干、干了又湿，有的同志从地里出来，鞋里都可以倒出汗水……经过多渠道、多层面的宣传，土地流转政策家喻户晓，解除了老百姓心里的顾虑，群众纷纷认识到土地流转的好处。仅用 7 天，指挥部发放'明白纸'6000 余份，仅用 7 天，与 7 个村庄的 1170 户农民签署了委托书……土地测绘工作仅用 39 天全部完成，土地流转工作取得圆满成功"。在当地媒体的报道中，这次土地流转也被当作全市的政绩多次宣传，其中"强势推进""万亩流转""自愿率 100％"等是这些报道中的常见词。这些报告和报道让我们在体验到基层政府工作人员辛苦的同时也感受到土地流转的运动式氛围。

从以上两段材料中，我们发现，虽然当地村民的说法和政府的报道相当不一致，但无论是从哪种视角出发，有一点是共同的，即在大屯镇政府的帮助下，兴民农场在很短的时间内就完成了多达数千亩土地的流转。这种夹杂着很多村民不自愿情绪在里面的、"疾风暴雨"式的运动给这几个村庄的村民，特别是村里的老人造成的直接影响是，他们将土地流转与集体化的历史联系了起来。在实地调查过程中，笔者发现，村中的很多老人在谈到几年前的土地流转时，都会讲述从"单干"到"合作化"这段历史。

笔者：您讲讲前两年这个土地流转怎么搞的啊？

于云飞：就是本来"单干"着呢，一家一户的，现在把地拢起来，不让你"单干"了。

笔者：为什么不让"单干"了？

于云飞：闹不清……地都拢起来给了公社了，生产资料也归了集体了，大家都吃大锅饭去。

笔者：当年的"单干"是怎么变成集体的？

于云飞：一下子的事儿。毛主席去哪里视察去，说"人民公社好"，大广播就广播了。最新指示一下来，第二天咱们这就宣布成立人民公社了。（访谈资料 20160824GYY）

笔者：现在家里还种地吗？

王芳新：我们小队里都没有了，都归了集体了。

笔者：也不是集体，听说是个私人企业。

王芳新：我也说不明白，反正就是"充了公了"。

笔者：怎么叫"充了公了"？

　　王芳新：一开始我们这里都是"单干"（土地改革到合作化运动之前），后来"集体"都给我们收回去了（合作化运动）。后来又分给我们"单干"（包产到户），这不又收回去了。

　　笔者：您的意思说这是循环的？

　　王芳新：对。（访谈资料20160828FXW）

　　类似的访谈还有一些。从这些访谈中，我们发现，带有村民不自愿情绪在里面的、政府强制推行的土地流转过程，激活了他们集体记忆中有关合作化和人民公社的历史。就像当年疾风暴雨式的合作化运动一样，当下这种快速完成数千亩土地的流转过程以及政府的工作方式，让当地村民觉得流转后的兴民农场就是当年的大集体。在他们的观念中，他们的承包地就像当年一样，被政府"收走了""充了公"。因此，在这个意义上，我们可以理解为什么一个私人经营的农场会被农民称为公社或者集体。有趣的是，随着时间的推移，兴民农场成立后的生产经营活动和安排强化了当地村民的这种观念。

　　第一，合同的形式。在理想情况下，土地流转涉及资本和农民两个主体，从合同的形式来看，应该是两方合同。合同的执行过程为，农民将土地出租给兴民农场，兴民农场支付给农民流转费。但是在兴民农场下乡的过程中，因为政府的参与，当地很多村民形成了一种误解，即他们认为这是一个三方合同，具体表现是政府先把农民的土地收走了，然后又招聘了一个老板来对土地进行管理。所以，很多农民直接忽略了政府"出租"土地的过程，并认为他们跟兴民农场的农场老板王辰林没什么关系，反而是跟国家有关系，因为土地是被国家收走的。

　　所以，从不严格的意义上说，资本下乡后企业与农民的关系被转化为国家与农民的关系。农民并非不能理解土地流转的含义，只是在政府强力推行下的土地流转让他们只注意到了这个强大的主体，而相对忽视了企业。这个因素是上文所言政府"过多"参与的直接后果。

　　第二，流转费的分配。正如资本没有能力直接从千家万户的小农手中去流转土地一样，兴民农场也没有时间、精力和能力去给农民一家一户地直接发放流转费。在兴民农场经营的第一年，王辰林将每个村的流转费直接汇入村级账户，由村集体按照土地流转面积逐户分配。在兴民农场经营的第二年，制度建设更加完善，每个农民都有一张银行卡，兴民农场将流转费汇入乡镇的财务所，由乡镇财务所将钱转入农民的个人账户，农民自行取钱。但是这种制度安排，即由乡镇政府出面给农民汇钱，农民去银行取钱，更让很多农民觉得他们确实是在与国家发生关系，而非那个不知道叫什么名字的老板。

> 笔者：去哪儿啊？
>
> 柏力达：镇上。
>
> 笔者：干吗去啊？
>
> 柏力达：要钱去。
>
> 笔者：什么钱啊？
>
> 柏利达：地钱。
>
> 笔者：家里的地呢？
>
> 柏力达：咱那地让公社给咱收走了，给咱两个钱儿。（访谈资料20160830LDB）

这段对话是笔者与柏庄村民柏力达打招呼的情形。上文已述，柏庄是被整村拆迁上楼的情况，所以我们可以确定，柏力达所说的"地钱"就是因为兴民农场流转而产生的流转费，柏力达的土地也一定是被兴民农场流转了。但是在柏力达的表述中，他觉得需要去跟政府要钱，因为自己的土地是被乡镇政府收回了。这种流转费的分配形式，让不少当地村民都认为他们是在与国家以及政府发生互动。除了流转土地前政府的参与以及流转土地后流转费的分配形式，兴民农场经营之后的状况也在不断地强化着村民的观念。

第三，下雨放水的案例。华北地区一年的降水主要分布在夏秋时节，特别是夏天，华北平原经常有暴雨。暴雨对玉米的生长有较大影响，用村民的话说，他们特别怕"玉米给泡坏了"。所以每逢暴雨，当地村民总是不顾雨量大小，前往自己的承包地开沟排水。当这些村民，特别是第三类村庄的村民，即那些和兴民农场"搭界"村庄的村民冒着大雨排水的时候，他们也在观察兴民农场的举动。来自宿庄、姜村、大果树村的很多村民都表示，雨大的时候从未见兴民农场的工作人员来排水，而且他们开沟的方式在当地村民看起来像是在应付公事。

> 宿蒙克：玉米怕水泡，跟人一样，泡了就浑身没劲，结不了多少穗。一下雨就要放水，得赶紧，特别是谁家的地要是低，更得快。放水不能管雨下得大不大，越大越要放，最好把沟子掘得大一点，这样快。这边这个"大集体"，雨大的时候谁也不来（放水），都是雨小的时候来，就跟原来公社里上工一样，弄开一个小口子，淌着水。
>
> 笔者：他们为什么不来啊？不怕玉米被泡了啊？
>
> 宿蒙克：又不是个人的，泡了就泡了，泡了也是集体的。（访谈资料20160903MKS）

从这段访谈中，我们发现虽然第三类村庄并不涉及兴民农场的土地流转，但是从他们的观察出发，如果对自己的土地没有责任心，劳动不积极，就像"公社上工"一样，只能证明这不是自己的土地。再联系到周边村庄的村民经历了政府成立指挥部"收回"土地的过程，他们更觉得这里的经营状况就像原来的"公社"一样。

第四，谁家玉米好的案例。因为品种的不同、种植时间的滞后以及管理水平的差异，兴民农场的玉米与大果树村的玉米相比，让人感觉"长得不好"。2016年，笔者在大果树村实地调查期间，在这个问题上，遇到了村民王德平的追问。

> 王德平：你也去农场看过，我问问你，它和咱们家比，谁家的玉米好啊？
>
> 笔者：当然是咱们家的玉米好。
>
> 王德平：知道为什么吗？
>
> 笔者：不是很清楚，您给说说。
>
> 王德平：有个顺口溜你可能不知道。叫"包工郎当（当地方言"吊儿郎当"的简称，表示做事情态度散漫，不严肃、不认真）日工磨，自留地里出好活"。说的就是这个意思，咱们现在是"自留地"，那边是"大集体"。
>
> 笔者：这句话是什么意思啊？

王德平：就是集体地上的东西不好，自留地里的东西好。原来在集体干活，有个诀窍，号子要喊得响。比如说，咱们都去锄地，锄头抡起来，你要喊"多快好省啊"，落下去的时候你就喊"社会主义好"，落下去的时候你别使劲，让锄头自己落，用锄头再拉一下土，号子喊响一点。当时都这样，日工都在那儿磨（洋工），地里东西就不行。（访谈资料20160822PDW）

我们发现，王德平认为兴民农场的玉米长得不好是因为那里都是"包工"和"日工"，他们耕种的不是自己的土地，这反映在玉米长势中就是村庄的玉米好于"集体"的玉米。当然，从事实出发，村内的土地也不是自留地，但是我们从当地村民的观念出发，与资本下乡建设规模农场相比，他们明显将自己的承包地视为"自留地"。

除此之外，还有很多类似的事例也在强化村民的集体观念。比如，在当地村民偷玉米的时候，乡镇政府会派工作人员来帮助兴民农场看守，派出所也会出动警力。这些行为与事件造成的客观后果，使兴民农场不断以公社或集体的面貌出现在当地村民面前。

对于生活在特定年代的人来说，存在一些令他们的生命历程和生活境遇发生改变的关键事件，他们对生活的解释和周围世界的认知也会受到这些事件的影响（朱晓阳，2011；张浩，2013）。我们发现，当这些类似事件或者景象再次出现的时候，同样会再现农民的观念。当国家意义上的"集体"出面将农民的承包地"收回"之后，农民关于这片土地属于集体的观念就开始形成，兴民农场下乡后，合同的形式、流转费的分配方式以及经营状况又不断强化了他们关于土地的"集体想象"，这就是他们在观念中建构"集体"的过程。在这个意义上，我们可以理解当笔者问起土地流转时，当地村民那些看似错乱时间的回答，并不是他们的时间定位出了问题或者不理解土地流转的含义，而是他们在表达自己与这块被流转土地之间的关系。

有趣之处还在于当地村民对资本下乡的理解。当地村民并非不知道土地流转的含义，也并非不知道自己的土地被流转了，甚至我们可以说他们其实知道兴民农场绝对不是历史上曾经出现的那个"集体"，但是他们在观念和表述中依然把兴民农场的土地视为国家的。这一方面是因为地方政府介入过深，以致原本是企业付出流转费租赁农民承包地的企业与农民关系，被当地村民理解成国家与农民关系，即国家先"收回"土地，再找人来经营。另一方面则与农民看待土地所有权的复杂心态有关，这种心态与农民在面对集体化与征地时的心态非常类似，即他们在内心深处认可土地属于国家（折晓叶，2008；张浩，2013）。

当地村民不仅将兴民农场流转的土地视为集体、公家的，而且他们认为自己去这块土地上"拿玉米"是理所应当的，用他们的话说，"公家的玉米就是该拿"。那么，农民话语中的这种"正义观"源于何处？难道集体、公家的东西就该理直气壮地去拿吗？

第五节 农民的正义

上文的分析已经在一定程度上回答了本章提出的经验问题，即为什么资本下乡之前，村内很少出现偷玉米的现象，但是资本下乡之后，村民却偷农场的玉米。我们发现，当地村民出现如此"反差"行为的原因是，他们将下乡资本视为集体和公家。这确实反映了农民观念之中的"道理"，但无论是从法律还是从道德的意义出发，这个"道理"明显违法且不光彩，难道集体的东西就可以理直气壮地据为己有吗？

通过实地调查，笔者发现，很多村民对偷窃集体的东西并没有特别的顾虑，谈及此事也不是遮遮掩掩，反而他们的话语中充满了"应该""该当"的意味。

笔者：为什么咱们村的好多人去农场拿棒子啊？

谷保国：就该拿它的，要不拿谁的啊？

笔者：为什么呢？

谷保国：因为那是公家的。（访谈资料20160805DSZ）

笔者：为什么村里不丢棒子，农场丢棒子啊？

张沛山：让你去拿，你拿集体的还是拿个人的啊？肯定拿"集体"的啊。

笔者：就是因为农场是"集体"？

张沛山：集体面积大，每年收这么多棒子，拿一点是应该的。（访谈资料20160903PSS）

从上面的访谈中，我们发现，农民对自己偷玉米行为的解释充满了正当性。更加重要的问题是，他们心中的"就该""应该"到底意味着什么？为什么"集体的东西就是该拿"？这是"当地村民将兴民农场视为'集体'所以去偷玉米"这个结论所不能解答的问题。换句话说，当地村民将兴民农场视为"集体"只是当地村民心中"道理"的一个方面，即这个道理是什么。还有另外一个方面的内容需要解答，即这个道理的"正当性"或者"正确性"来自何处。

笔者发现，当地村民"道理"的正当性需要回溯到历史的传统中去寻找，很多当地村民在谈及兴民农场丢失玉米的时候，再次回想到了他们自己在人民公社时期曾经偷窃"集体"的经历。

笔者：为什么大农场丢了这么多玉米啊？

宿昌林：为什么？就跟过去偷集体一样啊。

笔者：那时候大家也都去拿吗？

宿昌林：拿，那时候的麦子跟不上现在，你看现在麦子一打就是1000斤，棒子1000斤。那时候（产量）低，不好的时候百十斤，多的时候300斤。吃不上饭啊，真到了吃不上了，你不去偷啊？要偷就偷集体的。

笔者：为什么？

宿昌林：集体大啊。（访谈资料20160905SLC）

笔者：为什么咱们村的都去农场拿玉米啊？

于云飞：就是这样，原来大家还都去公社拿呢。

笔者：当时都是谁去啊？

于云飞：村里的男的都去过，也偷自己公社的，也去偷别的公社的。别的公社也来咱们这儿偷，咱们也组织民兵看着。

笔者：为什么都去偷公社啊？

于云飞：这事长了，1947年的时候还没有大队小队呢，纯单干。

后来土改，打倒地主，把地主的地都分给贫下中农……全部的地都归了公社了，就搞"大跃进"。那年本来玉米都熟了，公社不让收，非要第二天抢种麦子，玉米都坏在地里了，所以那年都挨饿了。人总得吃饭啊，你们没挨过饿，不知道……自留地一开始也没有，挨饿之后才有了自留地。自留地的东西谁也不动，大家都去偷公社的。（访谈资料20160824GYY）

根据上面的两段访谈，我们可以发现，每当谈到去兴民农场偷玉米的原因时，当地村民就会引入人民公社时期的解释，即当时我们是去偷集体的。当我们继续问为什么要去偷集体或者公社时，他们会引用一套在当时的历史条件下比偷窃更高的逻辑，即生存和吃饭的逻辑来对抗偷窃集体的逻辑。在当地村民的观念中，甚至我们可以说，在所有人的观念中，生存的伦理都具有最高的正当性。这种说法能否在第四类村庄得到验证呢？我们从作为旁观者的第四类村庄村民的视角来看看。

　　笔者：听说联华集团那边的大农场，经常丢棒子。

　　索庆友：有这事。

　　笔者：怎么回事呢？周围的村民都去那儿拿棒子？

　　索庆友：很正常，它是集体，周边县里的都开着车来偷……听老人说，公社的时候就这样，他们都去偷公社的东西。

　　笔者：为什么还偷自己公社的啊？

　　索庆友：当时有句话叫"十个社员九个贼，谁不偷吃饿死谁"，都知道这句话，你不偷吃你就得挨饿。（访谈资料20160820YQF）

作为旁观者的村庄展现的同样是生存逻辑，即不偷吃就要挨饿。低产的记忆、挨饿的恐惧以及生存的逻辑，都是高于偷窃集体的伦理，农民认为"集体的东西可以拿"的正当性也源于此。通过以上来自三类村庄的论据，我们可以总结当地村民关于"集体的东西可以拿"的说法背后隐藏着正当性。笔者访谈过的很多当地村民都有曾去公社土地上偷窃粮食的经历，这个经历的出现有其历史特殊性，比如当时粮食产量低下等。值得注意的是，当下并非历史，早已过了产量低下、为吃饱肚子而发愁的年代，村民依然援引过去的伦理来解释当下，这说明他们对历史的理解以及关于正义的认知在心中保留了下来，穿越了时间，也传递给了别人，塑造了没有经历过集体化的村庄成员的态度，构成了当下行为的正当性来源。

除了生存伦理之外，关于农业集体化时期"倒欠户"的研究发现，生产队和合作社不仅是生产组织，而且是模糊了"家"与"公家"界限的类"家"的存在，农民将其视为"大家"，"亲亲"的伦理在其中发挥了作用（孟庆延，2012）。因此，去集体、公家拿东西的合法性除了与集体化的历史相关，还深植于中国传统的家庭伦理和家国关系之中。这特别体现在农民如何看待"小家"与"大家"的关系上，国家作为"大家"有照顾众多"小家"之责任（周飞舟，2021a）。

至此，我们可以完整地回答本章提出的经验问题。关于农场的玉米失窃，首先是过多借助政府力量的流转过程以及下乡之后的经营状况，使当地村民在观念中将兴民农场经营的那块土地构建为"集体"和"公家"的。其次，数十年前偷窃集体的正当性，在村民心中保留了下来，当一个另类的集体再次出现时，他们的行为也表现出类似当年的理所应当。更重要的是，当地村民在意识层面存留的集体观念，相比于他们的个人心理，更能成为解释兴民农场玉米失窃这个整体事件的社会事实，也是我们提出的、放在四类村庄都可以成立的高于个人的解释。

值得注意的是，当地村民诉说的这些道理及其背后的正当性并不是他们为了开脱自己违法行为的托词，这从村庄及农场的反映可以得到证实。首先，当地村庄中有着大批不去偷窃兴民农场玉米的农民，但不去偷玉米的农民，并不能证明实施偷窃的那些农民的想法和"道理"就是错误的。相反，他们作为旁观者虽未参与，却也认同"拿玉米"的这套逻辑，谈及偷玉米的本村人，他们讲述的同样是合作化的历史。换句话说，本章想要强调的绝对不是一个笼罩性的法则，即"只要是集体的就可以拿"或者"所有村民都可以去偷集体"。我们想要强调的是，一旦具备了再造集体的契机和条件，村民偷窃集体的行为就存在发生的可能性，支配当地村民行为的是上述的道理和正义。

其次，作为偷窃对象的兴民农场对此也表示"理解"，我们以一个案例来进行说明。2016年小麦刚刚收割完，兴民农场就开始抢种玉米。我们在"机手与麦客"一章中已经介绍了种玉米使用的是免耕播种机，由王辰林的亲戚朋友驾驶拖拉机进行播种。但承包人一般也要带上几个人与机手配合，他们在机手播种的间隙为免耕播种机添加化肥、种子。化肥由兴民农场分配，王辰林会根据每个承包人的土方面积，提供相应的化肥，当时的化肥用量大概是一亩地一袋化肥（约为80斤）。在这个阶段，大量化肥堆放于路边，笔者当时在兴民农场的8号土方，也就是王福生负责的地块（面积为207亩）为他搬运化肥。有趣的事情发生在我们为免耕播种机添化肥的过程中，宿庄的一位村民驾驶电动三轮车从此地经过，看到地上堆放的化肥，提出要以低价购买，以下是这位村民与王福生的对话。

> 宿庄村民：化肥给我弄两袋子，我给你20块钱。
>
> 王福生：你这么说，怎么不去抢银行啊？这不是你的东西。
>
> 宿庄村民：这也不是你的东西，你又没花钱。你把它卖了，钱可是你的，咱俩都沾点光。（访谈资料20160708FSW）

拒绝了宿庄村民后，王福生对笔者表示，"我跟辰林多少年的关系了，他可以不让我在这里包地了，但是我不能干这事，这是偷。他（宿庄村民）这么说，可能觉得咱们是'大集体'，反正集体的东西也没个数，我这200亩地，别说少2袋，就是少20袋也看不出来"（访谈资料20160708FSW）。1袋化肥的时价为80元左右，但是这位村民提出两袋化肥的交易价格为20元。很明显，他在观念中也将兴民农场视为类似于公社那样的集体，所以才会提出这种看似两方沾光，但是集体吃亏的要求。而王福生虽然是来自外地的、兴民农场的承包人，但他作为一个农民，对此事的理解，完全符合当地村民在讲述自己"拿玉米"时的行动逻辑。因此，在兴民农场的玉米失窃事件中，实施偷窃的村民、作为旁观者的村民和被偷的农场分包人均认同一个逻辑，说明这一逻辑并非借口。

第六节　本章小结

本章从兴民农场下乡从事农业经营之后，其农作物被周边村民偷窃这一整体事件出发，对当地村民的行为本身做出了描述，对行为背后的道理做出了解释。通过实地调查，我们发现，当地村民行为背后的道理分为两个层面。第一，在土地流转过程中，政府在短时间内的强力推动，数千亩土地归为一家大农场的景观，以及在形式上类似于公社的规模经营形式，让周围的村民将下乡资本视为集体和公家。当然，村民并非不明白土地流转的含义，但是在他们的观念中，他们将兴民农场经营的土地视为集体的土地，所以也以对待集体的态度对待兴民农场。第二，当地村民的集体观念反映在行为上，就是周边不少村民理直气壮地参与到偷窃兴民农场的玉米这一行动中。最有趣的是，从村民的观念出发，"集体的东西可以拿"这种理所应当的想法背后有着无可辩驳的正当性，这种正当性来源于数十年前挨饿的经历以及生存的逻辑。在偷窃集体面前，生存逻辑是一种更高的伦理。虽然那些经历有其历史原因，但是当地村民心中的道理却穿越了时间，保存了下来，在某些契机下，这种道理再次"复活"。

从更加现实的意义上看，资本下乡其实是到达了一群有着特定面目的农民中间，这些农民的面目受到一段特殊历史的"雕刻"，他们具有的集体观念也镶嵌于社会主义的传统之中。在这些因素的影响下，兴民农场虽然并不是严格意义上的、历史上曾经出现的集体和公社，却背了那个集体概念的"黑锅"，当地村民充满了对兴民农场的集体想象和国家想象。从这个意义上看，资本并没有成功下乡，因为仅从当地村民的观念来说，它并未被村民正确认识。

从本书的结构来看，本章是进入外来资本与乡土社会这种结构性关系分析的第一章。承接上三章的分析，资本的外来性引致了资本下乡的困境，更加具体地说，本章揭示了外来性的部分作用机制。资本和集体都并非乡土社会内生，对于乡土社会的农民来说，二者的共同点是它们都是"没有面目"、非常抽象且外在于乡土社会的存在。换言之，对于兴民农场的到来，周边村民本来就没有明确的认识，特别是当兴民农场在政府强力推动下流转了当地村民的土地，忽然以一个强大的存在出现在他们面前时，更突显了它本身没有面目的特点，也强化了它的外来性。更准确地说，当地村民知道兴民农场不是集体，却又在观念上将它建构为集体，以对待集体的态度与它进行交往。这种因外来性而导致的集体面目，给兴民农场的具体经营造成了直接影响。这就是本书对当地村民理直气壮地去偷窃兴民农场的玉米进行解释的第一个理据，也是他们行为背后的道理之一。

第七章
内外有别

我们在第六章中提出的经验问题是：为什么在资本下乡之前，村庄内很少出现这种偷玉米的现象，但是当环境和条件发生变化后，当地村民却偷窃兴民农场的玉米？根据第六章对当地村民心中道理的分析，我们得出的结论是，当地村民之所以偷兴民农场的玉米，是因为兴民农场在流转土地过程中过多借助了政府的力量，使当地村民将兴民农场视为集体的，并以对待集体的态度与之相处。而且这种上溯数十年前历史的集体观念在当地村民心中很有正当性。

虽然周边很多村民都将兴民农场视为集体和公家的，但这并不能代表所有村民的唯一观念。换言之，这种结论的缺陷在于，它会让人对当地村民的产权观念产生刻板印象，即当地村民只偷集体的，不偷私人的；只偷公家的，不偷有主的。如果我们认同当地村民在公有产权和私有产权上有如此观念的话，那么我们应该如何解释在这些村庄中发生的、与集体没有任何关系，明显针对私人的偷窃行为呢？我们来看看兴民农场流转土地涉及的一个村庄——许庄——发生的故事。①

2016 年 8 月，一个来自新关区大水坑镇的商贩租赁了大屯镇许庄道路旁的一个商铺，准备在这里做家电生意。为了迎接新店开张，他雇用了一

---

① 第六章已经介绍，许庄属于四类村庄中的第二类，即村庄的大部分耕地流转给了兴民农场，村庄维持原貌。值得注意的是，许庄距离大屯镇区非常近，许庄的一条道路已经被商业化开发了，临街遍布做生意的底商。

个包工头带领的建筑队，对租赁的商铺进行改造和装修。这个建筑队也遇到了很多难以摆平的事情，用包工头的话说，"（这里的村民）整天给我们找事儿，动不动就让我们停工，今天说有噪声，要给我们拉闸停电，明天又偷了我们的沙子水泥拉回家用"（访谈资料20160817RZW）。

从许庄的故事可以发现，商贩和建筑队也遭遇了与兴民农场类似的社会性问题。但无论是来自大水坑镇的商贩，还是包工头的建筑队，都不是第六章中当地村民理解的集体和公家，建筑材料明显是有主的财产。商贩和建筑队为什么也遭遇了此类问题？面对这种情况，第六章关于当地村民集体观念的结论已经不能用来解释这些问题了。

从另外一个方面看，第六章中展现的集体观念可能只代表当地村民中的一类人对资本下乡的看法，并不表示当地所有村民都是这样思考问题的。更确切地说，这只是代表了他们观念中的一部分内容。在实地调查期间，笔者访问过周边村中一些中青年村民，他们当中的有些人非常清楚兴民农场的来龙去脉，明确知道这个企业就是私人的，而不是集体的。我们再使用集体观念去理解和解释他们的行为就显得既不合适也不足够了。因此，当地村民偷玉米背后的道理需要从另外一个层面进行补充。

正如本书的文献综述部分展示的那样，兴民农场和大水坑镇商贩的这类遭遇，明显属于外来者困境。对这种困境比较常见的解释是农民素质低，这是笔者在实地调查过程中政府官员和村庄权威的一致说法。比如，笔者曾就这个经验问题与大屯镇党委书记王宝臣、史庄村村委会主任史传维进行交谈，他们的看法比较一致。王宝臣认为，"老社员觉悟低，拿着根木棍儿也当值钱的东西"（访谈资料20160727SJS）；史传维认为，"老农民没素质，什么东西都往自己家里搬，谁还嫌自己家里东西多啊"（访谈资料20160618LS2）。总的来看，这些说法共同指向的是当地村民素质低、唯利是图。

前文已述，笔者认为如果将原因归结为素质和人品，则研究无法继续向前推进。因为这些解释并非当事人以及现场观众诉说的道理。所以，笔者认为应该努力呈现当地村民的道理，而不是站在外来者的角度以几个词语来概括他们。在实地调查过程中，笔者发现当地村民的行为并不全然表现为政府官员和村庄权威描述的那样。

第一节　农民的误解

兴民农场的玉米失窃多发生在农场的边界地区，特别是与村庄搭界的地方。北部地块中的 7 号土方处在与宿庄和姜村相邻的位置，是失窃事件发生较频繁、损失较大的地区。关于三者的相对位置，具体参见图 7-1。

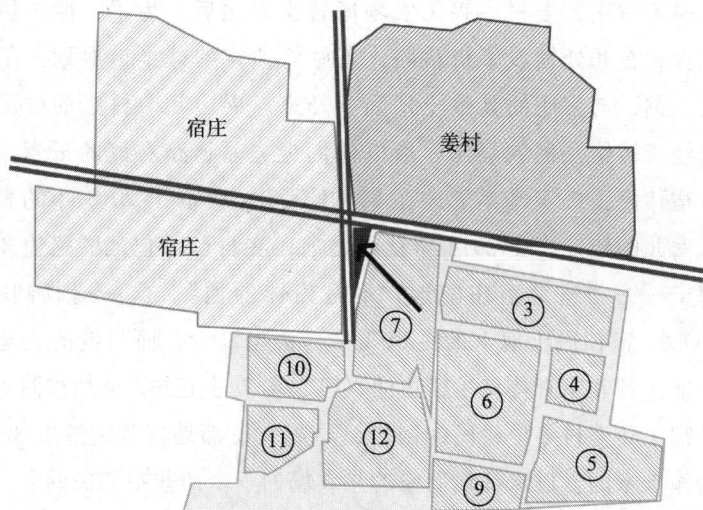

图 7-1　宿庄、姜村与兴民农场的相对位置

绘制者：叶昱。

如图 7-1 所示，7 号土方位于兴民农场的最北部，其正北部为姜村，西部和西北部为宿庄。中间相交的黑色线条为兴民农场铺设的机耕路，此路通行后，经常有附近几个村的村民往来于此。箭头指向的一块三角形土地，面积大约为半亩，这块土地属于宿庄村民宿伟民。这块土地与 7 号土方同属一个地块，中间没有道路，只有一条田埂相隔，且与宿庄的其他土地隔路相望。从相对位置看，宿伟民的地正好处于宿庄、姜村和兴民农场三方土地的交界处。

有趣的故事发生在兴民农场下乡经营的第一个生产年内。2013 年秋收之前，宿伟民沿路边的土地上玉米开始丢失，在临近收割的时候，这块地上的玉米几乎全部失窃，这让他十分苦恼，用他的话说，"我们家就是有再多人也没法白天黑夜地看着"（访谈资料 20160831WMS）。通过对宿伟民访

151

谈，我们得知兴民农场下乡之前，他家的玉米很少丢失，即便发生此类现象，数量也极少，通常为三五穗，像这种半亩地被偷光的情况非常罕见。与此同时，兴民农场的 7 号土方也大量失窃。但是宿庄和姜村的玉米几乎没有出现丢失的情况。

通过与周边村民聊天，宿伟民发现自己家玉米大量丢失的原因与兴民农场铺设机耕路存在关系。① 兴民农场流转土地之前，此处为一片整块的农田，分别属于宿庄和姜村。兴民农场流转土地之后，为了方便机械化收割和运输粮食，在此处铺设了机耕路，正好将他家的这半亩地划入了靠近兴民农场的一侧，与宿庄的其他土地隔离开来。周边几个村庄的村民都以为这块地已经流转给兴民农场了，所以他们也去偷道路右侧的玉米。从这个意义上，宿伟民丢失玉米是"吃了集体的亏"。吸取了 2013 年的教训，宿伟民听从女儿的建议，在 2014 年秋收之前，在自己承包地的路边树上挂了一块大牌子——"这是宿庄的地，不是集体的地"。这一招收到了奇效，2014 年秋收，宿伟民土地上的玉米几乎一穗也没少，而与他的土地仅仅相隔一条田埂，且并不直接位于路边的兴民农场 7 号土方，依然被附近村民偷窃。根据宿庄和姜村多位村民的回忆，周边农民都是特意钻进去 30 多米之后才开始偷玉米的，以保证他们偷的是农场的玉米而非宿伟民的。

这个案例本身有很多值得分析的内容。首先，这个案例证明了第六章结论的合理性。在三方土地交界的案例中，宿伟民土地上的玉米在 2013 年被大量偷窃，但是在 2014 年几乎一穗不少，这是因为他挂了一个牌子，上面标明这块土地上的作物并非属于集体，而是属于宿庄的某个村民。与此同时，与这块土地相隔一条田埂的 7 号土方在两年内都被大量偷窃。这说明当地农民对集体财产和私人的财产有着明确的区分。

其次，一块土地上的作物在两年内完全不同的遭遇也从事实上反驳了有些政府官员和村庄权威关于当地村民"觉悟低""素质差"甚至唯利是图的讲法。如果我们认为当地村民唯利是图，为什么宿伟民挂了一块牌子，说明此地不属于集体就可以起到防止偷窃的作用呢？这明显反映出，当地村民在心中有自己的道义和是非观念，他们对哪些东西能拿、哪些东西不

---

① 此处的周边村民不仅仅是宿庄和姜村村民，还包括位于这两个村庄更北部的冯村、常庄、吕庄等几个村庄的村民。

能拿有自己的判断，而不是一味地占小便宜。

最后，与兴民农场的 7 号土方大量玉米失窃形成对比的是，同样是靠近道路，但是宿庄和姜村的玉米几乎一穗不丢。根据图 7 - 1，两条机耕路形成的十字交汇将这片土地分成了四块，分别属于宿庄、姜村和兴民农场。值得说明的是，7 号土方的正北部，与之一路之隔的姜村土地是当地种植大户姜中水从本村流转而来的，在几年的经营中，他的玉米也在收割时节得到完好保存。那么问题在于，种植大户和兴民农场的土地相隔不到 10 米，且同样是以流转土地的方式进行规模经营，为什么姜村种植大户的玉米就从未丢失呢？在这一章，我们将对姜中水的家庭农场和兴民农场进行对比研究，以不同于集体观念的内容来进行论述。

第二节　种植大户姜中水的看管实践

在分析姜中水的看管实践之前，我们先来看一下姜中水的个人生活史以及他的家庭农场。姜中水，1969 年生于姜村，小学毕业之后辍学在家。1985 年，他开始跟随姜村的建筑队学习修筑房屋。1987 年，大兴安岭火灾之后，他跟随姜村的建筑队前往大兴安岭地区援助建房。直到 2000 年之前，他一直跟随建筑队在全国各地承接建筑工程。2000 年，他流转了姜村村集体的 15 亩土地，但因为村集体的土地另有他用，姜中水的土地流转只持续了两年。2002 年，他成立了自己的建筑队，并一直工作到 2012 年。从 2012 年开始，他脱离建筑行业，开始在村中流转土地，建立自己的家庭农场并兼营化肥和农药。到 2016 年笔者在姜村调查时，姜中水的家庭农场面积扩大到 62 亩。

从土地来源看，姜中水现在经营的 62 亩土地中，其中有 2 亩来自村集体，56 亩来自姜村的其他农户，4 亩为自家承包地。从地块分布来看，62 亩土地共分为 9 块，大致分布在姜村的东部、北部以及上文所讲述的三方土地交界的地区。从土地面积来看，9 块地中，最大的一块 20 亩，位于三方土地交界处的那一块为 5 亩左右。从土地流转费来看，2 亩村集体土地的流转费为每亩 900 元，56 亩家户农地的流转费为每亩 600 元，农业三项补贴还是属于拥有承包权的农民，并不发放给姜中水。从种植结构来看，2 亩村集体的土地被姜中水用来种植朝天椒，剩余的 60 亩土地种植小麦和玉米。

从成本收益看，以 2014～2015 生产年来看，每亩朝天椒的毛收入为 2500 元左右，除去成本和土地流转费 1500 元，每亩地纯利润 1000 元左右。每亩小麦和玉米的总产量为 2000 斤，以每斤平均 1 元的价格计算，每亩地的毛收入为 2000 元，每亩地的成本和土地流转费共计 1350 元左右，因此每亩小麦和玉米的纯收入为 650 元。[①] 我们将两种作物所得相加，可知姜中水经营 62 亩地的纯利润为 41000 元。[②]

在经营家庭农场的过程中，姜中水很少雇工，以 2014～2015 生产年为例，他只在玉米种植季雇用了当地村民剔苗和喷灭草剂，一共花费了 600 多元。[③] 更多的时候，他忙不过来时会找本村的农民帮忙干农活，这种情况不需要支付费用，因为他有的时候同样会被别的村民叫去帮忙，这可以视为村庄内部非固定的换工。在雇工的过程中，姜中水的农场也很少出现监督困难，因为农场面积小，他一般都与雇工同时劳动，而且同村人之间的关系本身也可以弱化监督问题。

从外在的看管条件来看，姜中水的农场虽然在面积上远远小于兴民农场，但有一些不利于看管的情况。比如，他流转的承包地比较分散，分布在村内的三个位置，姜村最东部的土地和三方交界的土地相隔 3 公里左右。此外，他承包的土地基本上分布在与周边村庄交界的地区。在几年的经营中，姜中水的玉米很少出现丢失的情况，即使有，也是沟边路沿丢失三五穗。在姜中水看来，这可以视为正常情况，因为在村庄的家户经营中也有此类情况发生。在实地调查过程中，我们发现姜中水的玉米很少丢失，与如下因素存在关系。

第一，监督网络。在乡土社会中，非常典型的特点是人与人之间互相熟悉，是一个没有陌生人的社会（费孝通，1998），这种互相熟悉来自长时间的接触。这种互相熟悉的人际网络，在客观上起到了监督人们行为的作用。

---

① 这是当年姜中水以及当地农民对土地产值的算法，因为几年来小麦的价格围绕 1.2 元波动，玉米的价格一般为 0.8 元左右，且一年种植两种作物，所以平均价格为 1 元。

② 纯利润的计算过程：2 亩朝天椒的纯收入约为 2000 元，60 亩小麦和玉米的纯收入为 60 × 650 = 39000 元。39000 + 2000 = 41000 元。

③ 剔苗的作用是剔除那些在种植过程中分布比较稠密的玉米苗，以保证玉米分布比较平均，利于通风和后期生长。此项工作作为一般性农活，需要不停地弯腰劳动，比较耗费体力，规模稍大的农场一般都会雇工。

笔者：那边农场丢得那么多，你这里一点不丢，很厉害。你都用了什么办法啊？

姜中水：不是我的办法好，是根本不用看。

笔者：为什么啊？

姜中水：我们都太熟了。

笔者：熟悉了就没事了？

姜中水：是啊，比如说，咱俩在这儿站着，看到一里地以外有个偷玉米的，咱们都看不见他长什么样，你肯定不知道那是谁，我一看他动作就知道那是谁家的小孩。我再说一个，我在家里坐着，谁从我门前过我就能知道，你肯定不知道吧。每个人走路碰到了玉米叶之后声音都不一样，我一听就知道是谁。

笔者：那你也总有看不到听不见的时候，要是周边别的村庄有人偷你的玉米怎么办啊？

姜中水：人熟是一宝，秦桧这么坏，还有三个好朋友呢，我能没有？谁没几个知己的朋友啊，朋友又有朋友，都帮我看着呢，这就不用看。（访谈资料20160901SZJ）

从这段访谈中，我们发现人与人之间长时间的接触不仅生成了互相熟悉的人际网络，而且这个网络在客观上起着监督的作用。这主要体现在两个方面。第一，基于村内相互熟悉的网络，偷玉米的人非常容易确定。这对于偷玉米的人而言是一种威慑。从形式上看，这种监督是基于熟悉的"一对多"网络，其中"一"指的是姜中水，"多"指的是那些可能偷玉米的人。第二，即使是邻村农民偷玉米，也有朋友帮忙看管。正是通过熟悉的朋友，姜中水将自己的监督网络扩展到了周边村庄。从形式上看，这种监督是一种"多对多"网络，第一个"多"指的是姜中水的朋友，第二个"多"指的是在他朋友监督之下可能偷玉米的人。

基于熟悉的人际交往，姜中水形成了两套监督网络，如果我们将这两套监督网络的作用合二为一，会发现这种监督网络在村内以及周边村庄形成的是一种"每个人监督所有人"的监督形式，即不仅仅是玉米的主人在监督可能偷玉米的人，他的朋友以及他熟悉的人也在利用自己熟悉的人际网络帮忙看管他的玉米地。正是基于人与人之间互相熟悉，监督网络可以发挥定位的作用。

除了姜中水所在的姜村，上文所言的监督网络也在兴民农场流转土地的其他村落得到了证实。当我们关心村落之中很少丢玉米的原因时，很多村民会将原因归为"互相认识"。

> 笔者：上楼之前，咱们村里面也丢玉米吗？
>
> 曾洪方：很少，一穗两穗的。
>
> 笔者：村里的秩序为什么这么好啊？
>
> 曾洪方：都认识啊，如果有人偷了村里面的东西，总有人能看见，别管你承不承认，人家都能找你家去。整天见面的关系，就算真没人看见，你（偷东西的农民）见了人家（被偷东西的农民）就心虚，人家丢东西的一看就知道是你，第二天就在村里传开了。（访谈资料20160802FHZ）

可见，在村内偷玉米的村民，真正害怕的不仅是被玉米的主人看到，而且他害怕被任何人看到。这种"每个人监督所有人"的网络能发生的作用，不仅仅在于方便定位，更在于其易于传播。这种传播产生的影响是使村内形成一套全体村民共享的"舆论体系"。

第二，舆论体系。除了监督网络，基于村内长期交往和互相熟悉，村中的每个人都会对其他人存在一个评价或者看法，比如，张三很仗义，李四不厚道，等等。当我们把村中每个人对其他人的评价全部叠加在一起的时候，会发现这套评价是高度重合且隐蔽的。在这套评价的基础上，村中形成了舆论体系，也就是人议论人的方式，村庄中每个村民的一言一行都被所有人观察并讨论，进而影响到这个人在这套评价体系中的位置，也就是声望和名声。更加直接地说，在村庄内部，能够控制声望高低的舆论体系会影响到村民的行为，特别是认识的人之间互相议论对一些违反道德的行为具有很强的制约作用，因为几乎所有人都在乎自己在这套评价体系中的位置。

> 笔者：如果村里的人偷了你的玉米怎么办啊？
>
> 姜中水：骂他啊，"你怎么偷我棒子啊！你家里没有啊？不要脸"！

别说偷了什么，只要我用了"偷"这个字，他就受不了。

笔者：为什么啊？

姜中水：大家都太熟了，落个"小偷"的名声，对他没好处。他要这样，大家都会瞧不起他。（访谈资料20160901SZJ）

姜村村民姜羽栋也持有类似的看法。姜羽栋的身份比较特殊，他曾在20年前担任过姜村第二小队的队长，目前，他的承包地也已经流转给了姜中水。

笔者：村里面也互相去拿玉米吗？

姜羽栋：谁敢啊？！

笔者：大家都不敢拿？

姜羽栋：在村里偷了不行的，你就是偷了一穗棒子，也有人站在房顶上骂你，全村都能听见。他就是不直接说，你在村里也抬不起头来了。别人都知道你是这么个人啊，都在背后说你，他们有时候说的不是你，你自己也觉得在说你。（访谈资料20160905YDJ）

从以上两段访谈中，我们可以发现，在村落内部发生的偷窃行为，通过舆论体系的作用，会影响到一个人在村内评价系统中的位置，破坏这个人的名声，对村民违反村落道德的行为起到压制作用。在舆论体系的作用下，很多村庄内部不仅没有偷窃现象，反而形成了互相看管农作物的风气。

笔者：村里面有人偷你家的玉米吗？

王德新：（谁要是偷本村的）那不让人笑话啊？！村里的不互相偷，还互相给看着。

笔者：为什么啊？不光不偷，还得帮忙看着？

王德新：那当然，瓜田李下的，咱俩的地靠着，真有别的村的偷了你的棒子，大家都怀疑到我身上，不是我偷的，也弄得我名声不好。（访谈资料20160817FQH）

在以上访谈中，我们可以确定的是，在村落社会内部，村民们都比较在意自己的名声以及别人对自己的看法，因为这不仅涉及自己在评价系统中的位置，更直接关系到自己的行为是否被村庄接纳。而且，在村内的偷窃行为得到的一定是负面评价。更重要的是，某个村民在村内的偷窃行为，不仅会在村庄舆论体系中得到负面评价，更严重的是，这会给他带来很多实质性的惩罚。

第三，惩罚系统。村内偷窃一旦发生，不仅仅这个人会被议论，紧接着实质性的惩罚也会来临。最直接的后果可能是损失一定的财物。

> 笔者：村里面肯定也有一些"手长"的人吧？
>
> 姜中水：有，哪个村都有，小村两三个，大村七八个。
>
> 笔者：那这些人最有可能偷你的玉米啊，虽然你说村里的都不敢，真偷了怎么办啊？
>
> 姜中水：都知道是哪几个人，我有时候敲打敲打他们，"我要是知道了咱们庄里的爷们偷了我的棒子，我开着收割机去削他二亩地"。我不是说，我真去削去，他既然不怕我了，那我也撕破脸了。他给我造成损失了，我也得给他弄点损失。（访谈资料20160901SZJ）

除此之外，村民也会利用一些日常生活的机会对偷窃者实施惩戒。

> 笔者：村里面也发生偷玉米的事吗？
>
> 谷保国：发生过，我家的棒子就被偷过。
>
> 笔者：丢了多少啊？
>
> 谷保国：没多少，十穗吧，家里的地都少啊，一共才多少地啊！
>
> 笔者：遇到这事怎么办呢？
>
> 谷保国：也不值当地去堵着门要去。找机会罚他一下就行。
>
> 笔者：怎么罚啊？
>
> 谷保国：我上回丢棒子那会儿，别人跟我说了是谁偷的，我也不去找他。咱们种地都要浇水，村里面的路都很窄，最多能过一辆车。我浇水的机器在那儿放着，车就过不去。那个人开着小三轮过来了，他也想去浇水，必须从我这儿过。他偷了我的棒子，他也不敢跟我说话啊，他不说，我也不挪机器。反正把他堵在那儿了，他也浇不成水，

最后走了。（访谈资料20160805DSZ）

更普遍的情况是，实施偷窃的村民会在村中被孤立，在一个熟人社会中被孤立的后果非常严重，不仅涉及自身，更会波及家庭甚至宗族。

> 笔者：对那些村里面真偷东西的，怎么对待啊？
>
> 王德平：没人找他吃饭了，也没人找他喝酒了。大家都不跟他玩了。
>
> 笔者：这是挺严重的。
>
> 王德平：这还不算，他家有红白喜事，谁也不去帮忙了。这事现在好多了，原来有白事必须得叫村里人帮忙啊，没人帮忙入不了土。红事也得有人去啊，要不显得不好看。（访谈资料20160822PDW）

> 笔者：村里面那些偷玉米的，有啥后果啊？
>
> 索庆双：都觉得他不行，没人理了。家里小孩说亲都得受影响。
>
> 笔者：没人愿意跟他家结亲了？
>
> 索庆双：是啊，咱们村里都讲究个门当户对。
>
> 笔者：这个门当户对是怎么讲啊？
>
> 索庆双：他偷东西，别人都不偷东西，这就不是"一路人"，都不愿意跟不是"一路人"的来往啊。（访谈资料20160820QSS）

通过以上材料，我们发现在村内偷玉米的村民会受到实质惩罚，比如，直接的财产损失和被所有人孤立，等等。更让人忌惮的是，这种惩罚系统所能发挥的影响不止于他自身，更意味着他的家庭甚至宗族都被排斥出村落"社会"。对很多村民来说，惩罚系统所能发挥的作用构成了对他们的实际伤害。

上文三个因素分别展现了姜中水的看管实践。其中监督网络构成了"每个人对所有人"的看管，舆论体系压制了村内可能出现的偷窃行为，惩罚系统更是会对那些敢于偷窃的村民施以直接惩罚。可以确定的是，偷窃村内的玉米，后果一定是被发现、被议论、被惩罚。在三者的关系中，监督网络发挥着最为基础的作用，偷玉米一旦被发现，就意味着舆论和惩罚的到来。值得说明的是，这样的分析抛开了村民们主观的、内在的道德要求，是从客观的、外在的约束条件展开的。从外在约束条件看，很多村民忌惮于这些因素，偷玉米的事件在村内很少发生，种植大户的玉米也极少丢失。那么如何解释兴民农场的玉米失窃事件呢？这是否说明了上述三个因素不能发挥作用呢？我们再换一个角度来看，上述三个因素作用于兴民农场的表现。

第三节 兴民农场的看管困境

从客观情况来看，兴民农场面临的看管困难更大。比如，兴民农场数千亩的土地本身就是一种看管障碍，用副农场主郭伟宏的话说，"开着车围着地绕一圈就得 20 多分钟"（访谈资料 20160616WHG）。更加重要的是，能够保证种植大户很少丢玉米的几个因素，对于兴民农场来说，几乎都不能发挥作用。甚至在很多情况下，这些因素对兴民农场的看管还形成了反作用，给兴民农场带来了更大的困难。

第一，监督网络。上文已述，基于相互熟悉的监督网络具有"每个人监督所有人"的特点，它的最大作用是便于定位。因此很多村民在村里不偷玉米是"怕被看见"、"总有人能看见"以及"被人找上门"。但是，对于兴民农场来说，这种监督网络形同虚设。在实地调查过程中，周边村民偷窃农场玉米丝毫没有表现出害怕被别人看见的状态。

> 笔者：你这儿不丢，农场和你靠着，怎么就丢这么多呢？
> 姜中水：农场到了村里，是"一抹黑"。
> 笔者：什么意思呢？
> 姜中水：我看到了，我朋友看到了，只要他（小偷）是这一块的，我无论如何也能找到他，很远我也知道是谁。农场就不行了，这一块的人，他认识谁啊？就是看着小偷在地里偷，只要不抓在手里，也不知道那是谁，连哪个村的都不知道。村民也一样，我见了农场老板能怎么样啊，反正又不认识他，管他呢，先弄他两穗再说。（访谈资料20160830SZJ）

姜中水在上文所言的监督网络所具有的定位功能，对于兴民农场来说完全无法发挥作用，因为兴民农场的老板和管理人员与当地的村民互相不认识、不熟悉，更没有社会交往。即使王辰林能够看到偷玉米的村民，也并不认识这个人，所以他无法定位这个村民来自哪个村庄。对于当地村民来说，兴民农场就像是在熟人社会中植入了一个"陌生人区域"，这个陌生人区域缺乏熟人社会中"抬头不见低头见"的关系，互相之间的行为具有相当程度的匿名性。当地村民也正是利用了这种定位困难的特点，在偷玉米时更加肆无忌惮。他们在偷窃现场的说法也印证了姜中水的话。

> 柏义深：村里面净见面，谁也不敢拿（别人东西）。在这里（兴民农场）怕什么，看见了跑就是了，钻到地里他也找不着。反正几年也见不到一回，见到了也不认识我。（访谈资料20160830YSB）

> 于晓光：谁认识谁啊？（兴民农场）根本找不着我。我跟你说这是那些包地的（兴民农场）棒子，谁拿了就是谁的。（访谈资料20160824XGY）

从村民的讲法中，我们也可以发现他们在偷玉米时根本没有表现出对兴民农场的畏惧，因为他们确信，兴民农场的老板无法定位到个人和村庄。更加重要的是，他们认为自己与王辰林没有"抬头不见低头见"的交往，因此，他们的行为具有相当程度的匿名性。

第二，舆论体系。上文已述，村民在村庄内外的一言一行都被所有村民观察、传播并讨论，这种互相议论的方式可以通过影响一个人在隐蔽评价体系中的位置来压制其不道德行为。同理，当地村民偷窃兴民农场玉米的事情，也在村内的舆论系统内传播并讨论。但与村内偷窃行为会引起大家的反感不同的是，偷窃兴民农场玉米的行为并不会引起村内其他人的负面评价。

2016年9月，笔者与姜中水、姜羽栋在姜中水种植朝天椒的区域聊天，这个区域位于姜村的最东部。从这片辣椒地出发，向南20米就到兴民农场。在聊天的过程中，姜村村民姜中强驾驶电动车从附近经过，他的车上装着一麻袋玉米。姜中水叫住了姜中强，并发生了如下对话。

姜中水：干什么去啦？

姜中强：（指指车上的玉米）上楼庄掰棒子去了。

姜中水：（看了看车上的玉米）怎么才拿了这么点啊，不多拿点？

姜中强：这几天那边有巡逻的。

姜中水：怕什么啊，我给你上路边看着（把风），你再去弄他两袋子。

笔者：你们怎么都去那边拿啊？

姜羽栋：拿它的还不应该啊。（访谈资料20160905YDJ）

上述对话中提到的"楼庄"已经被整村拆迁，全村土地已被流转给了兴民农场。姜中强所言的"楼庄"指的是楼庄原属耕地，也就是现在的兴民农场。由以上访谈可见，与一般意义上的偷窃行为不同，周边村民将偷回的玉米拉到村内并不需要避讳，这非但没有引起其他村民的负面情绪，而且还被施以援手。笔者在许庄对村民于云飞的访谈也印证了这一点。

笔者：咱们庄上去农场拿玉米这事，都是谁去啊？

于云飞：都是些妇女，在家也是闲着。男的去得少。

笔者：这事有人组织吗？

于云飞：谁组织啊？想去就去。村里谁也不背着谁，又不丢人，大家都知道怎么回事，碰到一块就搭个伙，还能互相帮帮忙。（访谈资料20160824GYY）

笔者通过实地调查发现，村内的舆论体系甚至在"激励"着村民去实施偷窃。这不仅表现在有些偷窃少的村民会被家人抱怨，而且表现在对于偷窃较多的村民，村内舆论给予了正面评价。在这种情况下，村内舆论体系更加重了兴民农场的看管困境。

笔者：咱们庄上的村民去农场拿玉米，村里有人说他孬吗？

谷芝蓉：没有说的，这算什么啊？你不拿才有人说你呢。

笔者：还有这种事儿啊？

谷芝蓉：那边一家你看见了嘛，那个妇女很（凶）恶，去年都去掰棒子（去兴民农场偷玉米）的时候，他家男的拿的少，俩人还吵架了。

笔者：因为什么啊？

谷芝蓉：就因为拿的少啊，那个妇女骂声可大了，说他家男的是个"废头"（当地方言表示没用），还说她老家许庄的谁谁谁，家里一点地没有了，房顶上晒的全是棒子。（访谈资料20160822GXY）

在这个案例中，看似拿玉米多少引发的家庭矛盾，实际上村庄舆论已经隐含其中。谷庄妇女认为自己丈夫玉米拿太少，不仅在谷庄会被认为能力差，而且在他的娘家许庄也没有对比优势。谷庄和许庄紧邻，都属于被兴民农场流转了一部分土地的第二类村庄，这个案例说明去兴民农场拿玉米这一行为不仅在村内形成了"竞赛"，甚至在不同村的家庭之间也形成了一定的对比关系。史庄治保主任曾洪方对本村村民拿玉米的行为以及村庄舆论体系对这种行为的评价也表达了自己的理解和认同。

笔者：拿农场的玉米，让村里人看见，会被笑话吗？

曾洪方：没有笑话的，你能拿回来说明你有能力啊。（村民们）看着还都眼馋呢。

笔者：我理解一下你看对吗？咱们去农场拿玉米，村里也不会觉得这个人很差。

曾洪方：是啊，你要能拿的比别人还多，你就是光荣的。你可以在村里吹牛，"你看看你们起早贪黑地去，才拿了这么一点，我去得晚，比你们还多，一天就是二三百（元）"。这就是厉害啊。

笔者：很有意思，还有这样的故事吗？

曾洪方：你没在农村待过，可能不知道，我们"上楼"之前都是用"站子"（一种晾晒玉米的工具）晾棒子。一个大"站子"上能放2000斤，上了楼，好多家没有这个了，用不着了。前两年刚上楼的时候，我们庄上的史典侠带着几个人，一晚上从农场弄回来2000斤棒子，挂在大"站子"上晒，社员都去看了。我们都跟他说，"还是你本事大啊，咱们国家应该派你把外国的航空母舰弄回来"。（访谈资料20150822FHZ）

访谈的最后一句话当然是村民们的玩笑话，但是村庄的边界以及对同样行为的评价标准在此得以显现。同样的偷窃行为，史典侠并不是针对本村、邻村或者大家熟悉的人，拿的玉米来自与大家都不认识的、没有交情的外人，大家将其看作能力强的表现。村民们的玩笑话也体现了对于同样一种行为，是非对错的判断也完全视其针对的对象。

以上两个事例表明，周边村庄的农民偷窃兴民农场的玉米，非但没有受到村民的议论和谴责，反而被认为是"光荣"的行为，受到了村内舆论体系的"支持"。偷窃数量较多的村民还有了在村内炫耀的"资本"。这也意味着对于兴民农场来说，在村内可以起到压制不道德行为的舆论系统也不能发挥作用了。

第三，惩罚系统。村内监督网络的存在，使偷窃行为发生后，很容易定位到人，紧接着这个人会被议论、被惩罚。但是发生在兴民农场的偷窃行为，因缺少监督网络而很难定位，因此实际的惩罚也很少发生。即使在有些情况下，兴民农场的管理人员在偷窃现场抓住了偷玉米的村民，但是惩罚的效果依然不足以让其忌惮。这是因为，即使实际的惩罚让当地村民损失了经济利益，却依然不会让他们在村内被孤立，而且这种惩罚不会波及村民的家庭和宗族。

谷庄村民谷保民在村内经营一家商店，谷庄的很多村民对谷保民的评价都很不错。在笔者开展实地调查期间，不少村民使用"仁义""老实"等词语评价谷保民。2015 年玉米收割时节，他和他老婆两人驾驶三轮车去兴民农场偷玉米。非常不巧，正好遇到了兴民农场副农场主郭伟宏带人巡逻，郭伟宏不仅叫来"看管队伍"把谷保民打成轻伤、三轮车扣在兴民农场，还打电话通知了派出所。派出所出警后，按相关规定将谷保民拘留 3 天，罚款 500 元。谷保民回到谷庄后，不仅没有受到村民的孤立，还有不少同辈为他摆酒压惊。在饭桌上，不少谷庄村民表示，"这事不能就这么拉倒了，下次要狠狠办它（兴民农场）"！（访谈资料 20160905GHY）

笔者于 2016 年夏天在谷庄开展实地调查期间，问起谷保民的情况时，没有村民因为他曾被抓进派出所而瞧不起他。

> 笔者：去年到农场拿玉米，被扣了三轮车的人怎么样了？
> 谷芝蓉：没事了，就在村里呢。

笔者：记得上回你们都说他很"仁义"，怎么出了这种事啊？

谷芝蓉：跟"仁义"没关系，他是倒霉，让巡逻的抓了，能有啥办法。

笔者：那咱们村里会看不起他吗？或者觉得他挺差的？

谷芝蓉：不会，该怎么样还是怎么样。（访谈资料20160727GXY）

从两年内同一个人的案例来看，兴民农场虽然对偷窃玉米的谷保民实施了惩罚——打成轻伤、扣押三轮车，并报了警，他被拘留3天、罚款500元，但是这种惩罚除了能够施及谷保民自身，并没有在村庄内引起连锁反应。本来因偷窃被抓进派出所是一件不光彩的事情，但在不少村民看来，谷保民没有什么错，而他只是运气不太好。更重要的是，在村庄这种熟人社会里，他并未因此而被孤立，村民对谷保民的评价也未改变。

通过前文的描述和分析，我们发现监督网络、舆论体系和惩罚系统是针对偷玉米这种行为的客观约束机制，对于姜中水的家庭农场来说，这种约束机制很强，但对于兴民农场来说，这种约束机制几乎不存在。实际上，即使外在的客观约束机制较弱，也并不意味着周边村庄的所有村民都会偷玉米。换句话说，在客观约束机制之外，还要考虑村民主观道德要求与意愿的问题，即村民会不会去偷，这涉及他们观念中的道理。那么，那些去兴民农场偷玉米的村民如何来解释他们的行为呢？或者说，那些偷玉米的村民心中怀有什么样的道理呢？

第四节　"不好意思"的运作状态

通过实地调查，我们发现很多村民将影响自己偷玉米的主观意愿归结为农田主人的身份差别，以及由此产生的人情、面子和不好意思等内容。那么，需要解释的问题是，"不好意思"呈现怎样的运作状态。具体而言，当地村民对于哪些人会不好意思，对于哪些人就不会不好意思。当地村民对这个问题的回答比较零散，笔者试图对这些零散的说法进行总结。下文分别展示笔者对许庄村民于云飞、姜村村民姜羽栋、吕庄村民吕书勤、常庄村民常康东、大果树村村民韩方显的访谈。

笔者：为什么村里的玉米都不丢呢，大家光去拿农场的？

于云飞：他是外地的啊，当地人不偷当地人的。

笔者：为什么不偷当地人的啊？

于云飞：抬头不见低头见的，让人笑话。（访谈资料20160824GYY）

笔者：你刚才说拿农场的玉米就是应该，为什么就这么应该啊？

姜羽栋：我想吃棒子了，拿自己种的舍不得，拿庄上的和邻村的不好意思，那去哪儿啊？只能去农场啊。外地人的，谁都可以拿。（访谈资料20160905YDJ）

笔者：农场丢这么多玉米，为什么大家都去那儿拿啊？

吕书勤：因为他是外地的啊，没什么面子。

笔者：村里的就不丢吗？

吕书勤：村里的都不好意思，整天抬头不见低头见的，太熟悉了。（访谈资料20160903SQL）

笔者：为什么咱们庄上都去南边农场拿玉米啊？

常康东：谁让他是外地人呢，本地人就没事。

笔者：外地人为什么不行啊？

常康东：本地人不好意思啊，外地人就没啥不好意思的。（访谈资料20160903KDL）

笔者：为什么咱们都去农场拿玉米啊？

韩方显：他不是本地的，他能怎么着我啊？

笔者：本地的就没事了？

韩方显：本地的谁好意思去啊！（访谈资料20160817FXH）

类似的访谈还有很多，限于篇幅，此处不再一一列举。这些访谈大致展示了当地村民内外有别的看法。村民去偷玉米的原因，首先可以归结为兴民农场的老板是一个外地人（"不是本地的"）。其次，正是因为他的外地人身份，当地村民不会"不好意思"。也就是说，从主观意愿上看，那些去兴民农场偷玉米的村民对自己行为的解释是，因为是"外地人"所以"没啥不好意思的"。而农民不会去拿本地人的玉米，是因为"太熟悉"或者"抬头不见低头见"，所以"不好意思"。

我们可以从中简单总结"不好意思"的运作状态，即当地村民对本地人会不好意思，对外地人则不会不好意思，不好意思对应的是不去偷玉米，偷玉米对应的是不会不好意思。兴民农场的老板被当村农民视为外地人，所以当地村民去偷玉米是因为他们对外人不会不好意思。但是这种讲法过于机械，好像只要是外地人来包地了，所有的农民都会去他地里偷玉米，偷玉米是针对所有外人的行为。实际上，并不是所有农民都参与到偷玉米这一事件中。

> 笔者：讲了这么多拿玉米的事，庄上有没有不去拿玉米的啊？
>
> 曾洪方：有啊，在外地打工的不去。
>
> 笔者：你有没有去过啊？
>
> 曾洪方：没去过。
>
> 笔者：你怎么不去呢？他反正是外地的，也没啥不好意思的。
>
> 曾洪方：我跟王辰林认识啊，我俩在一块喝过酒。你说我要去，那成了啥啦。你说我去拿棒子去，人家王辰林看见了，王辰林肯定说，"哎呀，洪方啊，怎么是你啊？你拿什么啊？是不是家里没棒子了。来来来，我给你装上两袋子，让人送你家，回家吃去"。你说我心里这个难受啊，谁去我也不能去，太难受了。不光我自己不去，我也约束家里的人不能去。（访谈资料20160803FHZ）

虽然在这段访谈中，曾洪方为我们假设了一种没有发生的情况，但是从他的话语中，我们明显可以看出，这里展现的是他的主观意愿，曾洪方确实因为不好意思而不去偷玉米。下面我们来分析一下他的心理。如果仅仅从形式上看，曾洪方是史庄土生土长的村民，兴民农场的老板来自冬安县，对他来说完全是外地人，"外地人没啥不好意思的"。而且从客观的约束机制出发，曾洪方如果去兴民农场偷玉米，并不会受到村内的舆论谴责和孤立，也不会影响他的家庭和宗族。那么，曾洪方为什么不去偷玉米呢？在曾洪方的回答中，他为我们假设了一个没有发生过的情况，即当他拿玉米被王辰林发现后，王辰林与他说话的情境，导致他处于非常难受的状态。我们由此也能感受到他主观上不情愿。这种状态以及对自己和家人行为的约束是因为他和王辰林"认识，一块喝过酒"，或者我们可以说他俩有交情。

所以，这个案例可以对"不好意思"的运作状态进行一些修正。当地农民并不是对外地人就不会不好意思，对本地人才会不好意思。"不好意思"在实际生活中不断发生着转化，虽然从行政区划或者村庄归属上看，王辰林是大屯镇和史庄的外来人，但是他明显没有被那些与他有交情的村民当成外人。因此，"不好意思"运作与转化的基础是交情。关于这一点，我们将在下文展开分析。

第五节　交情的运作逻辑

在交情这个问题上，笔者受到了姜村种植大户姜中水的启发。在分析之前，我们先来看笔者对姜中水以及他老婆王筱岚的一次访谈。

> 笔者：为什么你的玉米几乎不丢，跟你的地隔着十米的农场，玉米成片的丢失啊？
>
> 姜中水：因为他们都知道我叫什么。
>
> 笔者：怎么讲呢？
>
> 姜中水：他们（周边村民）都知道我叫什么名，从小孩到老人都知道。你可以指着我的地去村里问问，你问问四五岁的小孩，他们肯定说，"这是我水叔（姜中水）的地"。你问问八九十岁的老人，他们肯定说，"这是我们村小水（姜中水）的地"。
>
> 笔者：知道了名字之后呢？
>
> 姜中水：知道了名就知道了关系，他（偷玉米的人）就要考虑一下这个关系。农场就没有这一点，你打听一下，村里有几个人知道王辰林这个名的啊，他的名在我们这里叫不响。我们都跟他很陌生，不熟悉。那就不用考虑跟你什么关系，你说你的玉米丢多少，跟我们有什么关系啊。
>
> 笔者：知道名字有这么重要吗？

姜中水：当然重要了，你觉得我的玉米不丢，好像我多厉害是吧，其实也不是。我的名也有个范围，东边到咱们新关区的界，西边到大水坑镇，南边到黄河，北边到不了平成县，大致往北20公里吧。在这个范围里还行，出了这个范围就不行了。我要是过了黄河去包地，一样被偷干净。

笔者：为什么呢？

姜中水：因为我成了外地人了，外地人不吃香啊。我不是说我原来干建筑嘛，我在河北干建筑的时候，特别怕建筑材料啊、机器啊丢了，也怕当地人给我搞破坏。我就找了个本地人给我看场子，那个人也不帮我看，每天晚上就睡觉。我怕出事啊，就跟他商量，要加强巡逻，他让我弄块牌子，把他的名字写牌子上，用钉子钉在门口，这意思就是说他在这里看场子呢。还说让我放心，什么也丢不了。后来我在那里干了好几个月，真的什么也没丢。

笔者：你刚才说的东南西北，为什么一定是这么个范围？过了黄河怎么就不行？

姜中水：在这个圈里怎么也能找着点关系。你看我西边能到大水坑镇，因为那里的书记是我小学同学，北边20公里那个村有我们家的亲戚，这些地方都没事。出了这个圈我就没认识的了，就跟农场一个样。

笔者：为什么拿外地人的就不会不好意思啊？

姜中水：我不认识你啊，没感情，没关系。就像我们是中国人，他们是外国人一样。打个比方吧，我在地里走着，捡了个手机，我先看看通讯录里有没有我认识的人，如果有，这就不能关机，等着丢手机的打电话，他一来电话，我就说"放心吧，在我这里呢，我一会给你送去"。要是我一看里面一个认识的人都没有，马上给他关机拔卡，卖了去，有什么不好意思的啊？

笔者：看管也不起作用吗？

王筱岚：外地人啊，他又不在这儿。

笔者：怎么不在这儿啊，办公室、仓库不都在南边呢？

王筱岚：不是人在不在，要看关系在不在这儿，关系不在这儿，没人向着（方言，指偏向）你。要是本地的，一个老太太坐那儿也管

用，谁也不敢偷去。你是外地的，你在那儿看着，我也一样偷。（访谈资料20160831SZJ）

这段访谈非常值得深入分析，因为姜中水和他老婆的看法揭示了交情的基本特点和运作逻辑，我们分别来看。第一，"不好意思"运作和转化的基础是交情在这里得到了证实。姜中水提到的"知道了名就知道了关系"以及"丢手机"的例子证实了这一点，如果两个人之间没有关系，没有交情，"没吃过饭""没喝过酒"甚至"不知道王辰林这个名"，自然不会对一个无名无姓无面目的人产生不好意思。这就像我们在日常生活中很难对一个不认识的人产生责任感一样。而一旦两个人之间有交情，或者说两人的关系是搭界的，即使像手机通讯录里有共同朋友这种情况，也会觉得不好意思，觉得自己有责任去维护这个人的利益，比如"等着丢手机的打电话"。所以，我们将这个观点扩展到偷玉米这个行为，由此可以推断出当地农民会去兴民农场偷玉米，并不仅仅因为王辰林是个外地人，更加重要的是，王辰林和他们没有交情，所以他们对王辰林也没有责任。换句话说，当地村民口中的"本地人"和"外地人"并不是完全以行政区划或者村庄界限来界定，而是以"有没有交情""认不认识"来界定。就上一节中曾洪方的例子来看，他明显没有将王辰林视为外地人。因此，"不好意思"运作和转化的基础是交情，或者说，不是本地人和外地人的区别，而是交情的有无决定了是否会"不好意思"。值得强调的是，交情与关系不同。交情包含了交往和感情，我们在使用时更侧重它积极正面的含义。关系则更侧重交往的含义，而缺少感情的含义，比如村内的两个仇人互相报复，他们的交往也很多，我们却很难说他们之间有感情。

第二，交情的物理边界。姜中水将他的农场不丢玉米的原因归结为"我的名字也有个范围"，而他流转的土地恰好位于这个范围之内，范围之内都有交情。联系到他曾经在河北找人看场子的案例，我们可以发现，交情存在一个实际的物理边界。具体来看，姜中水在访谈中说的"东西南北"的界限，就是他交情的物理边界，这个边界的特点是具体而实际的，甚至可以具体到哪个村、哪个人。比如，姜中水说自己名字的范围可以向北扩展20公里，正是因为在那个村子里有他家的亲戚。在这个例子中，姜中水交情的界限就止于他那个亲戚的村子。此外，当姜中水前往河北干建筑的时候，他已经跳出了自己的交情可以发挥作用的边界，进入一个没有交情的"外地"。在这里，他必须借助与当地人的交情，将自己的建筑工地纳入当地人交情的物理边界之内，来保证自己的东西不丢。这就像我们在日常生活中描绘一个人的"能量"有多大，其具体含义就是他的交情的物理边界可以扩展的范围。

第三，所谓外来和内生的概念都是相对的。一个人在自己交情的边界以内都可以被视为内生，一旦跳出了这个边界，则会被边界以外的人视为外来者。所以，"内外有别"指的是并不是因"外地"与"本地"这样的地理边界而生发出来的对待人的不同态度，而是因一个人在当地是否有交情，或者被当地人视为"自己人"还是"外人"而生发出来的对待人的不同方式。普遍的情况是，一个人进入地理边界的外地，往往意味着他进入了没有交情的"外地"。但这并不意味着一个人永远不能被"边界"之外的人视为自己人，因为关系是可以建立的，交往也能够增加感情。具体到兴民农场的案例，本章并不是要强调王辰林来自外地就只能面对失败的宿命，而是说他能否成功取决于他如何与当地交往和互动。这将是下一章分析的重点。

第六节　集体逻辑与内外有别

我们总结本章内容和上一章的内容，可以对当地村民为什么偷窃兴民农场的玉米这一经验问题做出回答。简要来说，村民之所以会去兴民农场偷玉米，一方面是因为他们将兴民农场视为集体，另一方面是因为他们将兴民农场视为外人。通过上文的分析，我们发现当地村民的观念中包含着两种逻辑，一种是集体与私人的逻辑，另一种是内与外的逻辑。值得注意的是，本书划分两章的内容来讨论当地村民的观念，只是出于分析的需要，并不意味着这些观念分别被不同的村民持有。在实地调查中，我们发现这两种观念其实是不同程度地混杂在村民的脑海之中的，很多村民既把农场视为集体，又把它当作外人。

也正是这两种逻辑的混杂，导致了兴民农场玉米失窃的问题很难解决。换句话说，如果这个事件中只包含一种逻辑，那么就会找到解决的方法。如果当地村民仅仅将兴民农场视为集体或者公家的话，完全可以通过逐步排除政府涉入，在村庄中建立兴民农场老板的个人形象，增强王辰林与村民个人交往的方式来解决。如果当地村民仅仅将兴民农场老板视为外地人或者外人，也可以通过建立外来资本与乡土社会之间沟通渠道的方式来解决，但巨大的土地面积确实影响了当地村民对兴民农场性质的判断。

因此，实际的困难之处在于，两种逻辑混杂在一起，当地村民既将兴民农场视为集体又把兴民农场老板当作外人，当兴民农场以一个非常强大但是又没有面目的形象出现在村民面前时，他们无法以在乡土社会中通行的交往之道与之互动，只能在观念中不断地强化兴民农场属于集体，兴民农场的老板不是自己人的看法。

那么这两种逻辑存在怎样的关系呢？笔者认为，内与外的逻辑高于集体与私人的逻辑。换句话说，内外逻辑包含集体逻辑。我们做出这样的推断是因为：一方面，从时间存续看，内外的逻辑古已有之，而集体的逻辑生发于数十年前；另一方面，从包罗范围看，外人的范围大于集体的范围。我们可以说，集体对当地村民来说是"外人"的一种，但我们不能说，他们观念中的"外人"就是集体，否则我们无法解释本章开头出现的那些明显与集体没有关系的社会性事件。

第七节　本章小结

本章从资本下乡之后，兴民农场的玉米失窃这个经验问题出发，从不同于集体逻辑的方面入手，通过对比姜村种植大户姜中水和兴民农场的看管实践，论证了当地村民观念中的道理。通过分析，我们发现兴民农场的玉米之所以会被当地村民偷窃，存在两个层面的原因。

第一，当地村民"敢去偷"。这是因为监督网络、舆论体系与惩罚系统等客观的、外在的约束机制都对当地村民偷窃兴民农场的玉米几乎不能发生作用。这分别体现在，兴民农场的监督网络很难定位偷玉米的当地村民。兴民农场的舆论体系对当地村民偷玉米的行为没有约束作用，反而村庄的舆论体系会默许和激励村民偷玉米。兴民农场的惩罚系统对当地村民也很难起到实际的震慑效果，因为兴民农场的惩罚并不会让偷玉米的村民在村内被孤立，更不会影响到这个人的家庭和宗族。

第二，当地村民去兴民农场偷玉米，并不会不好意思。这是因为当地村民将兴民农场老板视为外地人，而且在他们的观念中，"对外地人没啥不好意思的"，所以表现在村民的主观意愿和内在道德要求方面，他们会去偷。从相反的角度看，这两个方面也是保证村内以及种植大户的玉米不被偷的关键因素。总结来看，客观的约束机制处理的是村民"敢不敢"偷玉米的问题，而主观上的"不好意思"处理的是村民"会不会"偷玉米的问题。

从形式上看，客观约束机制发挥作用的范围和"不好意思"的运作状态是重合的。具体而言，一方面，监督网络、舆论体系和惩罚系统都能对实施偷窃的本地人发挥强有力的约束作用，而对偷外地人东西的约束作用很弱。另一方面，从当地村民的说法出发，我们发现他们对本地人会不好意思，对外地人不会不好意思。我们可以说，不管从客观还是主观方面来看，当地村民偷玉米背后的道理其实是一致的，那就是内外有别。

值得注意的是，所谓"内外有别"，并不是本地人和外地人的区别，更不是说只要是外地人的东西就可以随便偷。关键要看，这些外地人是否被当地人视为自己人。从当地村民对待种植大户和兴民农场的不同态度出发，我们发现他们的行为是区分"内外"的，他们对内部人、自己人是一套行动原则，对外部人、外人是另一套行动原则。这种"内外有别"并不是以行政边界或者村庄范围来界定，而是以"认不认识""有没有交情"来界定。从曾洪方的案例出发，虽然兴民农场的老板来自"外地"，却因为两人"一起喝过酒""有交情"，他进入了曾洪方所认为的"自己人"的范围，进而曾洪方产生了"不好意思"的情况。

正是在这个意义上，本章认为当地村民是否会去偷兴民农场的玉米，并不完全取决于兴民农场的老板是不是外地人，更加重要的是，兴民农场的老板是否通过社会交往与当地人建立了交情。有交情才会有不好意思，没有交情则不会不好意思。除此之外，本章发现，交情还存在明确而具体的物理边界，在这个边界之内，各种关系都可以发挥作用，一旦跳出这个边界，则需要重新建立交情，否则会面对难以摆平的事件。在这个意义上，兴民农场的玉米失窃正是因为王辰林还未能跳出自己交情的边界，与当地人建立起交情。

回到本书关注的资本下乡为什么失败的问题，从这一章的分析来看，外来资本与乡土社会并不能良好"对接"，原因在于二者互相不认识，且没有交情。当然，我们并非认为，资本下乡一定面临失败的宿命。兴民农场的成功和失败在一定程度上取决于王辰林如何与当地建立交情。但是从以上几章的分析来看，兴民农场并没有主动选择与乡土社会互动，反而在经营的过程中不断排除本地村民，这在很大程度上使二者缺乏建立交情的机会。那么，外来资本与乡土社会互动的过程及结果是使二者的关系越走越远，还是越走越近？这是下一章需要分析的内容。

第八章
制造对立与扎根乡土

承接上两章的分析，我们发现兴民农场的玉米失窃的原因主要有两个。其一，由于过多借助了政府的力量，当地村民将兴民农场视为集体与公家的。其二，就乡土社会而言，兴民农场本身就是外来资本且缺乏与当地村民的互动，所以二者缺乏交情，兴民农场的老板被当地村民视为外人。从事件发展的顺序看，接下来的问题是：每年都要面对玉米失窃，兴民农场的老板对此做出了什么样的反应？换句话说，王辰林为了解决玉米失窃的问题，采取了哪些应对措施？这些措施是否有效？这些应对措施对外来资本与乡土社会的结构性关系产生了什么样的影响？这是本章所要处理的经验问题。

从上一章的分析来看，不管是由于客观的约束机制较弱，还是由于主观上不会对外地人不好意思，当地村民都"敢去"而且"会去"兴民农场偷玉米。客观约束机制和主观"不好意思"运作的基础都是"交情"，外来的兴民农场与当地的乡土社会没有"交情"。从事实层面观察，除了看管玉米，兴民农场和当地村庄确实很少互动，兴民农场好像"悬浮"于乡土社会之上。因此，兴民农场针对偷玉米采取的应对措施，可被视为二者发生互动的一种方式。类似于交情包含了交往和感情，在二者互动交往的过程中，二者的关系是越来越近，还是越来越远？这些问题都需要进一步的讨论和分析。

因此，本章的主要内容是关于兴民农场和当地村庄互动的分析。具体而言，当地村民去兴民农场偷玉米，兴民农场采取应对措施，针对这些应对措施，当地农民又做出了回应，这就是二者互动的过程。分析二者互动

175

过程的第一步是要考察兴民农场针对玉米失窃采取了何种应对措施。

第一节　兴民农场的看管实践

针对周边村庄农民偷玉米的基本情况，兴民农场在 2014 年逐步形成了较为完善的看管措施，可以大致分为前期和后期。前期看管主要针对玉米成熟和收割之前的零散偷窃，共有四项。后期看管则主要针对收割时节的偷窃，也是四项。我们先来看前期看管措施。

在兴民农场的前期看管实践中，最为例行化的工作是巡查。所谓巡查，指的是兴民农场派出两辆皮卡车，车身挂上彩色大旗，旗上写着"兴民农场"四个大字，一前一后从兴民农场驶出，沿农场的边界以及各个土方之间的主要道路进行巡查。

按照兴民农场的内部管理制度，巡查期间，每辆车需要派出 2 人以上，且必须有 1 人为农场领导。[①] 每当巡查时，车辆行驶速度较慢，一般每小时不会超过 20 公里，这是为了便于观察四周的情况。从时间上看，每次巡查大概耗时 1 个小时。

巡查可以分为前期巡查和后期巡查，前期巡查针对玉米成熟之前的零星偷窃，巡查频率较低，一般为每天 6 次。后期巡查针对的是收割时节的偷窃，巡查频率很高，一般为每巡查一次后休息一个小时，则要继续进行下一次巡查，不分昼夜，夜间巡查的车辆还会配置大型探照灯。以这个频率计算，每天巡查的次数可以达到 12 次。关于兴民农场巡查的时间安排，具体参见表 8 - 1。

表 8 - 1　兴民农场后期巡查时间

巡查时间	带班领导
01：00—02：00	王辰林
03：00—04：00	郭伟宏
05：00—06：00	王福城

---

① 除了我们在前面提到的农场主王辰林、副农场主郭伟宏、农场场长王福城之外，王永辉也在农场领导之列，但他并不担任农场的任何领导职务，只是负责管理农场的化肥和农药。

续表

巡查时间	带班领导
07：00—08：00	王永辉
09：00—10：00	王辰林
11：00—12：00	郭伟宏
13：00—14：00	王福城
15：00—16：00	王永辉
17：00—18：00	王辰林
19：00—20：00	郭伟宏
21：00—22：00	王福城
23：00—24：00	王永辉

从兴民农场领导们的预想出发，安排如此高强度巡查并不是为了抓住那些偷玉米的人，而是为了加强宣传，显示存在感，让那些看到巡查车辆的村民在村内进行传播，以起到震慑作用。

　　笔者：巡查的强度很大啊，晚上也不睡觉。

　　王辰林：这是必要的，要显示一下我们的力量。

　　郭伟宏：不图抓住人，就是为了让别人知道，让别人看见，让别人传播，让村里的人都知道这里有人看着呢。

　　王辰林：对。偷东西的心理很容易了解，他一知道有人看着呢，他就不敢来偷了。（访谈资料30260916LFW）

在前期的看管实践中，除了巡查之外，还有一项工作被称为"安营扎寨"，也称"值班"。本书在"被建构的'集体'"一章曾经提到这种看管办法。所谓"安营扎寨"，就是由王辰林派出1人或几人，驾驶电动三轮车，车上挂着带有"兴民农场"标志的大旗，前往兴民农场东西南北四个边界区域，也就是偷玉米的高发地段进行蹲守。这个办法之所以被称为"安营扎寨"，是因为蹲守的时间会比较长，一般每个人值班超过6个小时，看管人员需要带上食物和水。但是这项工作一般只在白天进行。与前期的巡查一样，"安营扎寨"也是为了向周边村庄展示农场管理人员在场。

除此之外，兴民农场还会通过大屯镇政府向各村村委会施压，要求各村村委会在玉米成熟之前，每天通过大喇叭向村庄农民喊话。喊话的大致内容为"偷玉米违法"或者"大家都不要去偷玉米"之类。此举的主要目的在于对农民进行宣传教育。

与前三项措施有所不同，在2016年秋收时节，王辰林为手下的承包人布置了一项新的前期看管任务，那就是去偷那些与兴民农场搭界村庄的农户种植的玉米，我们称之为"反偷"。我们先来看王辰林在2016年9月玉米刚刚成熟时布置任务的场景。

> 王辰林：伟宏（副农场主）、国通（7号土方承包人）、华盛（10号土方承包人）你们几个做好准备，今天晚上跟着我去宿庄（宿庄土地与7号、10号土方搭界）那边搞他一下，开着皮卡去，弄上一小车就行。注意沿着路摘，别光摘一家的，路西路东都要摘点。（访谈资料20160902LFW）

"反偷"的逻辑并不在于真正去偷窃村民的玉米，而在于通过偷窃事件的发生，在周边村庄制造一种猜疑气氛，促使村民加强对自家玉米的看管。在王辰林的设想中，农民加强看管产生的客观后果是，农场周边必然会多一些人，有人在场则农场的玉米也不会丢失。换句话说，王辰林是想借周边村民的眼睛，制造农场周边有人活动的迹象，将可能发生的偷窃事件消于无形。

> 笔者：你这么大农场，怎么还去农民地里拿玉米啊？
> 王辰林：这是为了造势。
> 笔者：造什么势啊？
> 王辰林：老农民家的棒子丢了，他们就会互相猜，这是谁偷的啊。他们地少，不经偷，都会去地里看着。他们看（看管）自己家的地，也就顺便帮着咱们看（看管）了咱们的地。偷东西的心理不都是怕被人看嘛，有老农民帮咱们看着，咱这玉米也少丢点。（访谈资料20160902LFW）

从这四项前期看管工作中，我们发现兴民农场的主要目的并不是抓住偷玉米的村民，而是为了宣传和制造存在感，让村民们知道这里是他们的领地。与前期宣传教育不同的是，后期的看管实践更带有"真刀真枪"的"实战"意味。

随着玉米逐渐成熟，到兴民农场偷玉米的周边村庄村民越来越多。在兴民农场第一个生产年，即 2013～2014 生产年秋收之时，很多村民都是将电动三轮车甚至汽车直接开进兴民农场的玉米地偷玉米。吸取第一年的教训，王辰林在 2014 年秋天种植小麦之后，开始了一项浩大的工程，这一工程被他称为"挖沟断路"。这项工程分两步进行，第一步是"挖沟"，即在兴民农场内部，沿着主要道路的方向深挖壕沟。壕沟一般宽 3 米，深 1.5 米，注以河水，主要作用是不让农民轻易进入农田或者把汽车直接开进农田，水沟的作用类似于护城河。关于是否要挖沟，两年前还在兴民农场内部引起过一番争论，我们来看王辰林对此事的回忆。

> 笔者：农场边上这些沟有什么作用，是为了浇水方便吗？
>
> 王辰林：跟这个关系不大，浇水咱们这里都有机井，你看路边那些白房子就是。这些沟主要是针对老农民来偷棒子，挖了沟他们就进不来了。
>
> 笔者：挖了沟的话，你这边的车辆不也就进不去了吗？
>
> 王辰林：我这里没事，从这里的办公室出发，去哪块地都行。主要是不让外边的人进来。前年挖沟的时候，王书记（王福城）他们都不同意，说沿着路挖沟，要损失咱们自己的土地面积，他们都不支持我。在这一点上我很强硬，必须挖，损失点就损失点，那也比（玉米）都被偷了强。（访谈资料 20160616LFW）

农场场长王福城不同意挖沟，认为在不影响道路的情况下挖沟，相当于将兴民农场的农田沿着道路进行了"裁边"。这导致的结果是，路边的土方因挖沟而损失一定的面积。考虑到兴民农场数千亩的土地面积，损失确实不小。但王辰林依然坚持自己的看法，必须要挖沟设置障碍，将兴民农场与外界"隔绝"起来。

第二步是"断路"。所谓"断路"，就是将兴民农场内部通向周边村庄的乡间小路全部挖断，每条小路上形成一个深坑。路断之后，会对周边村庄的村民出行造成一些影响。虽然被挖断的路并不妨碍周边村民步行通过，但村民若要骑车或者驾车出行，则需要绕到兴民农场的范围之外。这正符合王辰林关于断路的设想，断路的目的与挖沟类似，主要是防止来来往往的村民利用电瓶车与电动三轮车来农场运输玉米。需要说明的是，断路是暂时性的，路随时可以恢复，当兴民农场需要使用这些道路的时候，或者农作物尚在生长的时候，他们随时可以派出挖掘机将这些路填平，挖沟则可以被视为"永久性"的工程。

因此，每当收割时节，几个村庄的村民出行需要走其他的路线。在2015年秋季收割时节来临前，兴民农场几乎完成了挖沟断路这项工程的全部工作量。从外形来看，兴民农场几乎成为一个被护城河包围起来的"内城"，且内城中间的部分道路也已经被挖断。

除此之外，随着偷玉米的人数不断增多，王辰林开始在周边村庄安插"眼线"。他试图安插的"眼线"主要是那些经常在兴民农场周边沟渠钓鱼的老人，以及那些午后在附近树林里乘凉的村民。按照王辰林的设想，安插眼线的作用很大，当周边村庄的村民去农场偷玉米时，眼线可以随时向农场管理人员举报，以便兴民农场来抓人时，可以人赃俱获。在这个过程中，眼线并不需要出面制止偷玉米的行为，也不需要直接参与抓人，只需要将偷玉米的地点发给王辰林手下的看管人员即可。

为此，王辰林为那些老人开出了比较丰厚的物质激励。凡经由眼线举报抓获的偷玉米的农民，被送往派出所并受到罚款，眼线可以得到与罚款数额等同的奖励资金。比如，若罚款1000元，则眼线的奖励资金也为1000元。在实地调查的过程中，笔者记录了王辰林招募姜村村民姜大英和姜中师的过程。

王辰林：大爷，钓鱼呢？

姜大英：嗯。

王辰林：经常在这边钓鱼啊？

姜大英：对，家就在这里。

王辰林：想着跟你俩商量个事，帮个忙。

姜大英：想让我们干什么啊？

王辰林：我就是南边农场的，您在附近钓鱼、转悠的时候，要是看见有偷棒子的，您给我打个电话，不用您管，告诉我个大体位置就行。我也不让您白忙活，把这个人抓住之后送到派出所里，派出所罚多少钱，我也给您多少钱。派出所罚500元，我给您500元，派出所罚3000元，我给您3000元。就是打个电话发个短信的事。（访谈资料20160907LFW）

从上面的访谈得知，安插眼线进行举报的思路，是以计件工资的激励方式让周边村庄的村民行动起来，因为举报的人数越多，眼线得到的奖励金越多。王辰林对安插眼线的设想有两个。第一，借此机会打入周边村庄内部，形成一张无形的监督网。第二，招募眼线数量的不断增多，自然而然地对兴民农场的日常巡查和安营扎寨形成补充作用，也借周边村庄村民的存在，制造兴民农场的存在感。用王辰林自己的话说，"多用点'眼线'，相当于农民都在那里帮咱们看着（看管玉米），咱们就坐在办公室等电话就行"（访谈资料20160907LFW）。

随着玉米收割逐步开始，偷玉米这个事件也发展到高潮。为了应对多达上百人的偷窃队伍，兴民农场开始对偷玉米的农民展开行动。行动的第一步是看管队伍的介入，王辰林将这项工作称为"武力威慑"，目的是对周边村庄村民形成威慑。王辰林从冬安县雇来十几个十七八岁的青年，给他们安排的任务就是开车在农场周边巡查，只要发现有农民偷玉米，先收缴玉米，再把人"教训"一顿。这是对农民偷玉米较为有效的一种应对方式。

笔者：玉米怎么才能看得住呢？

王辰林：要我说，咱们农场派人看管，那是一点作用都没有，农民根本不怕咱们。第一年丢的最多的时候，全镇的干部都来给我看棒子，这能起点作用，但人家都有工作啊，我不能让政府的人整天来这儿坐着给我看棒子吧。最有效的办法就是派出我那些"看管队伍"，他们最厉害。

笔者：看管队伍是咱们农场的吗？

王辰林：别处的，花钱雇来的。

笔者：花多少钱啊？

王辰林：万把块钱，花钱是小事，把他们找来，专门让他们发挥震慑力，这是最有效的方法。（访谈资料20160907LFW）

在派出看管队伍"教训"偷玉米的村民之后，兴民农场的管理人员一般会选择报警，让当地派出所的工作人员将偷玉米的村民抓走。派出所一旦介入，就会按照公事公办的逻辑处理。偷玉米的村民被抓进派出所之后，一般的处理结果为行拘，罚款几百元不等。除此之外，派出所也会应兴民农场的要求，停放几辆鸣响着警笛的警车在兴民农场的主要道路边，以对偷玉米的村民起到震慑作用。

总结兴民农场的看管实践，我们发现前期的四项看管工作，分别是"巡查""安营扎寨""大喇叭喊话""反偷"，这些工作的主要任务是对农民进行宣传教育以及制造农场的存在感，尽量将偷玉米消弭于无形之中，从总体上看，看管气氛比较缓和。后期的四项看管工作，分别是"挖沟断路""安插眼线""武力威慑""派出所介入"，这些工作更多带有直接实施惩罚以及震慑的作用。从总体上看，后期看管的氛围更加紧张，带有明显的"实战"色彩。

如果我们将这些看管实践从另一个方面进行总结，会发现兴民农场的看管实践蕴含两种逻辑。第一种逻辑是"整齐划一"。不管是前期还是后期的看管策略，兴民农场都使用了统一的办法，即把所有当地村民都视为同质的，并不会区分这些村民在特定社会结构中的位置。这主要源于王辰林与周边村庄的村民没有交情。第二种逻辑是"公事公办"。这里的公事公办有两个含义，其一是"该怎么办就怎么办"，比如"你偷了我的玉米，我就可以'教训'你"。其二是"以法律应对违法事件"，这特别体现在后期看管实践中，将违法的村民送进派出所，本身就是引入执法者来对违法者进行治理。

那么，接下来的问题是：兴民农场对村民偷窃玉米的应对措施是否有效？更进一步，这些应对措施对兴民农场与当地村庄之间的关系产生了何种影响？这需要我们对兴民农场的看管实践效果进行分析。

第二节　制造对立

对兴民农场的看管实践效果进行分析，也是我们对外来资本与乡土社会的互动进行分析的第二步。在这一节，我们主要考察周边村庄的村民对于兴民农场这些应对措施的反应，即这些应对措施是否有效，效果如何以及对二者的关系产生了何种影响。

针对前期看管实践中的"巡查"和"安营扎寨"，当地农村不仅很快适应了如此强度的巡查，摸清了巡查车辆的行动规律，还想出了应对办法。在当地村民看来，这些方法基本上不能发挥王辰林预想的作用。

> 笔者：我看最近巡逻的很多啊，你看那些插两个大旗的皮卡就是农场的。
>
> 姜中水：插两个大旗算什么啊，插满了大旗也一样，想偷一样偷。原来咱们都说，看管的人能拿住偷东西的人的短处，现在是偷东西的人拿住了看管的人的短处，很有意思。
>
> 笔者：什么意思呢？
>
> 姜中水：他们不是巡逻吗？太好了，我原来还不知道他们什么时候来呢。现在他们开着大车，插着大旗，我老远就看见了。我村里有人正在地里拿棒子呢，我估计一下距离，跟他说一声，"不慌，还有几百米呢，再来十穗棒子"。一看距离太近了，来不及出来了，我就说，"先在地里蹲着"。躲着就行了，他们还会下来去地里找找啊。等他们走了，我再把他叫出来就行了。原来还有人不敢来拿呢，就怕碰见巡逻的，现在拿棒子更容易了。
>
> 笔者：刚才那个拿着镰刀（兴民农场的管理人员尹成所）的呢，他不是半天半天地在这里待着吗（安营扎寨）？
>
> 姜中水：这法就更笨了，你在这儿看着我还非得在这儿偷啊，我不能换个地方啊，地跟地都连着呢。再说了，你家不在这里，你还能不下班吗？（访谈资料20160830SZJ）

这段访谈显示出，兴民农场日常巡查和安营扎寨的应对办法，不仅没有发挥预想的作用，反而还让不少当地村民更加不在乎，用他们的话说，"太好了，车走了就大胆偷"。总的来说，开车巡查和安营扎寨的努力最终变成了类似于猫捉老鼠的游戏，根本不能发挥作用。

兴民农场通过乡镇政府向各村村委会施压，试图以大喇叭喊话的方式教育村民、提高村民法律素养的方式也没有被当地村民正确理解，反而加深了他们对兴民农场属于集体的误会。

> 笔者：听说农场为了防止农民去拿玉米，还在村里喊话了？
>
> 王德平：是，用大喇叭喊的。
>
> 笔者：都喊什么啦？
>
> 王德平：让社员不要去拿棒子。你说是农场让喊的？
>
> 笔者：是啊。
>
> 王德平：我还寻思着那是公社的呢。

从这段访谈，我们可以发现，兴民农场使用大喇叭喊话来宣传教育当地村民的方式并没有产生预想的效果。在当地不少村民的观念中，当大喇叭响起的时候，兴民农场实质上以政府的面貌出现在农民面前。这不仅加深了村民对兴民农场属于集体的误会，更树立起"公社的东西可以拿"的合法性。除此之外，在兴民农场的后期看管实践中，派出所的介入也使村民认为他们确实在和公社、政府发生关系。

兴民农场在2016年实施的最新看管策略——反偷，确实如王辰林所想，在村庄中造成了一些影响，宿庄的不少老人都会在午后出门，到自家承包地的道路两旁乘凉，顺便看管自家的玉米，也有一些中青年农民会选择骑自行车在玉米地附近巡查。但这并没有完全达到王辰林设想的效果。据笔者观察，宿庄的农民确实在自家的玉米丢失之后，加强了对土地的看管。有意思的是，这些农民在看管土地的过程中，特别是在兴民农场巡查的间歇，也去农场偷玉米，然后将玉米装好置于隐蔽处。等傍晚回家的时候，他们再将玉米一并运走。农民相互之间并没有不好意思的情况发生。

从后期看管实践效果看，王辰林精心设计并花费高价实施的挖沟断路工程也没有起到应有的作用，当地村民在一定程度上突破了挖沟断路的限制。我们先来看挖沟，挖沟虽然阻挡了村民将电动三轮车等车辆直接开进玉米地，但是很多村民选择将车停靠在隐蔽处，自己涉水进入兴民农场的范围内，装好玉米后，再涉水将玉米一袋一袋地扛出来，并装车运走。虽然笔者并没有亲眼所见那些涉水的村民，但笔者听到了很多类似的描述。

　　笔者：听说南边的农场玉米丢的很多？

　　姜中雷：那还用说，一年丢个几百亩是常事。

　　笔者：我看它这边靠路的基本都挖了沟，有桥的地方很少啊，怎么过去的啊？

　　姜中雷：要说这个，社员真是不容易。拿棒子的时候，桥上经常有农场的人。车子先停到一个地方，然后下沟，蹚着水过去。夏天水多的时候，都快到了胸膛了。拿完一袋子之后，还得蹚着水回来，把棒子扛肩上。扛着棒子，爬沟很难。要是运气好的话，一天能弄上几袋子，也是一笔小收入。（访谈资料20160906ZLJ）

　　以上访谈反映出，挖沟虽然可以减少村民直接开车去偷玉米的情况，但并没有对农民偷玉米的行为起到真正的制止作用。我们再来看断路的效果。王辰林将一些乡间小路挖断之后，农民驾驶电动三轮车偷玉米的情况减少了，却给周边村庄村民的出行造成了一些不便，这引来不少村民的不满。比如，宿庄村民宿蒙丘说："这太不道德了，他想护着他的棒子，这个心情都能理解，但是不能把路给挖断了啊。这属于坏人。"（访谈资料20160904MQS）

　　此外，王辰林在姜村招募眼线最终也以失败告终。同时，从周边村庄的情况看，王辰林也没能在周边村庄植入眼线。因为在当地村民的理解中，充当"打小报告"的人并不符合他们的道理。我们看看王辰林招募姜大英和姜中师失败后，笔者与二人的对话。

　　笔者：上午那些人是干什么的？

　　姜大英：让我们帮着他看棒子。

　　笔者：怎么帮啊？

　　姜大英：他想让我们举报，有人来偷棒子就给他打电话。这是伤天害理的事儿，绝对不能干。

笔者：是不是怕遇到本村的村民，不太好意思啊？

姜中师：也不是本村的不好意思管，你举报不认识的人也不行啊，这是遭人恨的事儿。

姜大英：他（王辰林）这是"人"有问题，他刚才说完了我就直接问他了，"你觉得是钱值钱啊，还是理值钱啊"？他什么也没说就走了。他想的挺好，让我们在当地干这种得罪人的事儿。他不是真想让我们帮忙，要不他为什么不明着雇我们啊，暗地里搞这个。（访谈记录20160907YDJ）

上面的访谈显示出，王辰林安插眼线的计划不仅没有成功达到在周边村庄编织无形监督网的目的，反而因为这种招募方式不符合当地村民心中的道理而被村民视为"人有问题""伤天害理"。姜大英所言的"是钱值钱啊，还是理值钱啊"表明，在农民的心中，道理要高于金钱。在这里，农民心中的道理是做一个好人，就不能去暗地里举报别人。反过来看，这种要求他们暗地里"打小报告"的人自然是"坏人"。

从看管玉米的效果来看，"武力威慑"确实在村民内部起到了震慑作用，在兴民农场经营的三年中，每一年偷玉米的情况都比前一年要少一些，这主要表现在两个方面。其一，偷玉米的人数逐渐减少。其二，偷玉米以更隐蔽的方式进行，不再那么明目张胆。从上文引用的王辰林的说法来看，这与看管队伍存在很大关系，他甚至说，"这是最有效的方法"。但是从另一个方面看，"武力震慑"让兴民农场和当地村庄的关系变得更加紧张。在这里，我们以两个具体案例来看。

2015年秋收时节，谷庄村民谷保民和他老婆驾驶电动三轮车去兴民农场偷玉米，恰巧遇到了兴民农场副农场主郭伟宏带着看管队伍巡查。看管队伍先把谷保民打成了轻伤、扣押其三轮车，然后通知当地派出所来抓人。谷保民被抓到派出所之后，行政拘留3天，罚款500元。回到村庄的谷保民并没有受到村民的孤立和鄙视，反而有村民请他吃饭、摆酒压惊。事后，谷庄村民放言要修理兴民农场，等来年麦收的时候要把农场的麦子全部烧掉。因为在谷庄村民看来，兴民农场派来的看管队伍打的是他们村的好人。

2016年秋收时节，史庄村民曾文丹借在兴民农场拾穗的时机偷了一麻袋玉米，正准备运走，被郭伟宏带着的看管队伍抓到。看管队伍与曾文丹在现场形成了一个小型冲突。其中一个年轻人上前夺下曾文丹手中的镰刀并大喊："给我把棒子放地下,老实点。我给你说,我记住你了,这几天你要是让我在这一片再看见你,我就打断你的腿。"曾文丹并不示弱,并回话,"你敢嘛,你来试试"。事后,曾文丹对笔者说:"这个人说话太不好听了,你看他对待我们周围的社员就是坏。还敢说打断我的腿,他不让我来我还偏来呢。他想打仗啊,我不吃这一套。"(访谈资料20160917WDS)

从以上两个案例中,我们发现兴民农场派出看管队伍进行武力震慑的方法实质上使外来资本与乡土社会的关系更加紧张。谷庄谷保民的案例说明,每个村庄内部都有一定的社会结构,外来的兴民农场和看管队伍并不清楚其中的结构。这带来的客观后果是,如果看管队伍"教训"的是村庄中的好人,很可能会引起当地村民的不满和报复,从而人为地将二者之间的关系变得更加紧张。

通过史庄曾文丹的案例,我们可以发现看管队伍的介入确实起到了看管玉米的作用,但是这带来的后果是,当地村民并不接受这种看管方式,还说"他不让我来我还偏来""我不吃这一套"。这已经将偷玉米和看管玉米的关系升级成了冲突性关系,制造了兴民农场和当地村庄的对立。

总结兴民农场看管实践的效果,我们发现这些应对措施,要么不能发挥作用,要么制造了二者关系的对立,可以说,基本上没有产生预想的效果。对于这些看管实践的具体效果,表8-2展示得更加清楚。

表8-2 兴民农场看管实践的效果分析

看管实践	效果分析
巡查	无效
安营扎寨	无效
大喇叭喊话	农民反而将农场误认为是公家的
反偷	无效
挖沟断路	有一些效果,但被农民视为不道德
安插眼线	无效,且被农民视为坏人
武力震慑	有效,但被农民视为坏人
派出所介入	有效,但被农民视为公家的

通过表8-2，我们可以总结，兴民农场的看管实践基本失效，即使有一些应对办法能够发挥作用，比如"武力震慑"和"派出所介入"，却加深了外来资本与乡土社会之间的误会，人为制造了二者的对立关系。为什么这些应对措施不能发挥作用？笔者认为，王辰林与兴民农场的管理人员并没有意识到玉米被偷背后，当地村民是怎么想的、村民如何看待他们的，也就是村民心中的道理，而仅仅从自己的主观想法出发设计出一套看管制度和策略。换言之，王辰林心中的有效办法，并不是当地人心中认可并能发挥作用的有效办法。那么，当地人心中认可的有效办法到底是什么办法呢？或者我们引用史庄村民曾文丹"我不吃这一套"的说法来看，当地村民到底"吃的是哪一套呢"？

第三节　扎根乡土

当地村民心中认可的、可以从根本上解决兴民农场玉米被偷的有效办法，涉及村民对外来工商资本，也就是兴民农场老板王辰林的个人看法，以及关于兴民农场和当地村庄之间关系的看法和期待。在这一节，我们将对村民的说法进行总结，并归纳出他们心中认可的有效办法。在这里，我们紧接着上一节史庄村民曾文丹的案例来看，在前文的小型冲突后，曾文丹与笔者交谈时再次谈及此事。

曾文丹：这个人说话太不好听了，你看他对待我们周围的社员就是坏。还敢说打断我的腿，他不让我来我还偏来呢。他想打仗啊，我不吃这一套。

笔者：这么说话确实不对。

曾文丹：是啊，他刚才要是跟我说一句，"大姐啊，你看我们种地的也不容易，一年忙忙乎乎其实不挣钱。这玉米你既然拿了，就拿着吧，回家喝糊糊去，也没几个钱。不过下次别来了啊"。他要是跟我说一句这个，你别说我再来他这里拿棒子了，我当时就给他放下，我都不好意思拿走，谁有那个脸？我回去还得劝劝我们庄上的社员，"人家也是个好人，你看我拿棒子让人家逮住了，人家让我回来了，还把棒子送给我。人家跟咱们一样，都不容易啊，咱们大伙儿谁也别去拿棒子

了啊"。我要说了，谁也没有这个脸再来拿。（访谈资料20160917WDS）

当然，我们不能仅仅根据曾文丹在访谈中假设的几句话语，去判断这样的表达一定可以起到消弭偷窃行为的效果。很有可能的情况是，即使郭伟宏和看管队伍的人说了这些话，并把曾文丹放走之后，她还会再次来偷玉米。这是不能预测的情况，在此，我们不做事实层面的推断和分析。

但是，曾文丹这句话里假设的情境，却依然有值得分析的意义。曾文丹在这里假设的情况是：我来兴民农场拿玉米被人抓住了，这里的老板非但没有打我骂我，反而跟我说了句好话，而且还把玉米送给我，让我回家喝糊糊。在曾文丹看来，如果兴民农场的老板出现了这种行为，等于是给她制造了一个欠兴民农场人情的机会，或者说对于曾文丹来说，这是一个被动欠了人情的情况。所以她会出现她自己描述的反应，即"我当时就给他放下，我都不好意思拿走，谁有那个脸啊"。从曾文丹的反应可以明显看出，这是一种带有轻微抱歉的不好意思的状态，因为她欠了兴民农场的人情。为了报答这个人情，她不仅把这次拿的玉米都放下，还会回去劝说史庄的村民，让大家都知道兴民农场的老板是个好人，而且她欠了农场老板的人情，大家都别去那里搞破坏了，咱们算还他一个人情。从这套假设的情境和话语出发，我们发现当地村民比较认可和信服的是这种人情化的处理方式，这也是乡土社会中较为通行的、较为日常化的交往之道。更重要的是，这套假设的情境和话语中包含着乡土社会的两种逻辑。

第一，欠情必还的逻辑。我们依然从曾文丹的角度出发进行分析，兴民农场放过曾文丹，在客观上使曾文丹陷入了欠情的处境。那么，曾文丹要还的人情到底是何种意义上的人情？本书认为，在这个被动欠情的机会出现之时，不仅意味着兴民农场的老板赠送给曾文丹一个人情，更意味着兴民农场的老板已经和曾文丹建立起了直接的交情。从曾文丹的话语，我们看出，她出现不好意思的反应，已经表明她在内心十分认可这个交情以及如此建立交情的方式，她是在和一个与她有交情的人进行互动。曾文丹归还玉米，以及回到村庄劝说村民的行为都反映出，她所要归还的人情不仅仅是兴民农场的老板把玉米送给她这一人情，更包含了兴民农场的老板与她建立的个人交情。因此，她假设的行为展示出了她内心认同的欠情必还的逻辑。

第二，以德报德的逻辑。如果我们说欠情必还的逻辑强调的是欠和还，那么以德报德的逻辑强调的则是报和德。曾文丹去兴民农场拿玉米的行为虽然包含着她的道理，但我们不能认为这种行为一定是合法且道德的。从兴民农场的角度看，曾文丹拿玉米的行为一定是不道德的。因为立场的不同，二者的道德标准并不一致。对于这种行为，兴民农场给予曾文丹的回应符合曾文丹内心认可的道德，这会让曾文丹觉得人家是好人。对于好人所做的道德行为，曾文丹也只能是以兴民农场认可的道德行为进行回应和报答。从这个意义出发，以德报德的逻辑中，第一个"德"体现为曾文丹选择放下玉米，并回到村庄劝说村民，这是符合兴民农场立场的道德；第二个"德"体现为兴民农场的老板放走了曾文丹，还赠予她玉米，这是符合乡土社会意义上的道德。

但从事实的情况出发，兴民农场老板的行为并不是曾文丹假设和期待的人情化的处理方式，反而遵循公事公办的逻辑，而且还说了"不好听的话"。在曾文丹看来，这非常不符合乡土社会的道德，所以曾文丹会认为这个老板"对待我们社员就是坏"。这种看法和认识被带回乡村之后，带来的必定是外来资本和乡土社会之间关系的紧张和矛盾的加剧。从这个意义上说，兴民农场的老板能否被当地农民视为好人非常重要，那么王辰林在当地村庄是否建立了好人形象呢？通过实地调查，我们发现答案是否定的。

在大果树村开展实地调查期间，有不少农民在得知了兴民农场不是公社和集体的，而是私人的之后，抱怨兴民农场的老板"不懂事""不通人情"。

> 张书青：你说这个农场是私人的是吧？
>
> 笔者：是啊，是个老板来包的地。
>
> 张书青：那他怎么这么不懂事啊？
>
> 笔者：什么意思啊？
>
> 张书青：光说棒子看不住，怎么也不来跟社员们见见面啊。要是我是那个老板，按说庄上这么多老人，过年过节的就得亲自来，60岁以上的老人，一家一桶油一袋面，能花多少钱啊。关键得有这么个意思。
>
> 笔者：送油送面就没人去拿棒子了？
>
> 张书青：不能说绝对没有，肯定好很多。（访谈资料20160805YQZ）

从张书青的角度出发，一个外地的老板到了本地来流转土地，没有以个人的形象出现在村庄，与大家见面，反而以公社的面貌出现，这本身就不太符合乡土社会的交往方式。再者，在村民的心目中，他们更期待兴民农场的老板给予他们尊重，比如，以个人化的形象出现，以送油送面的形式和大家联络感情。笔者与许庄村民于云飞的访谈也印证了这一点。

> 笔者：这个农场想了很多法，玉米还是看不住。
>
> 于云飞：这是他不懂事，你要说他这是私人弄的，这就相当于庄园了。原来地主家也是庄园，地主的地多了还经常开仓放放粮食呢，柴火垛子放在外头，紧着大家随便烧。你说他，这么大，还不开仓放放粮食，这就不是个开明的人啊。他就是不想放粮食也行，用我们本地人种地啊，他一个不用。这就是不通人情、为不住人。
>
> 笔者：如果用本地人就没事了是吧？本地人这么多也用不过来啊？
>
> 于云飞：不是都用，关键得有这么个态度。原来有个其他乡镇的老板上咱们庄上开厂子，那人就不错。他没事净在庄上转悠，看见我们庄上一个光棍汉很可怜，就说，"你来我厂里吧，给我看大门，包吃包住，再给你二百块钱"。这个光棍刚去了，第二天村里又有个光棍汉找上去了，说："我跟他（第一个光棍汉）情况一样啊，你为什么不叫我来看大门啊？"这个老板当时就说，"你俩都来，不就多个人的工资，多张嘴吃饭嘛。没事，养得起"。他在咱们庄上干了好几年，谁也不去找他事，他那厂子也不丢东西。
>
> 笔者：很有意思，为什么呢？
>
> 于云飞：大家都觉得他仗义啊，仁义，懂事儿，是个好人。你看他也不是把庄上的人都雇了，解决两个光棍汉吃饭，庄上都念他的好。
> （访谈资料20160824GYY）

在这段访谈中出现的雇用两个光棍汉的老板，与王辰林的处境非常类似，同样是来自外地，到农村经营企业，甚至在一定意义上，他们面对的就是许庄的同一批村民。但是这个老板没有遇到过村里人跟他找麻烦的情况，王辰林就遇到了特别多难以解决的问题。同一批村民，为什么他们的行为会表现出如此反差呢？我们发现，这与村民对老板的认识和判断存在关系。对于兴民农场的王辰林，当地村庄的人对他的印象是"不懂事儿""不通人情""为不住人"，而那个雇用光棍汉的老板，许庄的村民普遍认为他"仗义""仁义""懂事儿""是个好人"。之所以出现差别极大的判断，更加本质的原因在于这两个老板的所做所为中包含的道德与正义。

首先，在于云飞看来，王辰林的形象类似于原来的地主，但他不仅没有像地主一样去开仓放粮，还从不雇用本地的村民，根本没有尽到照顾村民的义务。这就是说王辰林不仅和本地村庄毫无交情，还被本地村民判断为坏人。

其次，雇用光棍汉的老板虽然没有雇用本地所有的村民，但他为村庄解决了两个贫弱村民的吃饭问题。这相当于他不仅和当地村庄建立了交情，还被当地村民认定为好人。在这个意义上，我们可以理解村民为什么会出现如此反差的行为。

通过这段访谈，我们发现当地村民的行为是区分"好坏""善恶"的。农民面对一个与自己有交情的人且这个人被认定是好人和面对一个与自己没有交情的人且这个人被认定为坏人，他们会表现出完全不同的态度和行为。因此，就兴民农场来说，村民心中认可的、可以从根本上解决玉米被偷的有效办法是融入村庄，和村民建立交情，而且要被村民认定为是乡土意义上的好人。在这个意义上，曾文丹的案例也证实了这一点。

除此之外，几乎所有本地村民都认为，兴民农场的看管策略存在问题，是这种错误的看管策略导致了玉米被偷的问题无法得到有效解决。在本地村民心中，最有效的看管思路是把看管农作物的任务包给本地村民。

> 姜中水：最有效的看管方法不是今天派了多少人，明天弄了多少车。关键要看看管的人和偷的人有没有关系，你看我怎么就不丢棒子呢？因为我跟他们都认识啊，很熟悉啊。但是王辰林没我这种关系。
>
> 笔者：那怎么办呢？
>
> 姜中水：没关系就要建立关系。
>
> 笔者：怎么建立关系啊？
>
> 姜中水：把看棒子的事儿包给本地人啊，划成一块一块的。
>
> 笔者：这样就能管用吗？
>
> 姜中水：那肯定啊。你想这里现在要是归我们村里的书记管着，

我想去偷，就得考虑一下我跟书记的关系。我要真偷了被抓了，就影响我俩的关系，谁会不要脸皮地去破坏本村人的生意啊？现在没有这种关系呢，就不用考虑这些了，想偷就偷。（访谈资料20160901SZJ）

这段访谈显示出，对本地村民行为能够产生约制作用的并不是看管人数的多少，而是那些看管人的性质，即是否与他们有交情。如果有交情，则交情可以起到制约作用。换一个角度看，这种做法也是一种在当地社会寻找经纪人、中间人的做法。那么，将看管任务外包给本地人为什么就是一个有效办法呢？

笔者认为，将玉米看管的任务划成小块，包给本地人的做法，其实质意义在于关系转化。具体而言，将兴民农场与当地农民的关系，从原来农民心目中认为的集体、公家与农民的关系，或者说企业与农民的关系，甚至说外地人与本地人的关系，转化成了当地村庄内部相互认识的两个村民之间的关系。关系性质的转变影响了每个人交情的物理边界，每个人的边界都是具体而狭小的，当所有的事情放入这个边界内部进行解决的时候，看似难以解决的问题可能就会迎刃而解。

值得说明的是，将看管玉米的任务外包给本地人与王辰林曾经设想的安插眼线的做法存在什么区别呢？根据对当地村民的访谈，笔者发现，外包是光明正大的雇用，村民会去考虑本村人在雇用过程中的利益，以及自己与经纪人之间的关系，村民普遍接受这一道理。作为眼线去"打小报告"的看管方法，并没有改变兴民农场作为外人与当地村民之间的关系性质，而且这种充当眼线的做法一般都受到村民的抵制。

总结以上三个案例，我们发现，当地村民心目中认可的、真正能够解决兴民农场玉米被大规模偷窃的有效方法必须满足一些条件。第一，兴民农场的老板王辰林应该以个人形象出现在村庄之中，与村民建立广泛的交情，有交情则有利于内外问题的解决。第二，王辰林必须成为乡土社会意义上的好人，起码不能是坏人，这会在一定程度上影响农民的态度和行为。第三，在本地寻找代理人帮忙看管玉米，将外人与本地人的关系转化成自己人内部的关系。将这些条件总结在一起，本书称之为"扎根乡土"。所谓"扎根乡土"，表达的意思不仅是外地企业要落地在当地乡村，更加重要的是外地企业必须尊重和接受乡土社会中通行的规则和伦理，与当地村民建立起乡土社会意义上的交情，特别是要具备以往乡镇企业意义上的"乡土性"才可以成功。

但是反观兴民农场，却不能满足其中任何一个条件，这也是二者不能衔接的表现。第一，兴民农场老板王辰林借助政府的力量流转土地，当地很多村民认为兴民农场的性质是公家和集体。第二，王辰林所使用的看管办法，特别是"武力威慑""挖沟断路"的方法塑造了乡土社会意义上坏人的形象，这在一定程度上导致了兴民农场总是会遇到一些难以解决的问题。第三，王辰林也没有试图在当地寻找代理人。从以上三个条件出发，我们发现，前两个条件都是既成事实，已经很难改变。目前还能实施的、较为直接有效的办法就是把看管玉米的任务外包给村中的代理人，那么王辰林为什么不采用这一有效办法呢？

第四节　互不信任

上文已经通过两节的叙述展现了外来资本与乡土社会二者关系无法衔接的表现之一，即兴民农场应对当地村民偷窃玉米的看管实践与村民心中认可的、可以解决玉米被偷问题的应对措施很难对应。这是事实层面上难以衔接的表现。除了这一事实，外来资本与乡土社会不能衔接的表现在于，心理层面的互不信任。在这一节，我们主要通过论述这样一个问题来展现互不信任的表现，即兴民农场的玉米看管任务能不能外包给本地村民。

从上一节村民的看法出发，这种将看管任务外包的做法是解决兴民农场玉米失窃的有效措施。为此，曾有一些来自周边村庄的、与王辰林认识的村干部自告奋勇来承担这一任务，比如史庄的治保主任曾洪方就曾找过王辰林，要求承担玉米看管任务。

　　笔者：偷玉米这个事是不是不能解决啊？

　　曾洪方：不容易，也不是说不能。

　　笔者：怎么解决呢？

　　曾洪方：王辰林那里不是包了咱们七个村的地吗？很简单，把这些地还划成七块，每个村找个人来帮他看着。

　　笔者：村里什么人能看得住呢？需要村主任吗？

曾洪方：不需要，只要是村里的就行，有点名望的更好。他第一年丢的多，我就去找他说过，我来帮他看一块。

笔者：王辰林怎么说呢？

曾洪方：他说要包就全包，一块一块的没意思。

笔者：这里面是什么讲究呢？

曾洪方：这就是个借口，他从心底里就不相信我们，他怕监守自盗。他虽然没说，我能感觉出来。（访谈资料20150909FHZ）

通过这段访谈，我们发现，王辰林并非不知道将看管任务外包给本地人能够解决玉米被偷这一问题，只是他并不愿意使用。曾洪方为我们提供的解释是，"他怕监守自盗"。关于这一点，在这次访谈的一年之后，笔者又与王辰林就这个问题进行了讨论。

笔者：听说把看管玉米的任务包给当地人能让咱们少丢玉米？

王辰林：你信吗？

笔者：可以啊，为什么不行呢？

王辰林：那我问问你，你觉得咱们去村里找一个人出来，比如说大果树的村主任吧，他是跟他自己村里的老农民关系近啊，还是跟我关系近啊？肯定是跟本地的老农民关系近，老农民去偷他根本不管，这事要是一弄，丢的更多。什么事都得找自己人，这些人用着最放心。（访谈资料20160730LFW）

这段访谈证实了曾洪方的猜测，作为一个外来人，王辰林确实很难完全相信本地人，特别是本地人要为他来看管玉米这种行为。从这种内心的不信任出发，王辰林更加坚信了在农场所有的经营环节完全排除本地人的重要性，这就与笔者在"土地分包与家庭经营"、"机手与麦客"以及"经济账与平安钱"中的分析联系了起来。结合前几章的分析，我们认为王辰林由于对乡土社会并不信任，排除本地人是他在主观上的刻意安排，甚至这是为了经营成功必须做出的安排。

这种出于内心不信任而做出的安排，在当地村民心中也得到了相应的反应。在实地调查过程中，不少村民表达了他们对兴民农场的看法。我们来看笔者对谷庄村支书谷清山和姜村村民姜中水的访谈。

> 笔者：你说用本地人这种办法这么好，为什么农场不用本地人啊？
>
> 谷清山：都能看出来，他也不想长待，赚点补贴就走的事儿，当然也不用跟咱们庄上来往了。说白了，就没拿农民当自己人，也没觉得自己是当地人，就不想在我们这里长待下来。（访谈资料20160805YQZ）
>
> 笔者：咱们庄上的农民都认识王辰林吗？
>
> 姜中水：谁认识他啊，很少，估计也就书记、村主任认识他。人家手里有补贴，看不起老百姓，根本不需要跟咱们老百姓打交道。（访谈资料20160831SZJ）

从这些访谈中可以看出，当地村民就像看待另一类人一样看待王辰林，"不想在我们这里长待下来"以及"根本不需要跟咱们老百姓打交道"都在指王辰林经营土地可能是一个短期行为，一旦失败可能跑路。这种看法在某种程度上与王辰林因为内心不信任当地人而排除当地人的安排存在关系。所以从客观后果上分析，这种心理上的互不信任，加深了外来资本与乡土社会之间的误解，使二者的关系渐行渐远。

第五节　本章小结

本章的内容承接上两章的内容，即通过对兴民农场玉米失窃的原因进行分析，展现了农民在观念上有关集体与内外的看法。在这一基础上，本章着重从偷玉米这一事件的解决措施来考察兴民农场与当地村庄的交往之道。从这个意义上看，本章也是关于二者互动的分析。

笔者发现，兴民农场为了应对玉米失窃所采取的看管实践，要么无法发挥预想的作用，要么人为制造了农场与乡土社会的对立。这完全违背当地村民心中认可的、偷玉米问题的解决之道。这是二者不能衔接的第一个表现。外来资本与乡土社会之间关系疏远、紧张的一个原因在于二者互不信任，这是二者不能衔接的第二个表现。换句话说，本书认为，外来资本与乡土社会不能进行良好衔接有两个含义：其一，兴民农场针对当地村民偷玉米的应对措施与村民能够接受的应对措施衔接不上；其二，当地村民认为偷玉米问题可以解决的方法，正是兴民农场的老板王辰林在心底里极力排除的方法。

更加重要的是，在对当地村民心中的观念进行分析时，本书发现，村民不仅会根据关系的内外、交情的有无来决定对待人的态度和行为，他们同时也会根据一个人的"好坏""善恶"来决定是否与这个人交往，以及交往的方式和态度。内外的逻辑与好坏的逻辑之间存在的关系为，内外逻辑统摄好坏逻辑。在当地村民的判断中，如果一个人是自己人，那么他也一定是个乡土社会意义上的好人。有意思的是，如果他们判断一个人是好人，并不一定会认定他就是自己人，但农民会开始将这个人作为自己人来对待，以与自己人交往的方式与其进行交往。所以，从这个意义上说，外来资本落地到乡村，应该尊重和顺从乡土社会中的观念和伦理，而不是以整齐划一、公事公办的逻辑与之相处。

回到本书关于资本下乡为什么进展不顺利的问题，从本章的分析来看，本章承接的是这样一个背景：兴民农场并没有主动与乡土社会进行互动，反而在经营的过程中不断排除本地人，这在很大程度上使二者缺乏互动并失去建立交情的机会。而且，本章的分析发现，外来资本与乡土社会在看管玉米这一事件上的互动并不愉快，兴民农场的看管实践加深了当地村民对农场老板是坏人的判断，同时二者互不信任。从客观结果上看，在这一事件的互动过程中，外来资本并没有扎根乡土，它与乡土社会的关系也在走向对立。

下面，我们对本书的第六、第七、第八章进行综合讨论。在第六、第七、第八三章，笔者针对兴民农场的玉米被周边村庄村民偷窃的经验事实，试图以实地调查和访谈资料展示他们内心的观念世界，以及这种区分集体与个人、自己人与外人、好人与坏人的观念结构如何影响了他们在不同关系下使用不同的行动原则。笔者并非要总结提炼农民行为的普遍规律，而是期待通过对偷玉米这样一个被行动者赋予了多重意义的行动的理解，呈现社会行动意义的复杂性。这些观念结构在平时潜隐于意识，貌似为权力和利益的理性计算压制，实际上却是支配个体行动的深层因素。在这个问题上，农民怎么说比研究者如何想更加重要。

笔者选择这样一种违法的行为作为研究对象和分析重点是因为其中包含着各种复杂的伦理关系，有助于凸显行动者的主体性和社会行动的微妙之处。本书的立场既非通过展示农民对自己观念的描述对农民进行污名化，也不是通过展现行为背后的道理对农民进行单方面肯定，而是为了充分理解农民，特别是要努力呈现他们行为背后的准则或观念结构。

针对周边村民偷窃兴民农场玉米的现象，笔者在第六、第七、第八章分别呈现了村民的三种观念结构或行动逻辑。需要说明的是，这种将观念分成三部分进行"切割式"叙述的做法，仅仅是出于方便认识和理解的目的而采用的分析方式，并不意味着在这一事件中，三种观念独立存在于村民的意识之中。实际上，这些不同的观念是不同程度地混合在村民脑海中的。换言之，我们不能将这些观念割裂开来，认为某些观念只属于特定村民，而其他人持有另外的观念，或者认为参与偷窃的村民按照这些不同的观念结构被分成了三类人。笔者在本书中做出的安排，即"集体""外人""坏人"的出场顺序，与这一事件自身的发展逻辑密切相关。

首先，被建构的"集体"出场，这是此事件的发生机制。周边村民亲身经历了快速完成的土地流转过程，目睹了兴民农场的经营状况，他们开始在观念中产生"公家的玉米可以拿"的想法。其次，被排斥的"外人"出场，这可被视为此事件的扩大机制。在村民的观念中，"集体"逻辑之外还有内外有别的逻辑，对"外人"进行偷窃的行为，村内舆论予以默许，甚至是支持和激励，这在一定程度上导致这一事件的扩大化。最后，被惩罚的"坏人"出场，这是此事件的固化机制。兴民农场的强力回应措施，在固化周边村民关于"集体"与"外人"观念的同时，又引出了"坏人"的逻辑，致使行动开始具有反抗和对立的意味。三种观念缠绕在一起，而不是某一种观念在单独发生作用，是兴民农场玉米失窃这一事件很难解决的原因。

值得注意的是，村庄中有大量不去偷窃玉米的村民，并不能说明那些实施偷窃的村民的观念不能成立，很多不偷玉米的村民同样认同这些观念。换言之，笔者呈现与总结的农民的观念结构并非要表示一旦有此观念，所有农民都会据此行动。实际上，没有行动的村民并不代表这套观念结构在他们的脑海中不存在。笔者想要强调的是，这种观念结构并非笼罩性的法则，只要存在，村民就会条件反射式地行动，而是要努力展现那些参与偷窃的村民之所以如此行动，背后隐含的是前述的道理和观念，这也是农民观念世界的重要内容。

建构"集体"、排斥"外人"、惩罚"坏人",是站在当地村民的立场上的叙事结构,突出的是他们作为当事人的经验和说法。"外人"和"坏人"也是兴民农场和当地村民互相给对方贴的标签。一方面,城市与乡村、现代与传统、先进与落后之间的观念冲突和行为差异是这一事件的具体背景。另一方面,这种行为对立的背后隐含着双方共享的观念结构和行动伦理。"公私"、内外和善恶这样的观念结构都是利益之外的伦理因素,以行动伦理的视角来分析,能够更清晰地呈现这些行动的内容和结构(周飞舟,2018)。

按照"行动-伦-理"或"行动-结构-原则"的顺序,从行动者的视角来看社会行动,我们能够发现,当农民面对一个外来者时,首先会去界定彼此的关系,然后再根据这一关系背后的原则与之相处。当他们在观念世界中无从判断外来者的位置时,转而会从个体经历或集体记忆中进行找寻,我们也因此能够感受到宏观的农村社会变迁在农民身上留下的印记。农民将当下的土地流转与历史上的集体化联系起来、将私人经营与开明地主相互挂钩,都是他们界定关系的努力。确定了关系,背后的相处原则和相关期待也随之而来。我们能够发现,农民认为"拿点集体的东西不犯什么大错"或者传统的开明地主应该如何行事等行动之"理"或行动原则。这些支撑行动和关系的"理"或者"原则"并非源于现实的理性计算,而是源于历史和传统,这正是行动伦理的动态体现。

此外,行动伦理的动态性还体现为"伦"的可变性,这也是三种观念结构之间相互缠绕的具体体现。兴民农场被周边村民视为"集体""外人""坏人",但是这种被界定的关系并非一成不变,而是可以发生变化的。这种可变性体现在两个方面。一方面,"集体""外人""坏人"可以向它们相反的方向转化。基于一定的条件,集体能够变成私人,外人也能变成自己人,坏人同样可以变成好人。另一方面,"集体""外人""坏人"背后的"公私"有别、内外有别、善恶有别这三种观念结构之间存在复杂而密切的关联,这正是"集体""外人""坏人"可以向相反的方向转化的条件。

其中的关联在于以下两方面。第一,内外逻辑大于并包含"公私"逻辑,以公家的观念为例可以发现,公家意义上的集体是外人,但外人的范围明显不止于公家。第二,内外逻辑统摄好坏逻辑。面对许庄的同一批村民，开厂子的老板被视为自己人而兴民农场老板被视为外人，与这两位老板行为中体现出的道德与正义密不可分。好与坏是放置于内外关系中来进行评价的，背后的期待是一个人明伦知理、识得进退。而好人并不一定都是自己人，却更容易引而近之，坏人也可能在关系上是自己人，却有可能推而远之。虽然是以个体为中心的判断，但置于群体也存在一定的共通性。因此，三种观念结构并非割裂存在，而是紧密相连甚至能够相互转化，这也体现出"伦"的开放性。

因此，很难从一个普遍性的标准来对农民的行为做出道德评价，周边村民之所以没有将到兴民农场偷窃的行为界定为道德问题，与实施偷窃的对象密切相关。同样是偷窃，村民并不是根据行为本身来定义是非，而是依据对象来判断对错。正如费孝通先生所言，在差序社会里，"一切普遍的标准并不发生作用，一定要问清了，对象是谁，和自己是什么关系之后，才能决定拿出什么标准来"（费孝通，2015：38）。从差序社会向上追溯，其又根植于传统中国伦理本位的社会结构与传统儒家的人伦结构（梁漱溟，2018）。

第九章
结论与讨论

本章的主要内容是对本书提出的研究问题做出回答，并总结研究过程中的重点发现。同时，本章还会尝试对资本下乡这一现象牵涉的更高层次的问题做一些简短讨论。

第一节　资本下乡失败的悖论式解释

本书的研究问题是：资本下乡为什么会进展不顺？其失败的具体机制为何？讨论这个问题，首先要定位资本下乡失败的原因，所以笔者最先处理的问题是：资本下乡之后，在实际的经营中，遇到无法克服或者难以解决的问题是什么？是经营过程中的监督和激励问题、资金问题，还是其他问题？

本书的第三章到第五章即是对这个问题的回答。外来资本落地到农村流转土地，进行规模经营，首先会面对小农家庭经营不需要面对的问题，即监督和激励的问题。这个问题若得不到很好的解决，则下乡资本很容易亏损，以致在较短的时间内失败退出。这也是很多研究和报道中指出的资本下乡"毁约弃耕""失败跑路"的主要原因。但本书讲述的资本下乡案例——兴民农场的经营实践却在某种程度上克服了这些问题。

第三章论述了兴民农场关于土地经营的实践。兴民农场从经营土地的实际情况出发，使用土地分包的方法，将数千亩土地划分成 20 多个土方，也就是将大规模经营变成了小规模经营。土地分包这种组织形态也并非解决监督问题的要害，关键是兴民农场的农场主刻意从自己的家乡选择了一些与自己有着各种各样特殊社会关系的人来承包这些土方。换句话说，兴民农场的农场主将自己原有的一套社会关系和社会结构"复制"或者"搬迁"到了兴民农场。总的来看，并非土地分包，而是自己人等社会关系起到了弱化监督困难的作用。

第四章论述了兴民农场如何成功实现机械化的过程。经营数千亩的土地，必然需要机械化的种植与收割，为此，兴民农场构建了完备的农业机械体系。但是使用机械收割并非程序化操作，反而存在很多难以解决的监督问题。在雇用本地机手进行收割的过程中，无论怎样配置机械和人，都无法克服监督困难和协调问题。最终，借用经纪人引入的外地麦客，兴民农场成功实现了机械化。麦客与兴民农场能够配合良好，并非简单因为麦客收割高效且要价便宜。麦客能够如此高效和便宜仰赖的是传统的亲属关系，而且麦客具有一种独特的社会身份。总的来看，机械化收割过程中也会遇到很多监督和激励问题，但是这些问题可以通过引入外地的麦客得到解决，兴民农场成功实现机械化的过程并不是简单的市场选择过程，仍是一个社会过程。

第五章分析了兴民农场经营几年内的成本和收益，具体回答了资本下乡赚不赚钱、如何赚钱的问题。第五章的分析发现，借助政府补贴和项目资金，兴民农场在经营过程中可以实现盈利。所以，经营过程中的资金问题也不是一个真正的困难。从财务账目的分析中我们发现，平安钱是不得不支出的花费，这项花费主要是为了解决外来资本与乡土社会互动不畅的问题。这种互动不畅构成了资本下乡之后，在实际经营过程中很难在短时间内克服的难题。

通过对第三章至第五章的分析，我们可以总结出，资本下乡之后，在实际的经营过程中，真正无法解决的问题并不是监督和激励的问题，而是外来资本与乡土社会互动不畅的问题，因为前者可以通过借用乡土社会资源得到解决。换句话说，如果我们仅仅从上面几章进行总结，得出的结论是，如果下乡资本想要实现经营意义上的成功，必须满足如下几个条件。第一，将大规模的土地分包给自己人来进行经营。第二，在机械化收割过程中，只能使用外地的麦客。第三，生存与盈利特别依赖于地方政府的补贴与项目资金。

在这个过程中，互动不畅的问题在经验层面表现为一些社会性事件，这成为资本下乡进展不顺的真正原因。那么，这些事件到底是由何种原因引起的呢？通过分析，我们发现，这些事件的根源在于工商资本的"外来性"。进一步的问题是，外来性如何导致了这些社会性事件的发生。换言之，外来性导致资本下乡进展不顺的作用机制是怎样的。

第六章到第八章主要回答了外来性的作用机制问题，笔者着重从当地村庄和村民的角度展开分析。通过第六章的分析，笔者发现，因为土地流转过程中政府的过多参与以及兴民农场下乡之后的经营状况，当地村民在观念上将兴民农场建构为一个"集体农场"。所以他们以对待集体的态度与兴民农场进行互动，这构成了社会性事件发生的一个解释。更关键的是，通过上溯历史，笔者解释了为什么当地村民会对集体产生对抗行为。因此，外来性的作用机制在本章的表现是，农民不断在观念上将兴民农场建构为集体，并以对待集体的态度与兴民农场进行互动。

第七章从关系的内外维度上对第六章的解释做出了补充。这一章处理的问题是，为什么兴民农场周边的很多村民明明知道兴民农场并非集体的农场，但还是会与兴民农场产生对抗行为。通过实地调查，笔者发现，乡土社会中客观存在的监督网络、舆论体系和惩罚系统会对不同对象的行为产生完全相反的作用，这在很大程度上构成了村民偷窃兴民农场玉米的原因，也就是说农民"敢去偷"。此外，本章还从主观的道德约束层面回答了村民为什么"会去偷"的问题，我们发现，交情的物理边界影响着村民的行为。所谓的"内外"，其具体含义并不仅仅是本地人或者外地人，而是村民观念中的自己人还是外人。兴民农场老板被当地人视为外人，是这些社会性事件发生的另一种解释。因此，外来性的作用机制在本章的表现是，乡土社会本身就含有内外有别的逻辑，而且兴民农场的老板与当地村民缺乏交情的状态，在一定程度上强化了内外逻辑。

第六、第七章分析了兴民农场完全被当地村民视为集体与外人，但并不意味着这样的身份不能改变，互动和交情都能对关系产生作用。第八章分析了兴民农场与乡土社会围绕偷玉米与看管玉米展开的互动。我们发现，兴民农场的老板不仅和乡土社会缺乏交情，而且他因看管玉米的方法不被认可还在客观上被当地村民当成了坏人。换句话说，围绕看管玉米展开的互动不仅没能缓和外来资本与乡土社会的关系，反而在客观上制造了二者的对立，使二者的关系渐行渐远。这种解释虽然并不直接构成村民偷玉米的原因，但构成了外来性作用机制的另一个维度，即兴民农场的老板被村民视为坏人，导致了这些社会性事件很难得到妥善解决。

因此，我们可以对"资本下乡为何进展不顺，其失败的作用机制为何"这个问题，提出一个悖论式的解释。一方面，如果外来资本想要实现内部经营的成功，则它必然面对与乡土社会的互动不畅，因为实现内部经营成功的条件会在客观上造成它与乡土社会"隔绝"开来，这正是导致那些社会性事件发生并且无法真正解决的原因。另一方面，如果外来资本直接融入本地村庄，确实可以在一定程度上避免社会性事件的发生，但是在短时间内经营可能会失败，这是外来资本下乡很难规避的两难困境。总之，资本下乡实现经济意义上成功经营的条件，正是它在社会意义上困难重重的原因。

虽然资本下乡会遇到两难困境，但并非只有失败的宿命。我们想要强调的是，资本下乡的成功是有条件的，外来资本与乡土社会互动不畅恰恰表明下乡资本需要经历一个扎根乡土的本土化过程。与下乡资本使用自己人可以弱化监督困难的逻辑类似，本土化的具体逻辑是，在乡土社会中发展出自己人或者类似的关系，如此才能扎根乡土。虽然这一过程并不能在很短的时间内完成，但下乡资本需要面对本土化过程的种种挑战，而不是将自身封闭起来。值得注意的是，扎根乡土构成了资本下乡能够成功的重要条件，以往乡镇企业扎根村落社会意义上的"乡土性"，正是外来资本顺利并成功下乡需要具备的"精神气质"（周飞舟，2013）。

第二节　资本下乡与农业现代化

伴随着城镇化的进程，农村人口大量外流，农民的非农收入持续提高，农村人口不断老龄化，村庄空心化的趋势日益明显。在这种背景下，农业转型和农业现代化也存在着现实合理性。表现在经验现象上，农村承包地的流转规模不断增大，流转速度明显提高。表现在政策层面上，"鼓励土地流转""创新农业经营体系"的讲法也经常见诸文件。

对于这一现象，一种代表性的观点是，经由企业流转土地形成的规模农场是农业转型和农业现代化的途径之一，甚至是主要途径。因为企业流转土地后进行的规模经营，可以克服土地细碎的问题，有力地改造小农家庭生产这种传统农业与"落后"的生产方式。持这种观点的学者通常使用的论据可以分为两个：第一，企业能够带来传统农业中较为稀缺的资本、技术和知识等生产要素，促进生产要素结构优化，降低生产成本，提高农业生产率；第二，以土地集中流转、扩大生产规模和提高机械化水平为特点的规模经营本身有利于实现规模经济和规模效益。

但是笔者认为，判断资本下乡、规模经营能否代表农业现代化的出路之一，最主要的依据不是对照着农业经济分析中土地、劳动力和资本等生产要素去观察其土地规模大小、机械化程度高低、经营过程能否盈利，而是要考察资本下乡后是否带来了生产力的质性提高和生产要素的优化配置。具体而言，需要考察的内容是：规模经营是如何组织起来的？机械化是什么样态的？盈利是赚的哪部分钱？依照这种思路，我们再来分析本书主体内容的每一章节。

本书第三章的分析发现，规模经营在现实中走向了规模的反面。兴民农场集中流转的数千亩土地并没有进行规模经营，而是被划分成了100~300亩左右的土方进行家庭经营。更加重要的是，承包土方的人都是与农场主有着各种各样特殊关系的人。第四章的分析发现，配置完备的机械也很难实现成功的机械化。兴民农场建设了完备的机械化体系，却依然不能顺利进行机械化收割。最终的收割任务是被来自全国各地的麦客完成的。第五章的分析发现，在政策补贴的基础上，资本下乡能够盈利。兴民农场在经营的三年内可以实现盈利，但这是在大量的政策补贴和项目资金的支持下实现的。这种情况使兴民农场的生存极其依赖地方政府。

从这三章的内容出发，我们发现，相比于农户的家庭经营，兴民农场在土地经营、劳动力雇佣和资本使用方面，并没有出现生产力的质性突破，也没有形成更高水平的生产要素组合。我们分别来看，兴民农场使用的土地分包在形式上类似于反租倒包，分包之后的规模和生产经营状态类似于新中农（贺雪峰，2014）或者家庭农场。兴民农场使用的麦客收割方式，只要通过麦客经纪人的帮助，普通农户同样可以使用。唯有资本使用方面，兴民农场比普通农户显得更有力量。可以这样说，虽然兴民农场实现了经营意义上的成功，但是这并非因为资本组织农业的生产方式代表着一种新的生产力水平或者更高级的生产方式，反而是因为兴民农场组织生产的方式，借助了乡土社会中固有的各种资源以及传统的生产方式。所以从生产要素方面来看，本书案例中的资本下乡很难被称为从事现代化的农业生产。

除此之外，认为资本下乡代表了农业现代化途径之一的研究者没有注意到，资本下乡必须要面对的是乡土社会。从本书的分析来看，这是兴民农场遭遇到的主要困境。陷入千家万户小农"包围"的兴民农场，虽然可以带来资本等农业经营中稀缺的生产要素，但我们必须注意到，资本在农业经营中如何被投入和使用。陷入乡土社会中的资本，很难发挥它在理念中的作用，平安钱的流向在一定程度上反映了这一点。

从兴民农场的案例来看，资本下乡后面临的主要问题在于其和乡土社会互动不畅，或者说，在面对乡土社会的过程中，兴民农场遭遇的是来自当地村民观念世界的挑战。这导致兴民农场经常需要处理一些与农业生产无关的"社会性事件"。互动不畅的主要原因在于兴民农场外生于乡土社会，本书第六章和第七章详细分析了资本外来性的作用机制。一方面，外来资本在政府强力帮助下完成的土地流转再造了当地村民的"集体"观念与"国家想象"，当地村民以对待国有农场的态度与之互动。另一方面，因为缺少交情和关系，当地村民以内外有别的逻辑或者以对待外人的态度与兴民农场相处。在此基础上，兴民农场处理这些社会性事件的方式在客观上激化了二者的矛盾，使外来资本与乡土社会不断走向对立。

最为关键的是，资本下乡之后疲于应付各种各样的社会性事件。在这个过程中，如果关系没能处好，还会对农业经营造成直接影响，这体现在本书关于"阻拦收割""路权纠纷""玉米防盗"等论述中。我们很难想象，代表了农业转型与农业现代化主要途径的资本下乡是处于这样"混乱无序"的状态，这恐怕并非理论假设与理念想象中的农业现代化。

所以，我们可以得到两点认识。第一，外来资本下乡实现成功经营的前提并不是资本组织农业生产的方式，而是利用了乡土社会中固有的社会资源。从经营的状态看，我们也没有看到生产力的质性提高或者生产要素的优化配置。第二，外来资本下乡"疲于奔命"地处理各种各样与农业生产有关或无关的社会性事件，陷入了万千农户的"汪洋大海"之中。基于这两点认识，我们很难确信工商资本下乡，特别是外来资本下乡能够成为农业转型与农业现代化的主要途径。因为农业经营能否成功，不仅是土地、资本和劳动力如何配置使用的问题，还与农村社会结构、农民观念心态存在很大关系。换句话说，农业经营能否成功，不仅是简单的农业生产的问题，更是关乎农民与农村社会的问题，三者相连，缺一不可。

第三节 资本下乡的社会基础

无论是在土地分包过程中使用自己人承包土地、成功实现在机械化过程中排除本地机手，还是在玉米看管过程中与乡土社会进行互动，兴民农场始终在处理农业经营过程中的监督问题，这也是始终贯穿本书的问题。在这里，笔者对文献回顾中关于监督问题的几种说法做一个简要讨论。

第一，农业经营中监督困难的来源。笔者承认以往学者的论断，即农业本身是一个特殊产业，其中存在着空间属性、延迟效应等特点。这些特点对以工业生产的方式来组织农业构成了障碍，其中的主要表现是农业经营难以监督。从这种论断出发，不少学者将资本下乡失败的原因归结于监督困难。因为难以处理农业经营中的监督问题，规模经营始终无法控制不断上升的人工成本和各类损失，特别容易亏本。从这种论述出发，我们发现其中的逻辑是，监督困难来源于农业产业的特殊性。但本书的分析发现，监督困难不仅仅由农业产业的特殊性造成。换句话说，仅仅从监督困难的角度来理解资本下乡的失败并不是一种普遍化的解释，需要进行一些补充讨论。

首先，我们从农场经营的外部监督来看，本书第七章对兴民农场和姜村种植大户姜中水的经营对比可以佐证这一点。从土地规模来看，虽然姜中水的农场规模无法与兴民农场相比，但因为农业产业的特殊性，他也必然面临监督困难，比如，姜中水农场的土地分为九块，最远的地块之间相隔3公里以上。但是从实际观察的情况来看，这种生发于本地的农场面临的监督困难要少于来自外地的农场，其中的主要表现就是虽然两个农场地邻搭界，很多地块相隔不到5米，但是姜中水农场的玉米从来不丢，兴民农场的玉米却被大面积偷窃。换句话说，姜中水的农场面临比较弱的外部监督问题，而兴民农场则需要花费大量的时间和精力进行外部监督。这在一个方面说明了监督困难并不仅仅来源于农业的特殊性，更与资本是生于本地还是来自外地有着很强的关系。

其次，我们再从农场经营的内部监督来看，本书第三章"土地分包与家庭经营"的内容可以作为论据。按照上文的逻辑，兴民农场和齐民农场流转而来的数千亩土地非常难以监督，兴民农场的面积还要大于齐民农场，但是这两个农场却有着不同的命运。来自外地的齐民农场雇用本地农民分包土地，很快就遇到了明显的监督困难，并在两年之后倒闭。但同样来自外地的兴民农场却全部雇用自己家乡的农民分包土地，这种组织生产的方式在一定程度上弱化了监督困难。从第三章的两个案例出发，我们会发现，从形式上看面临的监督困难更小的齐民农场却遭遇了经营失败，而面临监督困难更大的兴民农场实现了成功的内部监督。所以，由农业产业特殊性带来的监督困难并不是一个农场经营成败的关键。换句话说，农业经营中的监督问题并不仅仅来源于农业产业的特殊性，在很大程度上还与工商资本的内生性与外来性存在关系。

第二，农业经营中监督问题的解决措施。不管监督问题源于何处，很多学者认为解决农业经营中监督问题的困难在于，产权不够清晰以及"人"的因素对农业经营的影响。从这种逻辑出发，解决农业经营中监督困难的手段就是明晰产权以及提高机械化程度。从形式上看，这两种方法分别从产权设定和技术变迁的角度对监督问题提出了解决措施。笔者承认这两个解决措施都是有效方法，但是我们也必须注意到这些解决措施的适用条件。换句话说，这些措施是否能够发挥作用有着特定的前提条件。

首先，我们来看明晰产权的作用。明晰产权有利于解决监督困难的逻辑在于，给予监督者以明确的、具有排他性的剩余索取权，以此弱化监督问题。以三权分置的视角来看，兴民农场的产权设定不可谓不明确，即土地所有权属于村集体，承包权属于农民，经营权流转给了兴民农场。从法学相关研究的观点出发，经营权的"内容为在特定期限内行使土地承包经营权，取得后者（土地承包经营权）的占有、使用、收益权能，其权能具体体现为对特定农地的占有、使用和收益。经营权设定后，其效果等同于土地承包经营权在时间维度上的分割，并予以部分转让"（蔡立东、姜楠，2015）。这说明，在一定的时限内，除了对流转土地的处置权之外，流转土地的经营收益全部属于兴民农场，所以，兴民农场的农场主是最有积极性的监督者。但是从本书第六章的分析来看，兴民农场依然很难处理玉米被当地村民偷窃的问题。当地村民出现此种行为的原因在于，兴民农场来自外地且与当地村庄缺乏交情，村民在观念层面将兴民农场建构成了集体、公社与国家。所以，明晰产权确实能够产生积极的监督，弱化监督困难，但是这一命题的另一种说法是，明晰产权不仅仅是要明晰制度层面的产权设定，给予监督者以明确的产权，而且还需要明晰被监督者在观念层面的产权。

其次，我们再看机械化的作用。提高机械化程度能够解决监督困难的逻辑在于，弱化"人"在农业经营中的作用。从形式上看，事实确实如此。但是从本书第四章的分析来看，兴民农场购置了完备的农业机械，但是当这些机械与本地机手结合起来的时候，无论使用怎样的组合方式，都不能弱化监督困难，反而会出现新的监督问题。成功的机械化要求操作机械的"人"必须是农场主信得过的人，或者在特定社会背景下具有独特社会身份的人。只有这样，才能解决监督问题。反思提高机械化水平这种逻辑的缺陷在于，在排除农业经营中"人"的作用的同时，恰恰忽略了操作机械的人有着大量的权力空间。机械只是客观存在的工具设备，但是操作机械的劳动力却是附带在某种关系之上的，劳动力本身是有性质、有立场的。所以，如果不能处理好资本外来性的问题，明晰产权或者提高机械化水平都不是解决监督问题的有效措施。

那么监督困难到底来源于何处，应该如何解决呢？本书认为，对监督问题的讨论应该与嵌入性结合起来。无论是波兰尼（2001）还是格兰诺维特（Granovetter，1985）意义上的嵌入性，都强调经济活动嵌入非经济的制度或者社会关系网络之中会受到社会结构的制约。在关系网络或者社会结构中的人的行动并非在真空中进行，而是会受到各种因素的影响。诚然，农业产业本身面临非常困难的监督问题，纯粹依靠外部监督很难解决这一问题，解决监督困难必须依靠内部人的关系。不论是兴民农场在内部经营中排除当地人，纯粹使用自己人这种安排带来的经营成功，还是兴民农场来自外地，没能扎根乡土而带来的经营失败，都可以明显观察到嵌入性的作用。但是这其中难以解决的问题是，兴民农场如何在内部经营和外部互动过程中实现两个层面的嵌入。其中具有很大冲突和不一致的地方，这是资本下乡真正需要面对和解决的问题，这也是本书想要强调的资本下乡的悖论之处。

回顾本书的结构，除绪论、文献综述、结论与讨论，主体内容的六章可以分为两个部分，前三章分别从土地、劳动力和资本出发，描述和分析了兴民农场内部经营的过程，这是资本下乡处理内部关系的部分。后三章着重从乡土社会中农民的观念和道理出发，展现了兴民农场作为整体与乡土社会互动的过程，这是资本下乡处理外部关系的部分。最有意思的是，不管是内部关系还是外部关系，不管是经营实践还是外部互动，其中的逻辑都是一致的，即"内外有别"。从整本书的行文来看，"内与外"也是贯穿全书的主要线索。对兴民农场来说的"内"，恰恰是乡土社会的"外"，这是二者难以调和的一点。所以，本书强调的资本下乡的"社会基础"，具有两种具体的含义。

第一，探究资本下乡为何进展不顺，不能仅仅就资本下乡而谈资本下乡，乡土社会作为资本下乡的社会基础也需要得到重视。资本下乡，就像文字下乡与权力下乡一样，重点是"下乡"，它不是落到了"真空"之中，而是下到了"乡土社会"之中。这是一个怎样的社会呢？这个社会不仅仅是一个纯粹地理意义上的乡村或者农业社区。在这个社会，有着一群被特定历史塑造的、具有独特面貌的人，这些人有着各种各样的传统关系、社会连带和观念结构。在这个社会，通行的伦理和规则是"内外有别"，这是资本下乡必须要面对的社会基础。

第二，资本下乡的过程，本身也是企业主或者农场主动用自己的"社会"的过程。从兴民农场的案例中，我们可以发现，为了实现经营成功，农场主几乎动用了自己交情边界之内的所有关系，这也是他实现内部经营成功的社会基础。更加重要的是，农场主动用自己的"社会"以实现内部经营成功的过程本身也极其明显地体现出了"内外有别"的逻辑。

总之，本书想要强调的是资本下乡这一现象体现出来的并非先进生产方式与落后经营状态的"争斗"，也不是城市文明与乡村文化的"冲突"，更不是现代精神与传统思想的"对立"。在资本下乡的整个过程中，无论是内部经营还是外部互动，无一不体现着"内外有别"的行动逻辑与行动结构，甚至我们可以说，"内外有别"是中国人行动乃至中国社会的基本伦理。

参考文献

北京天则经济研究所"中国土地问题"课题组、张曙光，2010，《土地流转与农业现代化》，《管理世界》第 7 期。

伯恩斯坦，亨利，2011，《农政变迁的阶级动力》，汪淳玉译，北京：社会科学文献出版社。

波兰尼，卡尔，2001，《经济：制度化的过程》，渠敬东译，载许宝强、渠敬东选编《反市场的资本主义》，北京：中央编译出版社。

蔡立东、姜楠，2015，《承包权与经营权分置的法构造》，《法学研究》第 3 期。

曹亚鹏，2014，《"指标漂移"的社会过程——一个基于重庆"地票"制度的实证研究》，《社会发展研究》第 3 期。

陈柏峰，2006，《村落纠纷中的"外人"》，《社会》第 4 期。

陈航英，2015，《新型农业主体的兴起与"小农经济"处境的再思考——以皖南河镇为例》，《开放时代》第 5 期。

——，2018，《中国农业转型及其动机机制再思考——基于皖南河镇的经验研究》，《开放时代》第 3 期。

陈靖，2013，《进入与退出："资本下乡"为何逃离种植环节——基于皖北黄村的考察》，《华中农业大学学报》（社会科学版）第 2 期。

——，2017，《公司制农场：资本下乡与规模经营的困境》，《山西农业大学学报》（社会科学版）第 1 期。

陈亮、苑苏文，2017，《"新麦客"》，《财新周刊》第 4 期。

陈锡文，2001，《慎重对待耕地流转问题》，《乡镇论坛》第 9 期。

——，2011，《当前农业形势与农村政策》，http://www.snzg.cn/article/2011/

1117/article_26276. html。

——，2012，《把握农村经济结构、农业经营形式和农村社会形态变迁的脉搏》，《开放时代》第 3 期。

——，2014，《国务院很快推出户籍制度改革》，http://finance. ifeng. com/a/20140614/12542916_0. shtml。

陈义媛，2016，《资本下乡：农业中的隐蔽雇佣关系与资本积累》，《开放时代》第 5 期。

——，2019a，《资本下乡的社会困境与化解策略——资本对村庄社会资源的动员》，《中国农村经济》第 8 期。

——，2019b，《中国农业机械化服务市场的兴起：内在机制及影响》，《开放时代》第 3 期。

迪尔凯姆，1996，《自杀论》，冯韵文译，北京：商务印书馆。

杜吟堂，2002，《"公司＋农户"模式初探——兼论其合理性与局限性》，《中国农村观察》第 1 期。

范恒山，2013，《关于深化区域合作的若干思考》，《经济社会体制比较》第 4 期。

方师乐、卫龙宝、伍骏骞，2017，《农业机械化的空间溢出效应及其分布规律——农机跨区服务的视角》，《管理世界》第 11 期。

费孝通，1933/2009，《我们在农村建设事业中的经验》，载《费孝通全集》第一卷，呼和浩特：内蒙古人民出版社。

——，1982/2009，《论知识分子与社会主义建设》，载《费孝通全集》第九卷，呼和浩特：内蒙古人民出版社。

——，1998，《乡土中国 生育制度》，北京：北京大学出版社。

——，2003，《试谈扩展社会学的传统界限》，《北京大学学报》（社会科学版）第 3 期。

冯小，2015，《新型农业经营主体培育与农业治理转型——基于皖南平镇农业经营制度变迁的分析》，《中国农村观察》第 2 期。

高鸣、宋洪远，2014，《粮食生产技术效率的空间收敛及功能区差异——兼论技术扩散的空间涟漪效应》，《管理世界》第 7 期。

高王凌，2006，《人民公社时期中国农民"反行为"调查》，北京：中共党史出版社。

——，2008，《弱者的武器和农民"反行为"》，《南方周末》5 月 8 日。

——，2013，《中国农民反行为研究（1950—1980）》，香港：中文大学出版社。

高原，2014，《大农场和小农户：鲁西北地区的粮食生产》，载黄宗智主编《中国乡村研究》第 11 辑，福州：福建教育出版社。

龚为纲、张谦，2016，《国家干预与农业转型》，《开放时代》第 5 期。

观察者网，2013，《中国"机械麦客"的迁徙人生》，https：//www. guancha. cn/society/2013_07_22_160187. shtml。

郭亮，2011，《资本下乡与山林流转——来自湖北 S 镇的经验》，《社会》第 3 期。

郭于华，2002，《"弱者的武器"与"隐藏的文本"——研究农民反抗的底层视角》，《读书》第 7 期。

韩俊，2016，《新形势下推进农业转型发展的思考》，《中国经济报告》第 12 期。

韩启民，2014，《城镇化背景下的家庭农业与乡土社会——对内蒙赤峰市农业经营形式的案例研究》，《社会》第 5 期。

贺雪峰，2013，《小农立场》，北京：中国政法大学出版社。

——，2014，《工商资本下乡的隐患分析》，《中国乡村发现》第 3 期。

——，2015，《为谁的农业现代化》，《开放时代》第 5 期。

侯登科，2000，《麦客》，杭州：浙江摄影出版社。

胡必亮，2004，《"以厂带村"与村庄发展》，《中国农村观察》第 5 期。

胡鞍钢、吴群刚，2001，《农业企业化：中国农业现代化的重要途径》，《农业经济问题》第 1 期。

胡小平，1994，《粮食适度规模经营及其比较效益》，《中国社会科学》第 6 期。

黄小虎，2009，《关于农村土地承包经营权流转的几点看法》，《红旗文稿》第 2 期

黄应贵，1979，《农业机械化——一个台湾中部农村的人类学研究》，《"中央"研究院民族学研究所集刊》第 46 期。

黄瑜，2015，《大资本农场不能打败家庭农场吗？——华南地区对虾养殖业的资本化过程》，《开放时代》第 5 期。

黄宗智，2000，《华北的小农经济与社会变迁》，北京：中华书局。

——，2010，《中国新时代的小农场及其纵向一体化：龙头企业还是合作组织？》，载黄宗智主编《中国乡村研究》第8辑，福州：福建教育出版社。

——，2012a，《〈中国新时代小农经济〉导言》，《开放时代》第3期。

——，2012b，《小农户与大商业资本的不平等交易：中国现代农业的特色》，《开放时代》第3期。

——，2014a，《明清以来乡村经济社会变迁：历史、理论与现实》，北京：法律出版社。

——，2014b，《"家庭农场"是中国农业的发展出路吗？》，《开放时代》第2期。

——，2015，《农业合作化路径选择的两大盲点：东亚农业合作化历史经验的启示》，《开放时代》第5期。

黄宗智、高原、彭玉生，2012，《没有无产化的资本化：中国的农业发展》，《开放时代》第3期。

黄宗智、彭玉生，2007，《三大历史性变迁的交汇与中国小规模农业的前景》，《中国社会科学》第4期。

黄祖辉、王朋，2008，《农村土地流转：现状、问题及对策——兼论土地流转对现代农业发展的影响》，《浙江大学学报》（人文社会科学版）第2期。

焦长权、董磊明，2018，《从"过密化"到"机械化"：中国农业机械化革命的历程、动力和影响（1980—2015）》，《管理世界》第10期。

焦长权、周飞舟，2016，《"资本下乡"与村庄的再造》，《中国社会科学》第1期。

金耀基，1992，《关系和网络的建构：一个社会学诠释》，《二十一世纪》8月号。

康传义、许瑶，2015，《资本下乡：须防只"圈地"不种地》，《陕西日报》7月13日。

李谷成、李烨阳、周晓时，2018，《农业机械化、劳动力转移与农民收入增长——孰因孰果？》，《中国农村经济》第11期。

梁漱溟，2005，《中国文化要义》，上海：上海世纪出版集团。

梁漱溟，2018，《中国文化要义》，上海：上海人民出版社。

列宁，1984，《俄国资本主义的发展》，北京：人民出版社。

林春，2015，《小农经济派和阶级分析派的分歧与共识——"中国农业的发展道路"专题评论》，《开放时代》第5期。

林毅夫，2010，《林毅夫自选集》，太原：山西经济出版社。

刘凤芹，2003，《不完全合约与履约障碍——以订单农业为例》，《经济研究》第4期。

刘凤芹，2006，《农业土地规模经营的条件与效果研究：以东北农村为例》，《管理世界》第9期。

刘克祥，1987，《试论近代北方地区的分益雇佣制》，《中国经济史研究》第2期。

刘立均，1998，《中国企业改革基本思路辨正》，石家庄：河北人民出版社。

刘奇，2014，《从"法苏"到"仿美"，中国农业路在何方》，《中国发展观察》第8期。

刘世定，1999，《嵌入性与关系合同》，《社会学研究》第4期。

刘守英，2001，《土地使用权流转的新动向及影响》，《红旗文稿》第23期。

刘守英、王一鸽，2018，《从乡土中国到城乡中国——中国转型的乡村变迁视角》，《管理世界》第10期。

刘述河、王广胜，2002，《当今麦客走四方，天南地北陷阱多》，《农机质量与监督》第4期。

刘姿含，2010，《浅谈"飞地经济"中"飞地"的选择》，《城市》第8期。

马克思，卡尔，2018，《资本论》，北京：人民出版社。

马流辉，2013，《"农民农"：流动农民的异地职业化——以沪郊南村为个案的初步分析》，载《中国农村研究》辑刊，北京：中国社会科学出版社。

马若孟，2013，《中国农民经济：河北和山东的农民发展（1890—1949）》，史建云译，南京：江苏人民出版社。

孟庆延，2012，《"生存伦理"与集体逻辑——农业集体化时期"倒欠户"现象的社会学考察》，《社会学研究》第6期。

潘彪、田志宏，2018，《购机补贴政策对中国农业机械使用效率的影响分析》，《中国农村经济》第6期。

潘晓泉，2013，《城乡统筹背景下城镇资本下乡研究》，硕士学位论文，北京大学社会学系。

恰亚诺夫，1996，《农民经济组织》，萧正洪译，北京：中央编译出版社。

秦晖，2002，《农民流动、城市化、劳工权益与西部开发——当代中国的市场经济与公民权问题》，《浙江学刊》第 1 期。

仇叶，2017，《小规模土地农业机械化的道路选择与实现机制——对基层内生机械服务市场的分析》，《农业经济问题》第 2 期。

渠敬东，2007，《坚持结构分析和机制分析相结合的学科视角，处理现代中国社会转型中的大问题》，《社会学研究》第 2 期。

——，2012，《项目制：一种新的国家治理体制》，《中国社会科学》第 5 期。

——，2013，《占有、经营与治理：乡镇企业的三重分析概念（上）——重返经典社会科学研究的一项尝试》，《社会》第 2 期。

渠敬东、周飞舟、应星，2009，《从总体支配到技术治理——基于中国 30 年改革经验的社会学分析》，《中国社会科学》第 11 期。

史国衡，1946，《昆厂劳工——内地工业中人的因素》，北京：商务印书馆。

斯科特，詹姆斯 C.，2011，《弱者的武器：农民反抗的日常形式》，郑广怀、张敏、何江穗译，南京：凤凰出版传媒集团、译林出版社。

苏力，2000，《送法下乡——中国基层司法制度研究》，北京：中国政法大学出版社。

孙立平、郭于华，2000，《"软硬兼施"：正式权力非正式运作的过程分析——华北 B 镇收粮的个案研究》，载《清华社会学评论》特辑，厦门：鹭江出版社。

孙新华，2015，《农业规模经营主体的兴起与突破性农业转型——以皖南河镇为例》，《开放时代》第 5 期。

孙秀林、周飞舟，2013，《土地财政与分税制：一个实证解释》，《中国社会科学》第 4 期。

谭明智，2014，《严控与激励并存：土地增减挂钩的政策脉络及地方实施》，《中国社会科学》第 7 期。

田毅鹏，2012，《"村落终结"与农民的再组织化》，《人文杂志》第 1 期。

田毅鹏，2014，《村落过疏化与乡土公共性的重建》，《社会科学战线》第 6 期。

仝志辉、温铁军，2009，《资本和部门下乡与小农户经济的组织化道路——

兼对专业合作社道路提出质疑》,《开放时代》第4期。

涂圣伟,2014,《工商资本下乡的适宜领域及其困境摆脱》,《改革》第
9期。

王海娟,2015,《资本下乡的政治逻辑与治理逻辑》,《西南大学学报》（社
会科学版）第4期。

王洪兵,2006,《青苗会与清代华北农村社会变迁初探》,《清史论丛》2007
年号。

王庆明,2007,《"离乡不离土"——中国西部麦客现象的社会学分析》,硕
士学位论文,吉林大学哲学社会学院。

王晓毅,2017,《警惕资本下乡给农村带来的四大风险》,《农村工作通讯》
第23期。

王许沁、张宗毅、葛继红,2018,《农机购置补贴政策：效果与效率——基
于激励效应与挤出效应视角》,《中国农村观察》第2期。

威廉姆森、奥利弗,2011,《市场与层级制：分析与反托拉斯含义》,上海：
上海财经大学出版社。

闻翔,2013,《"乡土中国"遭遇"机器时代"——重读费孝通关于〈昆厂
劳工〉的讨论》,《开放时代》第1期。

吴德胜,2008,《农业产业化中的契约演进——从分包制到反租倒包》,《农
业经济问题》第2期。

伍骏骞、方师乐、李谷成、徐广彤,2017,《中国农业机械化水平对粮食产
量的空间溢出效应分析：基于跨区作业的视角》,《中国农村经济》第
6期。

吴文藻,2010,《论社会学中国化》,北京：商务印书馆。

吴郁玲、曲福田,2006,《土地流转的制度经济学分析》,《农村经济》第
1期。

夏柱智、贺雪峰,2017,《半工半耕与中国渐进城镇化模式》,《中国社会科
学》第12期。

熊万胜、石梅静,2011,《企业"带动"农户的可能与限度》,《开放时代》
第4期。

徐建国、张勋,2016,《农业生产率进步、劳动力转移与工农业联动发展》,
《管理世界》第7期。

徐勇，2004，《现代化视野中的"三农问题"》，《理论月刊》第9期。

徐宗阳，2016，《资本下乡的社会基础——基于华北地区一个公司型农场的经验研究》，《社会学研究》第5期。

严海蓉，2015，《"中国农业的发展道路"专题导言》，《开放时代》第5期。

严海蓉、陈义媛，2015，《中国农业资本化的特征和方向：自下而上和自上而下的资本化动力》，《开放时代》第5期。

晏阳初，1989，《晏阳初全集》，长沙：湖南教育出版社。

阎云翔，2006，《私人生活的变革：一个中国村庄里的爱情、家庭与亲密关系1949—1999》，上海：上海书店出版社。

杨联升，1996，《报：中国社会关系的一个基础》，载刘梦溪主编《中国现代学术经典（洪业、杨联升卷）》，石家庄：河北教育出版社。

杨善华、孙飞宇，2015，《"社会底蕴"：田野经验与思考》，《社会》第1期。

叶凯、肖唐镖，2005，《厂民关系的历史变迁：一种影响农村稳定因素的分析——侧重于制度分析与行动者分析相结合的解释》，《中国农村观察》第3期。

翟学伟，2004，《人情、面子与权力的再生产——情理社会中的社会交换方式》，《社会学研究》第5期。

张浩，2013，《农民如何认识集体土地产权——华北河村征地案例研究》，《社会学研究》第5期。

——，2017，《农地流转的贫困影响——以中部地区某县为例》，《中国发展观察》第22期。

张慧鹏，2018，《农民经济的分化与转型：重返列宁－恰亚诺夫之争》，《开放时代》第3期。

张培刚，2013，《农业与工业化》，武汉：武汉大学出版社。

张谦，2013，《中国农业转型中地方模式的比较研究》，载黄宗智主编《中国乡村研究》第十辑，福州：福建教育出版社。

赵俊臣，2011，《土地流转：工商资本下乡需规范》，《红旗文稿》第4期。

折晓叶，1997，《村庄的再造——一个"超级村庄"的社会变迁》，北京：中国社会科学出版社。

——，2008，《合作与非对抗性抵制——弱者的"韧武器"》，《社会学研究》第3期。

折晓叶、艾云，2014，《城乡关系演变的制度逻辑和实践过程》，北京：中国社会科学出版社。

折晓叶、陈婴婴，2005，《产权怎样界定——一份集体产权私化的社会文本》，《社会学研究》第 4 期。

——，2011，《项目制的分级运作机制和治理逻辑——对"项目进村"案例的社会学分析》，《中国社会科学》第 7 期。

郑风田、阮荣平、程郁，2012，《村企关系的演变：从"村庄型公司"到"公司型村庄"》，《社会学研究》第 1 期。

中共中央组织部课题组，2001，《中国调查报告（2000—2001）——新形势下人民内部矛盾研究》，北京：中央编译出版社。

周飞舟，2010，《大兴土木：土地财政与地方政府行为》，《经济社会体制比较》第 3 期。

——，2012，《以利为利：财政关系与地方政府行为》，上海：上海三联书店。

——，2013，《回归乡土与现实：乡镇企业研究路径的反思》，《社会》第 3 期。

——，2016，《论社会学研究的历史维度——以政府行为研究为例》，《江海学刊》第 1 期。

——，2018，《行动伦理与"关系社会"——社会学中国化的路径》，《社会学研究》第 1 期。

——，2019，《政府行为与中国社会发展——社会学的研究发现及范式转变》，《中国社会科学》第 3 期。

——，2021a，《从脱贫攻坚到乡村振兴：迈向"家国一体"的国家与农民关系》，《社会学研究》第 6 期。

——，2021b，《将心比心：论中国社会学的田野调查》，《中国社会科学》第 12 期。

周飞舟、王绍琛，2015，《农民上楼与资本下乡——城镇化的社会学研究》，《中国社会科学》第 1 期

周飞舟、吴柳财、左雯敏、李松涛，2018，《从工业城镇化、土地城镇化到人口城镇化：中国特色城镇化道路的社会学考察》，《社会发展研究》第 1 期。

周立群、曹利群，2001，《农村经济组织形态的演变与创新——山东省莱阳市农业产业化调查报告》，《经济研究》第 1 期。

周其仁，2012，《农村土地改革从湄潭出发》，《中国乡村发现》第 4 期。

周振、张琛、彭超、孔祥智，2016，《农业机械化与农民收入：来自农机具补贴政策的证据》，《中国农村经济》第 2 期。

竺可桢，1964，《论我国气候的几个特点及其与粮食作物生产的关系》，《地理学报》第 1 期。

朱晓阳，2011，《小村故事：罪过与惩罚（1931—1997）》，北京：法律出版社。

Bernstein, Henry. 2009. "Lenin and A. V. Chayanov: Looking Back, Looking Forward." *Journal of Peasant Studies* 36 (1).

Binswanger, H. P. 1978. *The Economice of Tractors in South Asia.* New York: Agricultural Development Council, and Hyderabad, India: International Crops Research Institute for the Semi-Arid Tropics.

Bradley, Michael E. & M. G. Clark. 1972. "Supervision and Efficiency in Socialized Agriculture." *Soviet Study* 23 (3).

Day, R. H. 1967. "The Economics of Technological Change and the Demise of the Sharecropper." *American Economic Review* 57 (6).

Friedmann, Harriet. 1978. "World Market, State, and Family Farm: Social Bases of Household Production in the Era of Wage Labor." *Comparative Studies in Society and History* 20 (4).

Granovetter, Mark. 1985. "Economic Action and Social Structure: The Problem of Embeddedness." *American Journal of Sociology* 91 (3).

Goodman, D., B. Sorj, & J. Wilkinson. 1987. *From Farming to Biotechnology: A Theory of Agro-industrial Development.* New York: Blackwell.

Mann, S. A. & J. M. Dickinson. 1978. "Obstacles to the Development of a Capitalist Agriculture." *Journal of Peasant Studies* 5 (4).

Oi, Jean C. 1992. "Fiscal Reform and the Economic Foundations of Local State Corporatism in China." *World Politics* 45 (1).

Patnaik, U. 1979. "Neo-populism and Marxism: The Chayanovian view of the Agratian question and its fundamental fallacy." *Journal of Peasant Studies* 6 (4).

后　记

　　本书的主体部分是笔者的博士学位论文，完成于 2017 年初，将资本下乡作为研究对象的想法则更早一些。2015 年 5 月，周飞舟老师带领谭明智、吴柳财和笔者前往甘肃省定西市临洮县进行实地调查。调查期间，一位主管农业的地方干部向我们展现了工商资本在当地流转土地、发展现代农业的困境。在访谈过程中，这位地方干部为我们讲述了当地农民受雇于农业企业时"锄草不除根""索要过空费"等事例，给我们留下了深刻的印象。在当天晚上总结调研收获时，周老师和我们讨论了资本下乡面临的诸多社会性问题，农民这些看似"不讲理"的行为背后隐含着他们内心的观念世界。这次实地调查的发现虽然没有最终呈现在笔者的博士学位论文中，但这次调查对本书具有独特的意义。这次调查和讨论是本书得以成形的最初线索。资本下乡面临的社会性问题也是本书最基本的问题意识。带着这样的问题，笔者在 2015 年和 2016 年的暑假，进入华北地区的兴民农场及周边村庄进行实地调查，完成了博士学位论文并修改成书。

　　本书能够顺利完成，离不开笔者在北京大学求学期间数位恩师的帮助。首先要感谢的是笔者的博士生导师张静老师。2013 年，笔者跟随张老师攻读博士学位，一直受益于张老师的教诲。张老师因材施教，在博士论文选题方面给予了笔者极大的空间，并根据笔者的问题和兴趣进行了个性化指导。博士求学期间，笔者感受极深的是，张老师不仅有深厚的学养和贵重的品格，还有"思维体操"式的训练方式。每个学期的读书会，张老师都会让大家讲自己关心的问题，每个人的研究对象和研究内容看似没有太大变化，但每个学期着重训练的能力不同，有的学期专门训练如何提出研究问题，有的学期专门训练如何评价他人的文献，有的学期专门训练如何用证据来支持观点，有的学期专门训练如何开展多案例的对比论证……张老师时常让笔者用一句话来总结自己的经验困惑、理论问题、研究发现，以凝练的方式提供核心论点的关键证据，对于笔者而言，这些要求都是极大的挑战。这些挑战使笔者的学习深度、思维广度和表达精度都得到了提升，也使本书逐步向前推进。就像一座建筑物，最终呈现的书稿是建筑物在地面上的部分，这些训练则为建筑物打牢了地基。

需要特别感谢的是周飞舟老师。周老师是笔者的授业恩师，这项研究也是在周老师的启发下开始的。在周老师的引领下，笔者不仅阅读了古圣先贤的著作，得以识见高山，而且考察了城市乡村的现状，得以深入田野。实地调查开始前，笔者对自己能够长时间待在农村独立完成调查没有太大信心，总是希望周老师能够帮助开头引路，特别是开始调查后，笔者遇到了本书最难处理的农民偷窃农场作物的问题。这一问题非常复杂、较难深入，笔者对此有一些畏难情绪，总想绕过去。周老师的严格要求和不断鼓励使笔者明白了为学由己需要身体力行，也使笔者在这个问题上坚持了下来，推进了调查的实质进展。实地调查的过程如同在众多矿山中寻找宝藏，周老师能做的是告诉笔者宝藏就藏在某个矿山之中，坚持挖掘就能发现宝藏，而笔者能做的只是在这个地方不断深挖。跟随周老师学习的七年间，他以身作则、口传心授，多次向笔者强调为人的品格与气质、为学的视野与见识，这对笔者反思自身、认识自我起到了非常重要的作用，他身上体现出的儒者之风为笔者做人做事树立了一个很高的典范。

特别需要怀念并感谢的是王汉生老师。2010年笔者考入北京大学社会学系，有幸跟随王老师学习。在每周的读书会上，经王老师点拨，笔者总能感受到学术研究的乐趣与魅力所在。王老师乐观大气的做人格局也让笔者深深折服。王老师退休后依然持续关注笔者的学业和个人成长，于数次吃饭间讨论了笔者的博士论文选题和个人情况。现在想来，笔者依然感觉心中温暖，希望王老师一切都好。

在北京大学读书期间，刘爱玉老师、王迪老师一直关心着笔者的学习和生活情况。渠敬东老师、李猛老师、应星老师、吴飞老师、林鹄老师的课程和读书会使笔者受益匪浅，读过的书和参加过的讨论也潜移默化地影响着本书的每个章节。刘爱玉老师、渠敬东老师、佟新老师、孙飞宇老师参与了笔者博士生培养的各个环节，并对博士学位论文的最终成形提出了很多中肯的意见，特别是渠老师提醒笔者，实地调查和资本下乡面临的是类似的处境、同样的道理，要想做好就要"吃上几个月百家饭"。在博士学位论文答辩会上，张静老师、刘守英老师、刘爱玉老师、周飞舟老师、应星老师、卢晖临老师、张浩老师、谢桂华老师都提出了宝贵的意见，这些意见对博士学位论文修改成书极有价值。

实地调查开始后，调查地所在的市县两级农委领导、所在镇区领导为笔者下乡调研提供了诸多便利，兴民农场的老板及全体工作人员更是全力配合笔者的调查研究。在实地调查期间，笔者为兴民农场的生产建设做了一点微不足道的工作，如播种期间运送种子化肥、粮食归仓过磅、深夜看守农作物等。可能是每天这些细小的工作让他们愿意敞开心扉，使我们的聊天更加深入。此外，还要感谢兴民农场周边村庄的村干部和村民，与他们一次次在小卖部、卫生室、农田里、小河边的访谈使本书丰满起来。当然，在实地调查期间，笔者经常会遇到整整一天没有访谈到有价值的信息，甚至连续几天没有任何收获的情况。这种情况是令人沮丧的，但有时候也是实地调查的常态。遇到愿意开口多说的访谈对象、谈出有价值的信息并不取决于研究者本人开展实地调查的技术，我们能做的是接受这种状态并坚持下来，做好每天的调查笔记。与农民访谈是一种历练，他们为人处世的原则与智慧深藏在他们日常化的劳作与生活中，隐现在他们零碎与未完的话语中，这需要我们抱持着生活化、人情化的态度与他们交往，虚心向他们求教，而不是把他们当作访谈的信息来源。

实地调查结束后，张静老师和周飞舟老师分别为笔者组织了一次师门内部的讨论会，帮助笔者细致梳理了本书的调查材料，对笔者在实地调查期间的一些不成熟想法进行了系统化整理。在这两次讨论会上，不少同门都贡献了自己的力量，傅春晖、付伟、焦长权、李飙、金炜玲、左雯敏、余朋翰、韩礼涛、向鸿、邵燊和李轶凡等同学都提出了非常好的意见和问题。除了这两次讨论会外，笔者的师兄凌鹏、阿拉坦和师弟曹亚鹏在听过或者读过笔者的实地调查情况之后，也分别提出了有价值的修改建议。特别感谢付伟和焦长权两位师兄，他们都是笔者学习的榜样，我们有两年时间住在一个寝室，两位师兄在学术方面给予了笔者很多指导，数次帮笔者讨论文章、梳理思路、提供建议。同时，笔者要特别感谢"周氏镖局"和

"静读小组"的全体成员，笔者在求学期间的个人成长与他们每个人都分不开。本书的图片（包括那些制作好但因各种原因没能出现在书中的图片）都是由笔者的师姐叶昱完成的。在书稿写作过程中，笔者的室友李隆虎是第一个读者，他不仅逐章阅读了本书的初稿，而且经常与笔者进行讨论，指出了书中的不少错误。他还不辞辛劳，帮笔者处理了很多较为麻烦的格式问题。

本书能够顺利出版，还要感谢笔者所在工作单位的各位领导和老师。2017年博士毕业后，笔者进入中国社会科学院社会学研究所工作。本书出版得到了中国社会科学院及社会学研究所的资助和支持。在本书申请中国社会科学院创新工程学术出版资助时，陈光金所长阅读了书稿全文，并为本书写了推荐意见。在本书的修改过程中，笔者在不同场合讲述过本书或本书的部分内容，穆林霞、王春光、杨典、王晓毅、张志敏、吴小英、赵联飞、何蓉、郑少雄、刁鹏飞、张倩、张浩、杨可、荀丽丽、李荣荣、赵峰、应小萍、吕鹏、李振刚、殷维、张劼颖、张文博、闻翔、梅笑、刘怡然、林叶、付伟、陈涛、向静林、赵梦瑶、黄燕华等老师都曾以各种方式对本书的修改和出版表达了关心或提出了具有建设性的建议。向静林老师就书中两个主要章节的内容修改与笔者进行了多次讨论，帮助笔者理清思路。

本书的部分内容曾经发表在期刊上，感谢这些期刊同意授予相关文章版权，在此向期刊编辑部和责任编辑老师致以敬意和谢意。第一章、第二章、第三章的部分内容发表在《社会学研究》2016年第5期和《南京农业大学学报》（社会科学版）2019年第6期，感谢张志敏老师和宋雪飞老师的宽容和鼓励。第四章的部分内容发表在《社会学研究》2021年第2期，感谢杨可老师和向静林老师提出的诸多建议。第六章、第七章、第八章的部分内容即将发表在《社会学研究》2022年第3期，感谢林叶老师和黄燕华老师细致的编辑工作。

感谢社会科学文献出版社童根兴、谢蕊芬、孟宁宁、张小菲等老师在本书修改和出版过程中提供的支持与帮助。各位老师耐心细致的编辑工作不仅修改了本书的诸多错漏之处，而且借由这些细节问题引发的思考和讨论使笔者受益良多。

最后要感谢父母、岳父母、爱人及女儿的陪伴与付出。家人们的理解与支持，使笔者能够克服生活中的各种困难，他们都是笔者坚强的后盾。

　　需要指出的是，本书是笔者对上一阶段学习和研究工作的呈现，限于学养，书中肯定还存在诸多不足之处，不少问题有待更加深入的研究，敬请读者不吝赐教。

徐宗阳

2022 年 4 月

图书在版编目（CIP）数据

内外有别：资本下乡的社会基础 / 徐宗阳著. --
北京：社会科学文献出版社，2022.5（2023.11 重印）
（当代中国社会变迁研究文库）
ISBN 978 - 7 - 5201 - 9992 - 6

Ⅰ.①内⋯　Ⅱ.①徐⋯　Ⅲ.①农业经济 - 转型经济 -
研究 - 中国　Ⅳ.①F323

中国版本图书馆 CIP 数据核字（2022）第 057092 号

当代中国社会变迁研究文库

内外有别：资本下乡的社会基础

著　　者 / 徐宗阳

出 版 人 / 冀祥德
责任编辑 / 孟宁宁
责任印制 / 王京美

出　　版 / 社会科学文献出版社·群学出版分社（010）59367002
　　　　　　地址：北京市北三环中路甲 29 号院华龙大厦　邮编：100029
　　　　　　网址：www.ssap.com.cn
发　　行 / 社会科学文献出版社（010）59367028
印　　装 / 唐山玺诚印务有限公司

规　　格 / 开　本：787mm × 1092mm　1/16
　　　　　　印　张：15　字　数：242 千字
版　　次 / 2022 年 5 月第 1 版　2023 年 11 月第 5 次印刷
书　　号 / ISBN 978 - 7 - 5201 - 9992 - 6
定　　价 / 99.00 元

读者服务电话：4008918866